小学数学教育系列教材

小学数学研究

曾小平 曹一鸣 ◎ 主编
徐东星 沈利玲 赵洁 ◎ 副主编

教育科学出版社
·北 京·

出 版 人　所广一
责任编辑　王玉栋
版式设计　博祥图文　杨玲玲
责任校对　贾静芳
责任印制　叶小峰

图书在版编目(CIP)数据

小学数学研究/曾小平，曹一鸣主编. —北京：教育科学出版社，2013.12(2023.1 重印)
小学数学教育系列教材
ISBN 978-7-5041-7944-9

Ⅰ.①小… Ⅱ.①曾… ②曹… Ⅲ.①小学数学课—教学研究 Ⅳ.①G623.502

中国版本图书馆 CIP 数据核字(2013)第 177306 号

小学数学教育系列教材
小学数学研究
XIAOXUE SHUXUE YANJIU

出版发行	教育科学出版社		
社　址	北京·朝阳区安慧北里安园甲 9 号	市场部电话	010-64989009
邮　编	100101	编辑部电话	010-64981329
传　真	010-64891796	网　址	http://www.esph.com.cn
经　销	各地新华书店		
制　作	北京博祥图文设计中心		
印　刷	保定市中画美凯印刷有限公司		
开　本	720 毫米×1020 毫米　1/16	版　次	2013 年 12 月第 1 版
印　张	16.5	印　次	2023 年 1 月第 5 次印刷
字　数	296 千	定　价	33.00 元

前　言

数学教学是数学思维活动的教学，其主要目的是传授数学基础知识和传播数学思想方法，启迪学生的思维，增长学生的智慧。因此，数学教师必须掌握数学的知识技能和思想方法，理解数学的教育价值，并将它们融入数学教学中，如此数学教学才能取得实效。对数学课堂教学的研究表明，如果教师不懂得数学、不了解儿童数学学习的规律，课堂上会出现科学性错误，常常造成学生不能科学地理解数学，导致数学教学的低效甚至负效。

在一次主题为“角的认识”公开课上，学生在学习角的概念之后，知道了“角是由两条有公共端点的射线组成的图形”。在进行课堂练习时，教师出示了三角形，问学生：“三角形中有几个角?”学生回答：“三角形中没有角。”教师吃惊地问：“为什么三角形中没有角呢?”学生回答：“课本上说，角是由两条有公共端点的射线组成的图形。三角形中没有射线，因此没有角。”教师恍然大悟，说道：“同学们说得很有道理，三角形中没有角。”可是在场的众多听课教师纳了闷，三角形中没有角，为什么还叫三角形呢?到底什么是角，如何定义“角”才更科学呢?

在小学教学中，类似的疑难问题还很多。比如，0 为什么不能做除数?四则混合运算中，为何“先算乘除，后算加减”?交换律、结合律、分配律为什么是正确的呢?乘法是加法的简便运算吗?为什么被 3 整除的数的各数位上的数之和是 3 的倍数?最大公约数与最小公倍数有什么用?它们有联系吗?为什么 1 既不是质数又不是合数?百分数与分数有什么区别?小数都可以化成分数吗?哪些分数可以化成有限小数?

再如，为什么三角形的内角和是 180°?为什么三角形两边之和大于第三边?周长相等的图形中，为什么圆的面积最大?为什么正方形是特殊的长方形?平均数与平均分有什么联系与区别?面对一个统计问题，平均数、众数、中位数该用哪一个统计量？小学统计的特点是什么？小学数学中有哪些基本的数学思想？这些基本数学思想体现在哪些地方？

这些都是小学数学课堂教学中经常遇到的问题，有些甚至是学生提出的问题。这些疑难性问题不可回避，常常让很多教师感到困惑。小学数学并不像我们想象的那么简单，它是整个数学的基础，蕴藏了丰富的数学思想，有的内容还具有高等数学的背景。要想成为一名合格的小学数学教师，要想在课堂上不出现科学性错误，要想实现高效率的数学教学，教师一定要理解小学数学的知识技能与思想方法，并了解相关的背景知识。

2012 年 2 月，中华人民共和国教育部颁布了《小学教师专业标准（试行)》，规定了小学教师应当具备学科教学的专业知识，特别指出教师要“掌握所教学科知识体系、基本思想与方法”。对于小学数学教师，必须掌握小学数学的知识体系与基本思想方法，同时还要了解与之相关的背景知识。为了提升小学教师的数学学科素养，我们将小学数学的基础知识与思想方法，连同相关的背景内容，进行全面整理与系统梳理，编写成《小学数学研究》一书。

本书在编写时，力求突出以下特色。

内容丰富、体系完备。

本书将小学数学中涉及的知识内容与思想方法进行全面整理，按照“自然数与整数”“整数的性质”“分数与小数”“方程与比例”“图形与几何”“统计与概率”和“数学基本思想”七个模块，对这些核心内容进行深刻的讲解，并对相关的背景内容做了拓展延伸性的阐述。同时，本书设置了“情境引入”“教学链接”“拓展阅读”和“电子图书馆”等小栏目，分别介绍相应知识的教学困惑、教学建议、背景资料和拓展阅读文献。

科学严谨、深入浅出。

小学数学看似简单，实则深奥，有很多地方蕴含了高等数学的基础知识，有的地方也存在科学性和争议性的问题。本书将小学数学的基础知识与思想方法连同相关的背景知识进行系统整理，构建成系统的结构体系，进行了科学严谨的阐述。同时，对一些深奥的内容和疑难问题，结合实例进行了深入浅出的阐述，尤其在“教学链接”栏目中进行了比较通俗的解释，并给出了行之有效的教学建议。

继承创新、与时俱进。

秉持“继承和创新”的学术态度，本书认真吸取以往教材和众多师范院校相应课程教学的成功经验，精选教材内容，构建符合逻辑的知识体系。本书遵照《国家中长期教育改革与发展规划纲要（2010—2020 年）》《小学教师专业标准（试行）》《义务教育数学课程标准（2011 年版）》等文件对小学数学教学的要求，结合现阶段小学教师教育的实际情况，立足丰富未来小学教师数学知识和提高教师数学素养为基本目标进行编写。

实用性强、易教易学。

本书力求体现小学数学课程与教学的前瞻性，突出实践性，充实提高小学教师的数学基础理论素养，适应教学改革与发展的要求。读者仔细阅读本书，既可以提高数学素养与教学修养，又能解决小学数学教学中遇到的疑难问题，还能澄清当前一些流行的不科学的观点。同时，本书的编写既考虑到数学知识与思想的自身逻辑结构，又考虑到读者阅读与学习的心理结构，便于教师教学和读者阅读学习与参考。

本书由曾小平（首都师范大学）和曹一鸣（北京师范大学）提出整体构想，经过全体编写人员反复研讨修改，最终形成本书的结构框架。各章编写的具体分工如下：第 1 章，由曾小平和韩龙淑（太原师范学院）共同撰写；第 2 章，由徐东星（荆楚理工学院）和赵洁（首都师范大学）共同撰写；第 3 章，由沈利玲（集宁师范学院）、戎松魁（杭州师范大学）、刘小辉（集美大学）和罗玉华（江苏第二师范学院）共同撰写；第 4 章，由肖栋坡（长沙师范学院）和徐东星共同撰写；第 5 章，由曾小平、张国文（集宁师范学院）和秦华（天津师范大学）共同撰写；第 6 章，由曹一鸣、杨伟平（兴义民族师范学院）、陈亚萍（黔南民族师范学院）和杨凡（北京师范大学）共同撰写；第 7 章，由曹一鸣、曾小平和王冬雪（北京市汇文第一小学）共同撰写。

本书初稿完成之后，戎松魁老师进行了全面仔细的阅读，提出了许多宝贵的修改意见。本书初稿在首都师范大学初等教育学院“小学教育”专业 2010 和 2011 级进行了教学实验，刘效丽和刘长红两位老师阅读了本书第 1、3、5 章，提出了不少宝贵的修改意见。本书修改稿完成后，副主编徐东星、沈利玲、赵洁进行了全面阅读和修改，并在首都师范大学初等教育学院“小学教育”专业 2012 级进行了教学实验。最后，经过曾小平和曹一鸣两位主编讨论和修改，形成最终文稿。

本书的编写得到了南京师范大学涂荣豹教授、贵州师范大学吕传汉教授和汪秉彝教授、首都师范大学王智秋教授的关心和支持。此外，很多小学教师从教学一线收集和整理了一系列生动的教学案例，为本书的丰富和完善提供了宝贵的资料。在此，我们特向为本书付出艰辛劳动和关心本书编写与出版的各界人士表示衷心感谢。

本书既可以作为高等师范院校“小学教育”或者“数学与应用数学”（师范）专业教材，又可以作为小学骨干教师在职培训的教材。同时，对于其他小学教师、教育工作者、教育管理者和小学生家长，本书也是非常不错的参考资料。为此，本书编者还精心为广大一线教师提供了服务于本书的教学资源库，有需要的读者可以致电编辑部（010 - 64981329）或者发送电子邮件至379026220@qq.com。

我们希望，读者认真阅读本书之后，能站在比较高的角度审视小学数学的基础内容，能够提高自身的数学修养，能够增强对小学数学课程与教材的认识。这对科学合理地设计与实施有效的小学数学教学，必将起到非常积极的促进作用。虽然我们本着高度负责的态度编写本书，但由于时间、精力、能力等诸多因素的限制，疏忽和不足之处在所难免。恳请各位读者对本书提出宝贵建议，便于我们及时修改，更好地服务于广大的师生。

编　者

目 录

第1章 自然数与整数

◉情境引入

在“乘法分配律”的新授课上，教师让学生从一个等式 $(4+2)\times25=4\times25+2\times25$ 出发，得到“两个数的和与一个数相乘，可以先把它们与这个数分别相乘，再把乘积相加”，并把这个规律叫作乘法分配律。这时有学生问道：“老师，我们仅从一个算式出发，就得到了乘法分配律，乘法分配律正确吗？怎么能说明它一定正确呢？”

面对突如其来的问题，授课教师愣住了，不知道如何解决。学生的疑问很有道理，用不完全归纳法得到的结论不一定是正确的。怎么能说明乘法分配律是正确的呢？也就是说，在小学阶段怎么证明乘法分配律呢？乘法分配律的价值到底在哪里？小学数学中哪些地方会用到它？

类似的问题还有很多。加、减、乘、除的具体含义是什么？负整数是怎么来的？自然数是怎么扩充到整数的？本章先讲述自然数的含义与运算，介绍计数方法与读数方法、四则运算的含义与运算律。然后，展开对负整数本质、整数意义与运算等问题的讨论与研究。相信读者在认真阅读本章以后，对上述问题会得到一个比较满意的回答。

1.1 自然数的含义

◉**学习目标**

1. 了解自然数的产生过程，理解自然数的基数理论与序数理论；
2. 理解十进制计数法，并能准确利用十进制计数法进行计数和读数；
3. 了解十进制计数法的发展过程和 k 进制计数法的计数原理。

1.1.1 自然数的产生

许多动物都具有分辨多与少的本能。一只老虎面对一匹狼和一群狼的反应是不一样的；一只野狗和一群野狗面对一根骨头的反应也是不一样的。人类同其他许多动物一样，在蒙昧时代就具有辨别事物多少的能力。这就是原始的“数感”，后来逐渐发展成数概念。

拓展阅读 鸽子的数感①

据合众国际社报道，近日新西兰奥塔哥大学的科学家称，鸽子在数感方面的能力完全可以与灵长类动物相媲美，它们能将杂乱无章的数字有序化。

研究发现，鸽子可以成功地将 9 幅图像数字由小到大进行排列，而到目前为止，只有人类与猩猩等灵长类动物才具备这种抽象思维能力。

首席专家达米·斯考夫（Damian Scarf）称：“人类计数经历了一个长期进化的过程，而动物的大脑结构与人类完全不相同，鸽子能够掌握数理能力的机理还有待进一步研究。”

数的产生源于人类社会生产生活实践的需要。远古人类在狩猎、采集等社会生活中就注意到一只羊与一群羊、一个果子与一堆果子的区别，通过比较，逐渐意识到一只羊、一个山果、一棵树等之间存在着共同的数量属性，这就是单位性，它构成了数量的基本单位。

同样，人类会注意到一双手、一对小鸟、两条鱼、两个石子等之间可以一一对应，且由两个基本单位构成，即存在数量上的共同属性。以此类推，逐渐

① http：//www. epchina. com/2011/1226/28817.

抽象出事物的这一数量属性，人们便形成了数概念。当数概念越来越清晰时，人们便用语言、符号表示这些结果，即记数。

数的原始本质在于表达多与少①。早期的数是自然数，它通常表示自然界中物体的个数，是“数数（shǔshù）”数出来的。所谓数数，是指通过某种方式或途径计算详细的数目，通常采用扳手指、嘴巴念叨或心里默念等方式，是较普通的一种数学行为。

数数具有三个特点：

①结果唯一性，数事物的多少时，只要每个事物都数到，并且只数一次，那么数的结果总是唯一的。

②可替代性，数事物时，可以用其他事物代替要数的事物，然后再进行数数，数的结果不变。

③后续性，数数的时候，总是加一加一地数，后面一个数比前一个数大一，数出的最后一个数，就是数出的结果。但是数的过程是无限的，如果再有要数的事物，还可以不断地数下去。也就是说，要数的事物可以无限地数下去。因此，自然数有无限多个。

由数数产生的自然数，是人们日常生活中使用最多的数。它既可以清点物体数目，也可以编排物体的顺序。因此，自然数有两重属性。

基数属性，表示一个集合一共有几个元素，即表示元素的总个数。比如，用 3 表示集合 $\{a, b, c\}$ 有 3 个元素。

序数属性，表示某个元素的顺序，在第几个的位置上。比如，2011 年 TIMSS 数学教育评价优秀率前 5 名的国家和地区是：新加坡（43%）、韩国（39%）、中国香港（37%）、中国台湾（34%）、日本（30%）。那么中国香港的优秀率名列第 3 名。这里的“3”就是序数。

这两个属性彼此沟通，反映了离散事物的记数特征。

概念辨析 “数”与“数字”

数，是表示物体数量大小多少和先后顺序与序列的符号。数是一个用作计数、标记或量度的抽象概念，是比较同质或同属性事物的等级的简单符号记录形式（或称度量）。在日常生活中，数通常出现在标记（如公路、电话和门牌号码）、序列的指标（序列号）和国际标准书号（ISBN）上。在数学里，数的定

① 史宁中教授说，“数量的本质应当是多与少”。参见：史宁中．数学思想概论（第 1 辑）——数量与数量关系的抽象［M］．长春：东北师范大学出版社，2008.

义延伸至包含如分数、负数、无理数、超越数及复数等抽象化的概念。

数字，是一种用来表示数的书写符号或者文字，代表数的一系列符号。数字、运算符号等统称为记数系统。不同的记数系统可以使用相同的数字。比如，十进制和二进制都会用到数字“0”和“1”。同一个数在不同的记数系统中有不同的表示。比如，数37（阿拉伯数字十进制）可以有多种写法：中文数字写作三十七，罗马数字写作XXXⅦ，阿拉伯数字二进制写作100101。

1.1.2 自然数的基数理论

自然数的基数理论是建立在集合论的基础之上的。集合论的创始人格奥尔格·康托（1845—1918）指出：如果一个集合能够和它的真子集建立等价关系，那么这个集合就是无限集。

比如，实数集 **R** 和其真子集（-1，+1）可以建立“一一对应”的关系

$$(-1,\ +1)\ \underset{g=\frac{2}{\pi}\arctan x}{\overset{f=\tan\frac{\pi x}{2}}{\rightleftharpoons}}\ \mathbf{R}$$，所以实数集 **R** 是无限集。

反之，不能与其任意真子集建立“一一对应”关系的集合就是有限集。比如，{甲，乙，丙，丁}、{△，□，○} 等就是有限集。

表示集合中元素个数的数叫作基数。有限集合的基数叫作自然数。比如，$M=\{a,\ b,\ c\}$ 是一个集合，凡是能和 M 构成一一对应的集合，如 $N=\{1,\ 2,\ 3\}$、3个人组成的集合、3只羊构成的集合，都认为它们是等价的一类。它们具有相同的基数（即元素个数相同），我们用自然数3表示这个基数。以此类推，集合 $P=\{a\}$ 的基数是1，集合 $Q=\{a,\ b\}$ 的基数是2，空集 $\phi=\{\}$ 的基数是0。

拓展阅读 自然数体系

著名数学家、计算机之父约翰·冯·诺依曼（John Von Neumann，1903—1957）曾经用集合语言简约、清晰地构造出自然数体系。具体步骤如下：

第一个是空集 ϕ（表示0）；

第二个是以空集为元素的集合 {{}}，即 {0}（表示1）；

第三个是以 ϕ 和 {{}} 为元素的集合 {ϕ，{{}}}，即 {0，1}（表示2）；

第四个是以前三个集合为元素的集合 {ϕ，{{}}，{ϕ，{{}}}}，即 {0，1，2}

（表示3）；

……

第 n 个集合是以前 $n-1$ 个集合为元素的集合，即 $\{0, 1, 2, 3, \cdots, n-1\}$（表示 n）。

如何比较自然数 a 与 b 的大小呢？根据自然数的基数理论，设 a 与 b 分别是集合 A 与 B 的基数，如果 A 与 B 能够建立一一对应关系，那么 $a=b$；如果 A 与 B 的真子集能够建立一一对应关系，那么 $a<b$；如果 A 的真子集与 B 能够建立一一对应关系，那么 $a>b$。

1.1.3　自然数的序数理论

1889年，意大利数学家皮亚诺（Giuseppe Peano，1858—1932）在《算术原理新方法》中用公理化的方法从顺序的角度揭示了自然数的意义，被称为自然数的序数理论，或称为自然数的皮亚诺公理①。

如果一个集合 N 的元素间有一个基本的关系——后继（用 $^+$ 表示），并满足下列四条公理：

（1）$1 \in \mathbf{N}$，对任意 $a \in \mathbf{N}$，$a^+ \neq 1$；

（2）任何 $a \in \mathbf{N}$，有唯一的后继 a^+（即 $a=b \Rightarrow a^+=b^+$）；

（3）除1以外的任何元素，只能是一个元素的后继（$a^+=b^+ \Rightarrow a=b$）；

（4）若 $M \subseteq N$，且①$1 \in M$，②$a \in M \Rightarrow a^+ \in M$，那么 $M=N$。

那么集合 N 的元素，就叫作自然数②。

皮亚诺公理完整地刻画了自然数序列：

（1）说明了1是第一个自然数；

（2）说明了任何一个自然数的后继唯一确定，即 $1^+=2$，$2^+=3$，……；

（3）说明了后继唯一确定前一个数，自然数中没有两个相等的数，比如，……，5是4的后继，4是3的后继，3是2的后继，2是1的后继；

（4）说明了自然数的个数是无限多，自然数的集合是无限集。因此，皮亚

① 按照皮亚诺最初的记法，自然数从1开始，不包含0。如果认为0是第一个自然数，需要把公理系统中的1换成0。

② 看到自然数的皮亚诺公理，不禁想起课文《愚公移山》中的一段话，“北山愚公长息曰：汝心之固，固不可彻，曾不若孀妻弱子。虽我之死，有子存焉；子又生孙，孙又生子；子又有子，子又有孙；子子孙孙无穷匮也”，它也蕴含了这种思想。

诺公理又被称为归纳公理，是数学归纳法的基础。

例 1 用数学归纳法证明 $1^2+2^2+\cdots+n^2=\frac{n(n+1)(2n+1)}{6}$（其中，$n\geqslant 1$）。

证明 当 $n=1$ 时，$1^2=1=\frac{1(1+1)(2+1)}{6}$，说明 $1^2+2^2+\cdots+n^2=\frac{n(n+1)(2n+1)}{6}$成立。

假设当 $n=k$（$k\geqslant 1$）时，$1^2+2^2+\cdots+n^2=\frac{n(n+1)(2n+1)}{6}$成立，有

$1^2+2^2+\cdots+k^2=\frac{k(k+1)(2k+1)}{6}$。

当 $n=k+1$ 时，

$$
\begin{aligned}
&1^2+2^2+\cdots+k^2+(k+1)^2\\
&=\frac{k(k+1)(2k+1)}{6}+(k+1)^2\\
&=\frac{k(k+1)(2k+1)}{6}+\frac{(k+1)}{6}[6(k+1)]\\
&=\frac{(k+1)}{6}(2k^2+k+6k+6)\\
&=\frac{(k+1)(k+2)(2k+3)}{6}
\end{aligned}
$$

由此可知，当 $n=k+1$ 时，$1^2+2^2+\cdots+n^2=\frac{n(n+1)(2n+1)}{6}$成立。

综合上述，对于一切 $n\geqslant 1$ 的自然数，$1^2+2^2+\cdots+n^2=\frac{n(n+1)(2n+1)}{6}$成立。

根据皮亚诺公理，我们容易发现：自然数的本质是对单位 1 作后继运算的复合，即 1 是构成自然数的单位，前一个数作一次后继得到后一个数。由此决定了自然数的特征：后面一个数比前一个数大 1；前一个数比后一个数小 1。

以皮亚诺公理为基础，可以对自然数的加法进行归纳定义：（1）设 $a\in\mathbf{N}$，则 $a+1=a^+$；（2）设 a、$b\in\mathbf{N}$，则 $a+b^+=(a+b)^+$。其中 a 和 b 叫作加数，$a+b$ 叫作它们的和。

例 2 计算 $3+8$。

解 先求 $3+1$，易知 $3+1=3^+=4$；

再求 $3+2$，$3+2=3+1^+=(3+1)^+=4^+=5$；

再求 $3+3$，$3+3=3+2^{+}=(3+2)^{+}=5^{+}=6$；

再求 $3+4$，$3+4=3+3^{+}=(3+3)^{+}=6^{+}=7$；

……

最后求 $3+8$，$3+8=3+7^{+}=(3+7)^{+}=10^{+}=11$。

以皮亚诺公理为基础，可以对自然数的乘法进行归纳定义：（1）设 $a\in\mathbf{N}$，则 $a\times1=a$；（2）设 a、$b\in\mathbf{N}$，则 $a\times b^{+}=a\times b+a$。其中 a 叫作被乘数，b 叫作乘数，$a\times b$（或记作 $a\cdot b$、ab）叫作它们的积。

例 3　计算 3×8。

解　先求 3×1，易知 $3\times1=3$；

再求 3×2，$3\times2=3\times1^{+}=3\times1+3=3+3=6$；

再求 3×3，$3\times3=3\times2^{+}=3\times2+3=6+3=9$；

……

最后求 3×8，$3\times8=3\times7^{+}=3\times7+3=21+3=24$。

从上述归纳定义和例子我们可以发现：自然数加法的本质就是数数，$a+b$ 就是在 a 的后面连续数 b 个数，最后那个数就是 $a+b$ 的和；自然数乘法的本质就是连加，$a\times b$ 就是将被乘数 a 连加 b 次，最后的结果就是 $a\times b$ 的积。

在序数理论下，如何定义自然数的大小呢？皮亚诺公理中的后继关系，指明了相邻自然数的大小关系。根据自然数的加法，可以定义任意两个自然数的大小关系。如果 a、$b\in\mathbf{N}$，存在 $k\in\mathbf{N}$，使得 $a+k=b$，那么称 a 小于 b，记作 $a<b$，也称 b 大于 a，记作 $b>a$。

1.1.4　计数与读数

1. 计数

记数的发展也经历了由繁到简的漫长历史过程，经历了手指记数、石子记数、结绳记数等实物记数阶段，逐渐过渡到符号记数阶段。迄今发现最早的刻痕记数，是三万多年前的狼骨刻痕。到了迄今五千多年前，用书写专用符号来表示数字，就是人类社会早期的正式记数。

但是，早期的记数方式是用一个符号表示一个数，要表示很多数就需要很多符号，使用起来不太方便。后来，人们便用有限的符号，按照一定顺序加上排列规则来表示很多的数，这就是计数（注意：计数与记数是两个不同概念）。计数的方法很多，目前常用的有十进制计数法和六十进制计数法等。下面，我们来看看十进制计数法的发展过程。

第一阶段，创造数字符号，即每个数对应一个符号。比如，公元前2400年左右的巴比伦楔形数字，对1~12的每个数都对应有一个符号；古代罗马就采用I、V、X、L、C、D、M分别代表1、5、10、50、100、500、1000。从理论上讲，这些数字符号所代表的计数单位是一，只能用有限的一些符号表示有限的数。

教学链接 | 1~10的教学

小学生最早接触的数是自然数，是通过数物体个数，逐渐认识1，2，3，…，10，具体形象地理解自然数的意义、自然数的顺序和大小。进入小学前，儿童已经有“口头数数”“按物点数”和“数后说总数”的经验，具有初步的数概念。小学阶段的认识数教学主要集中在以下几个方面。

建立实物和点子图的对应，经历“实物→点子图→数”三个基本阶段，明确计数的结果是表示一组物体的总数，而不是最后一个物体。

把每个数的音、形、义统一起来，掌握每个数的实际意义，并能正确分辨每一个数。

在计数时，能顺着数，也能倒着数，掌握数的顺序，知道后一个数比前一个数多一，前一个数比后一个数少一。

知道每一个数的组成，即每一个数中含有多少个一。比如5的组成，可通过小棒等实物，对5进行不同的分解，得到“5由1和4组成的，5由2和3组成的”等结论。

正确书写数字，掌握字形和书写笔顺笔画。通常可以借助儿歌帮助儿童记忆数字，“1像铅笔能写字，2像鸭子水中游，3像耳朵能听话，4像小旗迎风飘，5像钩子能钩物，6像哨子嘟嘟响，7像镰刀割青草，8像葫芦空中摇，9像勺子盛稀饭”。

第二阶段，建立进位规则，即重复使用有限的几个数字符号按一定规则进行组合表示大量数。比如，古埃及用|表示1、∩表示10、用∩∩∩||表示32。公元前1600年左右，我国的甲骨文中就有专用的符号表示“一、二、三、四、五、六、七、八、九、十、百、千”等数字，并用这些符号进行组合表示其他的数。这种计数系统的进率为十，这就是早期的“十进制计数法”。

这一阶段的计数方法，蕴含了初步的进位思想，其计数单位既有一，又有确定的数（比如五、十、十二、二十、百等），并涉及简单加减来确定数。在这一阶段，古罗马人用I、V、X、L、C、D、M七个数字符号按照下列规律组合起来，就能表示任何数：（1）一个数字符号重复几次，就表示这个数的几倍，如 XXX 表示 30；（2）大数字符号右边附一个小数字符号就表示大数加小数，如 VI 表示 6；（3）大数字符号左边附一个小数字符号就表示大数减小数，如 IV 表示 4；（4）数字符号上加横线表示 1000 倍，如用 $\overline{\text{XXV}}$ 表示 25000。

第三阶段，建立位值概念，即数字符号在不同的“位”表示基数不同的值，是一种比较直观的计数。人类将常见的计数单位从右到左排成一排，计数时在对应的位置上写上相应单位的个数，而不必重复记下各个单位。

公元前 500 年左右，中国出现了算筹计数，从右向左依次为个、十、百、千等计数单位，各单位之间的进率为十（即右边一位满十需向左进一，左边一位的一相当于右边一位的十），用空位表示 0，比如用“丄　亍 ‖”表示“6082”。后来，我国的珠算计数也是采用这种方法。

第四阶段，建立十进制计数法，即按照“满十进一”的原则，用 0 ~ 9 这 10 个数字表示所有自然数。在中印文化交流中，古印度人认为十进制数非常重要，于是创造了 1、2、3、4、5、6、7、8、9 这 9 个数字，并用空格表示 0。后来发现空格容易产生混淆，便用“·”代替空格表示 0，后来小圆点逐渐演化为小圆圈，成为今天我们使用的数字 0。0 ~ 9 这 10 个数字加上位置准则，便构成一套简洁而有效的计数系统。

“十进制计数法”在 8 世纪从印度传到阿拉伯国家，13 世纪从阿拉伯传到欧洲，被欧洲人普遍接受，并称 0 ~ 9 这 10 个数字为阿拉伯数字。“十进制计数法”的发明，对社会进步和科技创造起到了极大的推动作用，不少数学家、数学史家、哲学家对此给予了高度的评价。比如，卡尔·马克思称赞它是“人类最妙的发明之一”。

电子图书馆

[1] 史宁中，孔凡哲．“数学教师的素养”对话录［J］．人民教育，2008（21）．

[2] 曾小平，韩龙淑．十进制计数法的数学本质与教学［J］．小学教学（数学版），2011（5）．

“十进制计数法”包括“十进位”和“位值制”两条原则。

所谓“十进位”，就是满十进一，即相邻两个计数单位之间的进率为十，10 个一向十位进一，10 个十向百位进一，……；也就是说，百位上的 1 相当于 10 个十位上的 1，十位上的 1 相当于 10 个个位上的 1。

所谓“位值制”，就是同一个数字在不同数位上表示的数值不同，比如在“22”中，前一个 2 表示两个十，后一个 2 表示两个一。

拓展阅读 k 进制计数法

一般地，k 进制计数法的基本原理是：满 k 向前一位进一，前一位借一到后位当 k（见图 1.1－1）。比如，8 进制数 $542_{(8)}=5\times8^2+4\times8+2\times1=354$。

k^4	k^3	k^2	k^1	k^0	（k进制计数法）
a	b	c	d	e	（满k进一，借一当k）

$$\overline{abcde}=a\times k^4+b\times k^3+c\times k^2+d\times k^1+e\times k^0$$

图 1.1－1

例 如果$52_{(k)}$是$25_{(k)}$的 2 倍，那么$123_{(k)}$化成十进制是多少？

解 由题意知 $5k+2=2(2k+5)$，解得 $k=8$。

那么$123_{(k)}=123_{(8)}=1\times8^2+2\times8+3=83$。

有时候会遇到不同进位制之间的转换，基本的思路是：先转化为十进制数，再看它包含的进位制的最高次数的个数，首先确定最高位的数；再依次确定后面的数；当中间不足位时，补零占位。

2. 命数

按照十进制计数法，我国是按“四位一级”给自然数命名的，具体如下：

①自然数的前十个数给予单独的名称，即〇、一、二、三、四、五、六、七、八、九，对应的大写为零、壹、贰、叁、肆、伍、陆、柒、捌、玖，对应的阿拉伯数字为0、1、2、3、4、5、6、7、8、9。

②按照“满十进一”的原则规定计数单位，十个一叫作十，十个十叫作百，十个百叫作千，十个千叫作万，十个万叫作十万，十个十万叫作百万，十个百万叫作千万，十个千万叫作亿，十个亿叫作十亿，依次为百亿、千亿、兆，……。十、百、千、万、亿的大写分别为拾、佰、仟、万、亿。其中，个、十、百、千为个级；万、十万、百万、千万为万级；之后依次为亿级；……。

③其他自然数的命名，由前十个数和计数单位组合而成。写数的时候，各计数单位对应写上数字。比如，一个自然数由三个千万、两个十万、九个千、三个百、四个一构成，写作：30209304，读作：三千零二十万九千三百零四。如果一个自然数由四个千亿三个亿三个百构成，写作：400300000300，读作：四千零三亿零三百。数位分级与计数见表 1.1－1。

表 1.1－1　数位分级与计数

级名			亿级				万级				个级			
计数单位	…	兆	千亿	百亿	十亿	亿	千万	百万	十万	万	千	百	十	个
	…						3	0	2	0	9	3	0	4
			4	0	0	3	0	0	0	0	0	3	0	0

教学链接 | 十进制计数法的教学

在小学数学中，计数单位是随着认识数的范围扩大而逐渐出现的。教学需要经历以下几个过程：

（1）借助计数工具（计数器、小棒和方块等），让学生学会十个十个地数、百个百个地数，……，在此过程中领悟十个一是一个十、十个十是一个百、十个百是一个千，……，逐渐领悟十、百、千、万等计数单位；

（2）练习数数，从 89 数到 110，先借助计数工具数，再逐渐脱离计数工具数，体会计数单位百的含义；

（3）数更大的数，从 890 数到 1100，先借助方块（也可以画方块）数数，再逐渐脱离方块数数，体会计数单位千的含义；

（4）在理解多位数含义的基础上，理解相邻计数单位的进率是十，这样的计数方法就是十进制计数法。

3. 读数

按照我国的传统习惯，我们这样读数。

（1）不含 0 的数。

从低位到高位进行四位分级，然后从高位起，顺次读出各级里的数和它们的级名。例如，38524 读作：三万八千五百二十四，1459647531 读作：十四亿五千九百六十四万七千五百三十一。

（2）含有 0 的数。

从低位到高位进行四位分级，然后从高位起，顺次读出各级里的数和它们的级名，每一级中间的 0 只读一次，每一级末尾的 0 不读。例如，3500 读作：三千五百，403010 读作：四十万三千零一十，80307001 读作：八千零三十万七千零一，5040030500 读作：五十亿四千零三万零五百。

电子图书馆

[1] 石国宁．孙大圣的金箍棒：自然数1［M］//赵之，黄天祥．科学夜谭．北京：中国青年出版社，1988：63－64.

[2] 薛吉辰．有趣的数字“七”［J］．知识就是力量，2006（9）．

[3] 谈祥柏．无处不在的5［J］．天下之奇，1982（1）．

1.2 自然数的运算

◉学习目标

1. 掌握自然数四则运算的含义、运算性质和运算方法；
2. 理解四则运算之间的关系和运算顺序；
3. 了解带余除法的含义和运算符号的起源。

1.2.1 加法

1. 定义

有限集合 A 的基数为自然数 a，有限集合 B 的基数为自然数 b，且 $A\cap B=\phi$，集合 A 与 B 的并集 $A\cup B$ 的基数为 c，那么 c 叫作 a 与 b 的和。记作：$a+b=c$；读作：a 加 b 等于 c；其中，a 与 b 叫作加数，c 叫作和，符号“+”叫作加号。

比如，自然数3代表集合 $A=\{a, b, c\}$ 的基数，自然数2代表集合 $B=\{d, e\}$ 的基数，其中 a，b，c，d，e 互不相同。$3+2$ 代表 $A\cup B=\{a, b, c, d, e\}$ 的基数，因为集合 $\{a, b, c, d, e\}$ 的基数为5，所以 $3+2=5$。

通俗地说，求两个数和的运算叫作加法。有时候，我们也说，把两个数合并成一个数的运算叫作加法。

教学链接｜加法的意义

在小学数学里，将加法定义为把两个数（有时也指多个数）合并成一个数的数学运算，其含义是合并和求和。加法的基本意义是表示聚合，并由聚合延伸出比较。

①聚合

例如，小明有 5 颗玻璃珠，小强有 4 颗玻璃珠，小明和小强一共有几颗玻璃珠？

②比较

例如，小明有 5 颗玻璃珠，小强比小明多 4 颗玻璃珠，小强有几颗玻璃珠？

---

2. 运算性质

加法交换律　两个数相加，交换加数的位置，它们的和不变。即 $a+b=b+a$。

加法结合律　三个数相加，先把前两个数相加，再加第三个数，或者先把后两个数相加，再加第一个数，它们的结果不变。即 $(a+b)+c=a+(b+c)$。

拓展 1　若干个数相加，任意交换加数的位置，或者先把其中任意几个加数作为一组加起来，再与其他加数相加，它们的和不变。

拓展 2　若干个数的和加若干个数的和，可以先把第一个和中的数分别加第二个和中的数，再把所得的和加起来。就是 $\sum_{i=1}^{n} a_i + \sum_{i=1}^{n} b_i = \sum_{i=1}^{n}(a_i + b_i)$。

和不变的性质　两个数相加，其中一个加数加上某个数，另一个加数减去相应的数，和仍然不变。用数学语言表示是：若 $a+b=c$，那么 $(a \pm m)+(b \mp m)=c$。

在小学阶段，我们也可以直观地理解加法交换律和加法结合律。如图 1.2－1 所示，第一排的 5 个石子，从左向右数，就是 $3+2=5$；而从右向左数，就是 $2+3=5$，可见，最终结果与数数顺序无关，因而得到 $3+2=2+3$。再如，第二排石子，从左往右数就是 $3+2+1=6$，从右往左数就是 $1+2+3=6$，可见 $(3+2)+1=3+(2+1)$，这就是加法结合律。

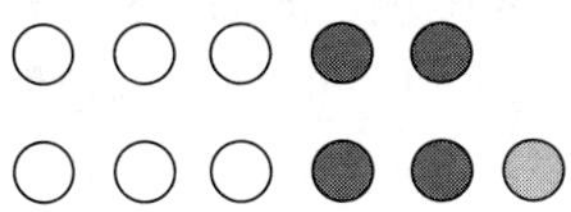

图 1.2－1

如果把“和不变的性质”作为基础，可以证明加法交换律和结合律。比如，要证明 $15+12=12+15$，根据和不变的性质，有 $15+12=(15-3)+(12+3)=12+15$。对于结合律，$(a+b)+c=a+(b+c)$，只需要把 $(a+b)$ 和 c 看作两个数，那么根据“和不变的性质”，有 $(a+b)+c=(a+b-b)+(b+c)=a+(b+c)$。

更为重要的是，在进行加法运算时，使用“和不变的性质”先凑整再计算，可以使加法运算更加简便。比如，下列计算：

$$
\begin{aligned}
&235+189\\
&=(235-11)+(189+11)\\
&=224+200\\
&=424。
\end{aligned}
$$

3. 运算方法

（1）表内加法。

加法就是数数，而且顺着数数。比如，3 +2 就是在 3 的基础上再数两个数 4、5，得到 3 +2 =5。当然也可以在 2 的基础上数三个数 3、4、5；还可以合并起来，先数 3 个再数 2 个，即 1、2、3、4、5，得到 3 +2 =5。

把几加几的结果整理成表和口诀，就成为加法表和加法口诀（见图 1.2 -2），它和乘法口诀一样，是进行运算的基本结论和工具。

	1	2	3	4	5	6	7	8	9
1	1+1=2								
2	2+1=3	2+2=4							
3	3+1=4	3+2=5	3+3=6						
4	4+1=5	4+2=6	4+3=7	4+4=8					
5	5+1=6	5+2=7	5+3=8	5+4=9	5+5=10				
6	6+1=7	6+2=8	6+3=9	6+4=10	6+5=11	6+6=12			
7	7+1=8	7+2=9	7+3=10	7+4=11	7+5=12	7+6=13	7+7=14		
8	8+1=9	8+2=10	8+3=11	8+4=12	8+5=13	8+6=14	8+7=15	8+8=16	
9	9+1=10	9+2=11	9+3=12	9+4=13	9+5=14	9+6=15	9+7=16	9+8=17	9+9=18

图 1.2 -2　加法口诀表

通常，数学上将加法口诀表中包含的加法称作表内加法。比如，要计算 5 +9，可以根据加法交换律，得到 5 +9 =9 +5，再根据加法口诀表中的 9 +5 =14，就得到 5 +9 =14。

（2）表外加法。

数学上，把不在加法口诀表之内的自然数加法叫作表外加法，主要是指多位数加多位数（含一位数）。对于这类加法，通常把两个加数写成十进制和的形式，按照拓展性质 2，转化为一位数加一位数进行运算。

当两个加数的同位数字相加不超过 10 时，其结果是同位数字上的数分别相加的结果。

当两个加数的同位数字相加超过 10 时，要遵守“满十进一”的原则，结果向前进位（前一位相当于加上一），而把余下的数字作为同位数字相加的结果。这类加法叫作进位加法。比如：

$$
\begin{aligned}
&4325+678\\
&=(4\times10^3+3\times10^2+2\times10^1+5)+(6\times10^2+7\times10^1+8)\\
&=4\times10^3+(3+6)\times10^2+(2+7)\times10^1+(5+8)\\
&=4\times10^3+9\times10^2+9\times10^1+13\\
&=4\times10^3+9\times10^2+(9+1)\times10^1+3\\
&=4\times10^3+9\times10^2+10\times10^1+3\\
&=4\times10^3+(9+1)\times10^2+0\times10^1+3\\
&=4\times10^3+10\times10^2+0\times10^1+3\\
&=(4+1)\times10^3+0\times10^2+0\times10^1+3\\
&=5003。
\end{aligned}
$$

用竖式书写是：

$$
\begin{array}{r}
4\ 3\ 2\ 5\\
+\ {}_1 6{}_1 7{}_1 8\\
\hline
5\ 0\ 0\ 3
\end{array}
$$

1.2.2　减法

1. 定义

设有两个集合 A、B，且满足 $B\subseteq A$，其中集合 A 的基数为自然数 a，集合 B 的基数为自然数 b，集合 A 与 B 的差集的基数定义为 $a-b$。也就是说，自然数 a 与 b 相减的差 $a-b$，是指 a 与 b 代表的集合 A 与 B 的差集 $A-B$ 的基数。

比如，自然数 3 代表集合 $A=\{a, b, c\}$ 的基数，自然数 2 代表集合 $B=\{a, b\}$ 的基数，$3-2$ 表示 $A-B=\{c\}$ 的基数，因为集合 $\{c\}$ 的基数为 1，所以 $3-2=1$。

在数学上，一般借助加法来定义减法。已知两个数 a 和 b，求一个数 c，使得 c 与 b 的和等于 a，这种运算叫作减法。记作：$a-b=c$；读作：a 减 b 等于 c。其中，a 叫作被减数，b 叫作减数，c 叫作 a 与 b 的差，符号“$-$”叫作减号。

教学链接 | 减法的意义

在小学数学里，将减法定义为从一个大数中去掉一个小数而剩下的数的数学运算，其含义是相减和求差。减法的基本意义是分离，并由分离延伸出比较。

①分离

例如，小强有 6 颗玻璃珠，他给了小明 4 颗，还剩下几颗？

②比较

比较有两种情形。一种是二者已知，求比较结果是多少。比如，小强有 9 颗玻璃珠，小明有 5 颗玻璃珠，小强比小明多几颗玻璃珠？另一种是，已知其中之一和比较结果，求另一个量。比如，小强有 9 颗玻璃珠，小明比他少 4 颗，小明有几颗玻璃珠？

需要说明的是，在自然数范围内，减法不一定总可以进行，也就是差不一定存在。比如，在自然数范围内，$3-5$ 就不能进行。但是，如果差存在，那么差一定唯一。也就是，如果 $a-b=x$，且 $a-b=y$，那么 $x=y$。下面证明这个结论。

证明　如果 $x\neq y$，那么必有 $x>y$ 或者 $x<y$ 之一成立。不妨设 $x>y$，那么必然存在 $\Delta>0$，使得 $x=y+\Delta$。

由减法的定义，$a=b+x$，且 $a=b+y$，由 $a=b+x=b+(y+\Delta)=b+y+\Delta=a+\Delta$。根据自然数的含义，$a=a+\Delta$ 是不可能成立的。

由减法的定义，可以得到下面两个推论：

推论 1　某数减去一个数，再加上同一个数，仍得原数。就是 $(a-b)+b=a$。

证明　设 $a-b=c$，那么 $b+c=a$。于是 $(a-b)+b=c+b=b+c=a$。

推论 2　某数加上一个数，再减去同一个数，仍得原数。就是 $(a+b)-b=a$。

证明　设 $a+b=c$，那么 $c-b=a$。于是 $(a+b)-b=c-b=a$。

2. 运算性质

性质 1　一个数减去两个数的和，等于从这个数中依次减去和里的每一个加数。即 $a-(b+c)=a-b-c$。

性质 2　一个数减去两个数的差，等于这个数先加上差里的减数，再减去差里的被减数，或者等于先减去差里的被减数，再加上差里的减数。即 $a-(b-c)=a+c-b=a-b+c$。

性质 3　若干个数的和减去若干个数的和，等于第一个和中的各个加数，分别减去第二个和中的加数，再把所得的差加起来。即 $\sum_{i=1}^{n}a_i-\sum_{i=1}^{n}b_i=\sum_{i=1}^{n}(a_i-b_i)$。

差不变的性质　被减数和减数同时加上或减去一个数，其差不变。即若 $a-b=c$，那么 $(a\pm m)-(b\pm m)=c$。

如果把“差不变的性质”作为基础，可以推导“去括号”法则。比如，要计算 $a-(b-c)$，可以在被减数和减数同时加上 c，得到 $a+c-(b-c+c)=a+c-b=a-b+c$。

类似地，读者可以推导 $a+(b-c)=a+b-c$。

此外，我们在进行减法的简便运算时，常常使用差不变的性质先凑整再计算。比如，计算 $235-189=(235+11)-(189+11)=246-200=46$。再如，计算 $456-205=(456-5)-(205-5)=451-200=251$。

3. 运算方法

（1）表内减法。

计算减法最初级的方法是“倒着数数”。比如，要计算 $8-3$，就向 8 前面数 3 个数，依次为 7、6、5，结果就是 5，因此 $8-3=5$。

但在数学上是根据加法口诀表来计算表内减法的，所以这类减法又称为表内减法。比如，要计算 $8-5$，可以根据加法口诀表中的口诀“$5+3=8$”，得出 $8-5=3$。再如，要计算 $15-8$，可以根据口诀“$8+7=15$”，得出 $15-8=7$。

（2）表外减法。

当数字很大时，我们一个一个地数数，需要花很长时间，也不可能用加法口诀表进行计算。于是人们便发明了笔算减法，其本质是十进制计数法的“位值原理”。

当减数同数位上的数字小于或等于被减数时，其差是同位数字上的数分别相减的结果。

当减数同位上的数大于被减数的数时，要遵守“借一当十”的原则向前借位（前一位相当于减去一，后一位相当于加上十），而把余下的数作为同位数字相加的结果。这种减法被称为退位减法。比如：

$$\begin{aligned}&35-18\\=&(3\times10+5)-(1\times10+8)\\=&(3-1)\times10+5-8\\=&(3-1-1)\times10+(10+5-8)\\=&1\times10+(15-8)\\=&1\times10+7\\=&17。\end{aligned}$$

用竖式书写是

$$\begin{array}{r}3\ 5\\-\ 1\ 8\\\hline 1\ 7\end{array}$$

读者可以仿照上述方式，进行三位数以及更多位数的减法的计算原理的推导。读者也不难发现，退位减法比不退位减法要难很多，这正是学生在学习退位减法时常出现问题的原因之一。

电子图书馆

王海娇，郜舒竹．加、减竖式如何教［J］．教学月刊（小学版·数学），2012（3）．

1.2.3 乘法

1. 定义

集合 A 与集合 B 的笛卡儿集（$A\times B$）定义为 $A\times B=\{(a,b)\mid a\in A, b\in B\}$。也就是说，从集合 A 与 B 中各取出一个元素，构成有序数对（a，b），$A\times B$ 就是有序数对构成的集合。

例如，集合 $A=\{a,b,c\}$ 与集合 $B=\{x,y\}$ 构成的笛卡儿集 $A\times B=\{(a,x),(a,y),(b,x),(b,y),(c,x),(c,y)\}$。注意到集合 A、B、$A\times B$ 的基数分别为 3、2、6，因此，定义 $3\times 2=6$。

一般地，自然数 a 乘自然数 b 的结果 $a\times b$ 是指基数为 a 的集合 A 和基数为 b 的集合 B 构成的笛卡儿集 $A\times B$ 的基数。在集合 A 与 B 为有限集的情况下，$A\times B$ 也为有限集。这也就是说，两个自然数的乘积仍为自然数。

一般情况下，我们用加法来定义自然数的乘法。b 个相同加数 a 的和 c 叫作 a 与 b 的积。就是 $c=\overbrace{a+a+\cdots+a}^{b\text{个}a\text{相加}}$。求两个数积的运算叫作乘法，记作：$a\times b=c$，读作：$a$ 乘 b 等于 c①。其中，a 叫作被乘数，b 叫作乘数，c 叫作积，符号“×”叫作乘号。乘号“×”有时写作“·”，在不引起混淆的情况下，可以省略不写。

教学链接 | 乘法的意义

乘法的意义是小学数学的重要知识点。学生通过实物和图片列出 $2+2+2+2+2=10$、$3+3+3+3+3+3=18$ 等算式，明确这些算式都是相同加数自身连加，式子比较长，为了便于书写，这两个算式简写成 $2\times 5=10$ 和 $3\times 6=18$。进而理解“×”的意义，并且乘号前面的数是加数，乘号后面的数表示加数的个

① 有时补充规定：$a\times 1=a$，$a\times 0=0$。

数，两种算式的运算结果相同。

初步认识乘法时，需要进行乘法算式与加法算式的相互转化。然而，对于 4 +4 +6 +2 能否用乘法表示，这类问题并没有统一答案，只要言之有理即可。小学生可能会回答“不能，因为加数不同”；也可能会回答“可以，把 6 +2 转化为 4 +4，原算式可以用乘法算式 4 ×4 表示”。这两种回答都有道理，都算正确。

由乘法的定义可知，乘法的本质是相同加数的自身连加。因为在自然数范围内，加法是封闭的，结果是唯一的。所以，在自然数范围内，乘法是封闭的，结果也是唯一的。

2. 运算性质

交换律　两个数相乘，交换乘数的位置，乘积不变。即 $a\times b=b\times a$。

证明　设 $A=\{x_1,\ x_2,\ \cdots,\ x_a\}$和 $B=\{y_1,\ y_2,\ \cdots,\ y_b\}$，那么有

$$A\times B=\left\{\begin{array}{l}(x_1,\ y_1),\ (x_1,\ y_2),\ \cdots,\ (x_1,\ y_b)\\(x_2,\ y_1),\ (x_2,\ y_2),\ \cdots,\ (x_2,\ y_b)\\\cdots\\(x_a,\ y_1),\ (x_a,\ y_2),\ \cdots,\ (x_a,\ y_b)\end{array}\right\},$$

$$B\times A=\left\{\begin{array}{l}(y_1,\ x_1),\ (y_1,\ x_2),\ \cdots,\ (y_1,\ x_a)\\(y_2,\ x_1),\ (y_2,\ x_2),\ \cdots,\ (y_2,\ x_a)\\\cdots\\(y_b,\ x_1),\ (y_b,\ x_2),\ \cdots,\ (y_b,\ x_a)\end{array}\right\}。$$

上述两个集合的元素个数相等，那么 $\|A\times B\|=\|B\times A\|$，进而有 $a\times b=b\times a$。

结合律　三个数相乘，先把前两个数相乘，再与第三个数相乘，或者先把后两个数相乘，再与第一个数相乘，它们的积不变。即 $(ab)c=a(bc)$。

$a\times(b\times c)$

$=a\underbrace{(b+b+\cdots+b)}_{c\text{个}b\text{相加}}$

$=\underbrace{ab+ab+\cdots+ab}_{c\text{个}ab\text{相加}}$（注：这一步用到乘法分配律）

$=(a\times b)\times c$。

分配律　两个数的和与一个数相乘的积，等于和里的每一个加数与这个数相乘，再把所得的积加起来。即 $(a+b)c=ac+bc$。

证明　$(a+b)\times c$

$$=\underbrace{(a+b)+(a+b)+\cdots+(a+b)}_{c\text{个}(a+b)\text{相加}}$$

$$=\underbrace{a+a+\cdots+a}_{c\text{个}a\text{相加}}+\underbrace{b+b+\cdots+b}_{c\text{个}b\text{相加}}$$

$$=a\times c+b\times c。$$

乘法分配律的另一形式是：两个数的差与一个数相乘的积，等于被减数与减数分别与这个数相乘，再把所得的积相减。即 $(a-b)c=ac-bc$。

拓展1 若干个数的和与一个数相乘的积，等于和中的每一个加数与这个数相乘，再把所得的积加起来。即

$$(a_1+a_2+\cdots+a_n)\times b=a_1\times b+a_2\times b+\cdots+a_n\times b。$$

拓展2 若干个数的和与若干个数的和相乘，等于第一个和里的每一个加数与第二个和里的每一个加数相乘，再把所得的积加起来。即

$$\sum_{i=1}^{n}a_i\times\sum_{j=1}^{m}b_j=\sum_{j=1}^{m}(\sum_{i}^{n}a_i)b_j=\sum_{j=1}^{m}\sum_{i=1}^{n}(a_ib_j)。$$

积不变的性质 两个数相乘，其中一个乘数扩大某个倍数，另一个乘数缩小相同倍数，乘积不变。即：若 $a\times b=c$，那么 $(a\times m)\times(b\div m)=c$。

如果以“积不变的性质”为基础，可以证明乘法交换律和结合律（请读者自行完成）。此外，我们在进行乘法的简便运算时，常常使用积不变的性质先凑整再计算。

比如，计算 125×32，因为 $125\times8=1000$，故需将 125 扩大 8 倍变为 1000，相应地，32 应该缩小 8 倍，于是 $125\times32=(125\times8)\times(32\div8)=1000\times4=4000$。

值得注意的是，“反比例”“反比例函数”和“小数乘法”的基础，就是乘法“积不变的性质”。

3. 运算方法

（1）表内乘法。

关于乘法的运算，当数字比较小时，可以借助加法来计算。比如 $4\times6=4+4+4+4+4+4=24$，用得多了，便成为口诀“四六二十四”。所有一位数乘一位数的结果，汇编成乘法口诀，就是我们通常说的“九九乘法表”（见图 1.2－3）。

1×1=1								
1×2=2	2×2=4							
1×3=3	2×3=6	3×3=9						
1×4=4	2×4=8	3×4=12	4×4=16					
1×5=5	2×5=10	3×5=15	4×5=20	5×5=25				
1×6=6	2×6=12	3×6=18	4×6=24	5×6=30	6×6=36			
1×7=7	2×7=14	3×7=21	4×7=28	5×7=35	6×7=42	7×7=49		
1×8=8	2×8=16	3×8=24	4×8=32	5×8=40	6×8=48	7×8=56	8×8=64	
1×9=9	2×9=18	3×9=27	4×9=36	5×9=45	6×9=54	7×9=63	8×9=72	9×9=81

图 1.2－3　乘法口诀表

（2）表外乘法。

①多位数乘一位数

将多位数用十进制计数法表示，转化为若干个数的和乘一位数，再根据乘法分配律计算。比如

358×6

$=(3\times100+5\times10+8)\times6$

$=3\times6\times100+5\times6\times10+8\times6$

$=18\times100+30\times10+48$

$=1800+300+48$

$=2148$。

②多位数乘整十（百、千）的数

将整十（百、千）的数用十进制计数法表示，转化为多位数乘一位数，再乘十（百、千等）。

③多位数乘多位数

将第二个乘数用十进制和表示，再利用乘法分配律转化为前两类运算来计算。比如

358×426

$=358\times(4\times10^2+2\times10+6)$

$=358\times4\times10^2+358\times2\times10+358\times6$

$=143200+7160+2148$

$=152508$。

用竖式书写是

$$\begin{array}{r} 358 \\ \times\ 426 \\ \hline 2148 \\ 716 \\ 1432 \\ \hline 152508 \end{array}$$

电子图书馆

[1] 曾小平，韩龙淑. 让学生经历知识的形成过程：以“乘法分配律”的教学为例[J]. 教学月刊（小学版·数学），2012（3）.

[2] 曾小平，韩龙淑. 多位数乘法的算法、算理与教学[J]. 小学教学（数学版），2011（10）.

[3] 郜舒竹. 为何“探究不出来”：兼谈教学难点的分析方法[J]. 人民教育，2009（8）.

1.2.4 除法

1. 定义

在数学上，一般借助乘法来定义除法。已知两个数 a 和 b，求一个数 q，使得 $b\times q=a$，这种运算叫作除法。记作：$a\div b=q$；读作：a 除以 b 等于 q；也可以读作：b 除 a 等于 q（注意：“除以”与“除”的含义不用）。其中，a 叫作被除数，b 叫作除数，q 叫作 a 除以 b 的商，符号“÷”叫作除号。

除法可以表示“平均分”，$a\div b=q$ 就表示“将 a 个物体平均分成 b 份，每一份为 q 个”。如果我们把乘法定义为“连加”，那么除法可以理解为“连减”。即 $a\div b=q$ 可以理解为 $a-\underbrace{b-b-\cdots-b}_{q个b}=0$。

教学链接 | 除法的意义

小学中的除法常被分为“等分除”和“包含除”两种基本类型，其实就是除法的两种基本模型，要在学生动手分物体的基础上进行理解。

比如，等分除，“把6根小棒平均分给3个小朋友，每人分得几根？”可以用除法算式“6÷3=2”表示，其中结果2表示每人分得两根。

再如，包含除，“有12本书，4本书捆成一捆，可以捆成几捆？”可以用除法算式“12÷4=3”表示，其中结果3表示可以捆成三捆。

其实，一个算式就是一个故事，借助典型的故事，有助于学生更好地理解抽象的算式。

需要说明的是，在自然数范围内，除法不一定总可以进行，也就是商不一定存在。比如，在自然数范围内，$3 \div 5$ 就不能进行。但是，如果商存在，那么商一定唯一。也就是，如果 $a \div b = x$，且 $a \div b = y$，那么 $x = y$。（证明留做练习）

由除法的定义，可以得到下面两个推论：

推论 1　某数除以一个数，再乘同一个数，仍得原数。就是 $(a \div b) \times b = a$。

证明　设 $a \div b = c$，那么 $b \times c = a$，于是 $(a \div b) \times b = c \times b = b \times c = a$。

推论 2　某数乘一个数，再除以同一个数，仍得原数。就是 $(a \times b) \div b = a$。（证明由读者自行完成）

2. 运算性质

性质 1　一个数除以两个数的积，等于这个数依次除以积里的每一个乘数。即 $a \div (b \times c) = a \div b \div c$。

性质 2　一个数除以两个数的商，等于这个数先乘商里的除数，再除以商里的被除数，或者等于先除以商里的被除数，再乘商里的除数。即 $a \div (b \div c) = a \times c \div b = a \div b \times c$。

性质 3　若干个数的和除以一个数，等于和里的每一个数除以这个数，再把所得的商加起来。[①] 即 $\left(\sum_{i=1}^{n} a_i\right) \div b = \sum_{i=1}^{n} (a_i \div b)$。

商不变的性质　两个数相除，被除数和除数同时扩大或者缩小相同的倍数，商仍然不变。即若 $a \div b = c$，那么 $(a \times m) \div (b \times m) = c$。

如果把“商不变的性质”作为基础，可以推导去括号法则。比如，对于 $a \div (b \div c) = (a \times c) \div (b \div c \times c) = a \times c \div b = a \div b \times c$。

此外，我们在进行除法的简便运算时，常常使用“商不变的性质”先凑整再计算。

教学链接｜商不变的性质

“商不变的性质”在小学阶段非常重要。“分数的基本性质”“分数除法”“比的基本性质”“正比例”“正比例函数”和“小数除法”的基本原理，基础都是除法“商不变的性质”。比如，计算分数除法：

$$\frac{b}{a} \div \frac{d}{c} = \left(\frac{b}{a} \times \frac{c}{d}\right) \div \left(\frac{d}{c} \times \frac{c}{d}\right) = \left(\frac{b}{a} \times \frac{c}{d}\right) \div 1 = \frac{b}{a} \times \frac{c}{d} = \frac{bc}{ad}。$$

① 这条性质可以看作除法满足分配律。

3. 运算方法

（1）表内除法。

简单的除法可以根据乘法口诀表，逆用口诀来计算。比如，要计算 $8 \div 2$，可以根据 $2 \times 4 = 8$，得出 $8 \div 2 = 4$。再如，要计算 $15 \div 5$，可以根据 $3 \times 5 = 15$，得出 $15 \div 5 = 3$。这类除法，数学上叫作表内除法。

（2）表外除法。

不能逆用乘法口诀表中的口诀进行计算的除法，叫作表外除法。表外除法的被除数或者除数比较大，计算时对被除数进行分解，将除法算式转化为多个数的和除以一个数，再根据性质 3 进行计算。如果某一位不能整除，则自动向下一位转移，除到哪位，商到哪位。比如

$351 \div 3$

$= (300 + 50 + 1) \div 3$

$= (300 + 30 + 21) \div 3$

$= 300 \div 3 + 30 \div 3 + 21 \div 3$

$= 100 + 10 + 7$

$= 117$。

用竖式书写是

```
   1 1 7
3 )3 5 1
   3
   ─────
     5
     3
   ─────
     2 1
     2 1
   ─────
       0
```

教学链接 | 除法试商

小学生在学习除数是两位数的除法竖式时，试商是一个比较困难的事情。一般采用“四舍五入法”进行试商，通常有以下几种情况：①除数是整十数；②除数接近整十数；③借助口算可以完成的；④商中有 0 的；⑤商的末位有 0 的。

电子图书馆

[1] 郜舒竹. 回眸历史看竖式 [J]. 教学月刊（小学版·数学），2013（6）.

[2] 曾小平，韩龙淑. 除法竖式的发展与教学 [J]. 小学教学（数学版），2011（11）.

[3] 曾小平，刘长红. 除法竖式：学生为何从高位算起 [J]. 小学教学（数学版），2014（3）.

4. 带余除法

在做除法时，有时候得不到整数商。比如，$53 \div 8$，就没办法找到一个整数乘 8 等于 53。

但是能够找到一个整数 6，使得 $8 \times 6 = 48 < 53$，而 $8 \times (6+1) = 56 > 53$。从而，我们可以找到 $53 \div 8$ 的最大商为 6，并且 53 减去 8×6 还余下 5，就是 $53 = 8 \times 6 + 5$。

定义　已知两个自然数 a 和 b（$b \neq 0$），要求两个自然数 q 和 r，使得 $a = b \times q + r$，并且 $0 < r < b$，这样的除法运算叫作带余除法。其中，a 叫作被除数，b 叫作除数，q 叫作不完全商（简称商），r 叫作余数。一般记作：$a \div b = q$（余 r）或者 $a \div b = q \cdots\cdots r$；读作：$a$ 除以 b 等于 q 余 r。

如果允许 $r = 0$，那么此时的除法就是我们前面讲的除法（通常称为整除）。

对于带余除法，基本的结论是：商和余数存在且唯一。

教学链接 | 带余除法的教学

带余除法的教学，可以按照“实物—表象—符号—关系”的程序，让学生能较深刻地理解它的基本含义。

1. 实物

分豆子游戏：教师发给学生 7 颗豆子和 3 个盘子，让学生把豆子分到盘子里。活动要求：每个盘子分到的豆子一样多；剩下的豆子尽可能少。学生有很多方法：①一颗一颗地放，到最后剩下一颗；②两颗两颗地放，剩下一颗；③三颗三颗地放，最后发现不行，再调整。

2. 表象

这一阶段，学生有两种学习形式：①脑袋里面回想着刚才分豆子的操作过程，最后得到每个盘子放 2 颗，还剩下一颗；②画出图像，用图像表示结果（见图 1.2－4）。

3. 符号

用除法式子表示分豆子的结果，有横式和竖式两种形式。

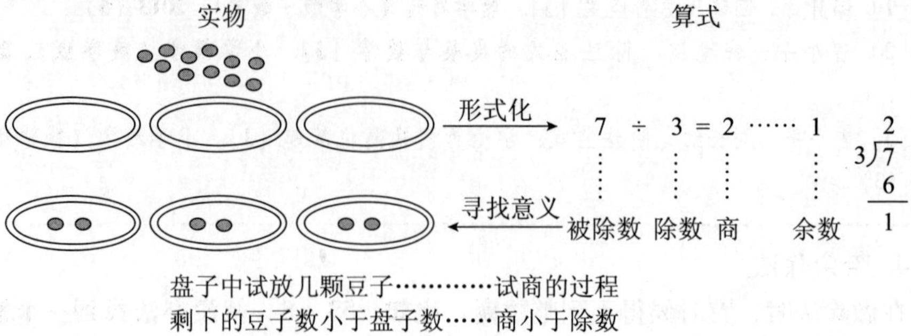

图 1.2－4

4. 关系

将除法算式用其他形式表示，比如 $7=3\times2+1$ $(0<1<3)$。对此一般化，得到带余除法的运算规则：被除数 = 除数 × 商 + 余数（0 < 余数 < 除数）。

电子图书馆

[1] 戎松魁. 理解“有余数除法定义”是找到“到底错在哪一步”的关键［J］. 中小学数学（小学版），2012（7－8）.

[2] 蔡金法. 小学数学教师的专业素养：以如何上好一堂课的视角来探讨［J］. 小学教学（数学版），2014（7－8）.

1.2.5 混合运算

在一个算式里，如果有两种或者两种以上的运算，通常称为混合运算。加、减、乘、除的混合运算，又称为四则混合运算。

在四则混合运算中，将加法和减法看作一级运算，乘法和除法看作二级运算。混合运算的具体运算顺序如下：

（1）在没有括号的算式中，如果为同一级运算，则从左向右依次进行运算；如果为混合运算，则先算乘除，后算加减。

（2）在有括号的算式中，先算括号里面的，再算括号外面的；如果有多种括号，先算小括号里面的算式，再算中括号里面的算式，最后算大括号里面的算式。

从上述两条运算规则可以看出：括号是用来改变运算顺序的。通常的括号有小括号，又叫圆括号，记作（　　）；中括号，又叫方括号，记作［　　］；大括号，又叫花括号，记作｛　　｝。

对于为何“先算乘与除，后算加与减”？这是一条规定，其合理性在于：①如果依次运算，$3+2\times4$ 就会和 $(3+2)\times4$ 结果相同，违背了追求简洁的原则；②如果把乘还原为加，统一为同一种运算，应该是 $3+2+2+2+2=11$，与“先乘除后加减”结果一致。

概念辨析　运算律与运算顺序

运算律是指定义在某个集合中的一种运算具备的性质。比如乘法交换律 $ab=ba$，当 a、b 定义在自然数、整数、有理数、实数等集合上时，具备交换律的性质，而当 a、b 定义在矩阵的集合上时，不具备交换律的性质。

一个算式中涉及多个运算时，必须规定先进行哪些运算，后进行哪些运算，这就是运算顺序。如果没有运算顺序，随机选择运算，可能会造成运算结果的不一致，影响数学运算结果的确定性。

拓展阅读　运算符号的起源

运算符号是从 15 世纪开始才逐渐使用的。1489 年，德国数学家魏德曼（Johann Widman）首先创造性地使用“+”表示加、“－”表示减。他把一条横线和一条竖线合并在一起表示合并（增加）的意思，从加号中去掉一条竖线，表示拿去（减少）的意思。

1631 年，英国数学家鸥德莱（William Oughtred）使用“×”表示乘。因为乘法是特殊的加法，鸥德莱把加号“+”倾斜，用来表示乘。

17 世纪，瑞士学者拉恩（Johann Heinrich）使用“÷”表示除以。因为除以表示分开的意思，拉恩用一条竖线分开两个小圆点，形象地表示除以。

16 世纪，英国医生雷科达（Robert Recorde Rahn）认为，最能表示相等的是一对平行线，他就用两条等长的线段“=”表示相等，这就是我们现在的等号。

电子图书馆

[1] 郜舒竹，刘莹，王智秋．“估算”在数学课程中的矛盾分析［J］．课程·教材·教法，2013（1）．

[2] 郜舒竹，郑丽丽．估算方法知多少［J］．教学月刊（小学版·数学），2012（10）．

1.3 整数

◉**学习目标**

1. 理解数学中负整数产生的原因，理解负整数的数学含义；
2. 掌握整数四则运算的法则，掌握整数的基本性质；
3. 了解0和1这两个特殊整数在数学上的意义。

1.3.1 负整数

我们知道，自然数集对减法运算不封闭。也就是说，在$\mathbf{N}$中，当$a\geqslant b$时，$a-b\in\mathbf{N}$；当$a<b$时，$a-b\notin\mathbf{N}$。为可保证减法的实现，我们需要引进负数①。对任意一个非零的自然数n，我们引进一个数$-n$与之对应，满足$n+(-n)=(-n)+n=0$，这里的$-n$（$n\in\mathbf{N}$，$n\neq0$）叫作负整数。

其实，负数的产生经历了一个漫长的历史过程。中国人在《九章算术》的“方程”一章中，在解方程组时，因涉及小数减大数的情况，就引入了负数。之后，汉代数学家刘徽（约225—295），给出了正负数的加减法则，元代数学家朱世杰给出正负数的乘除法则。这些数学成果后来经过印度传到阿拉伯，再从阿拉伯传到欧洲。

负数在欧洲引起不小的震动，很多数学家都曾对负数表示过怀疑，也进行了不少批判。比如，根据原有经验，大数除以小数的结果大于1，而有了负数之后，$4\div(-2)<1$，这似乎难以接受。直到17世纪，笛卡儿创立解析几何，负数获得了几何解释和实际意义，负数才逐渐被数学界认可并使用。

教学链接 | 负整数的意义

在小学范围内，我们怎样理解负整数的产生和性质呢？在非负数范围内，我们没办法计算$5-8$，但可以尽量将它化简，即根据差不变的性质，得到$5-8=0-3$，把$0-3$看作一个新的数，简单记作-3。而原来在非负数范围内可以进行的减法还按原来的方法进行，比如$8-5=3-0=0+3=3$。更一般的，数

① R. 柯朗，H. 罗宾. 什么是数学［M］. 左平，张饴慈，译. 上海：复旦大学出版社，2005.

学上规定形如3（=0+3）、5（=0+5）这样的数叫作正数，形如−3（=0−3）、−5（=0−5）这样的数叫作负数，把正数、零和负数统称为有理数。

1.3.2　整数运算

数学上，把正整数、零和负整数统称为整数。整数可以看作自然数中加入负整数后，得到的一个更大的数集合。

在整数范围内，如何进行加减法运算呢？很容易，按照自然数的加减法进行计算就可以了。比如，$8+(-13)=8+(0-13)=8-13=0-5=-5$，$9-(-4)=9-(0-4)=9-0+4=13$，$-7-(-5)=(0-7)-(0-5)=0-7+5=5-7=0-2=-2$。可以验证，在有理数范围内，加减法可以畅通无阻地进行，加法交换律和结合律仍然成立。

在整数范围内，如何比较数的大小呢？数学上规定：如果 $a-b>0$，则 $a>b$；如果 $a-b=0$，则 $a=b$；如果 $a-b<0$，则 $a<b$。比如，因为 $(-8)-(-5)=-3<0$，所以 $-8<-5$。

教学链接｜负整数的大小比较

在小学阶段，要求不是特别严格，如果注意到 $-8=0-8$、$-5=0-5$，因为 $0-8<0-5$（被减数相同，减数越大，差越小），也可以得到 $-8<-5$。这对学生来讲是比较容易接受的。

在整数范围内，借助负整数的本质，可将整数乘法转化为自然数乘法来讨论，而且该过程并不复杂（但要事先规定：零乘任何整数都等于零）。为了论述方便，我们用 a，b 表示任意两个自然数，而用 $-a$，$-b$ 表示任意两个负整数，对任意两个非零整数相乘的四种情况分别介绍如下：

（1）正数×正数，仍然按照非负数的方式进行，即 $a\times b=ab$；

（2）正数×负数，$a\times(-b)=a\times(0-b)=a\times0-a\times b=0-ab=-ab$（其中第二个等号成立的依据是乘法分配律，第四个等号成立的依据是负整数的定义）；

（3）负数×正数，$(-a)\times b=(0-a)\times b=0\times b-a\times b=0-ab=-ab$；

（4）负数×负数，$(-a)\times(-b)=(0-a)\times(-b)=0\times(-b)-a\times(-b)=0-a(-b)=-a(-b)=-(-ab)=-(0-ab)=ab-$

$0=ab$［其中，第五个等号成立依据（2）中的结果，第六个和第七个等号成立的依据是负整数的定义］。

为了便于运算，人们将整数乘法与自然数乘法建立联系，得到整数乘法的计算法则：两个整数相乘，同号为正，异号为负，并把绝对值相乘；零乘任何一个整数，结果为零。

整数加法和乘法的基本性质（即对任何整数 a，b 和 c 都成立），见表1.3－1。

表 1.3－1　整数加法与乘法的基本性质

性质	加法	乘法
封闭性	$a+b$ 是整数	ab 是整数
结合律	$a+(b+c)=(a+b)+c$	$a(bc)=(ab)c$
交换律	$a+b=b+a$	$ab=ba$
存在单位元	$a+0=0+a=a$	$a1=1a=a$
存在逆元	$a+(-a)=(-a)+a=0$	整数集中，只有 1 或 －1 关于乘法存在单位元
分配律	—	$(a+b)c=ac+bc$

电子图书馆

［1］曾小平，石冶郴．负数的本质与有理数乘法法则［J］．教学月刊（中学版），2012（1）．

［2］柳笛．数学家对负数大小关系认识的历史片段［J］．湖南教育，2008（1）．

［3］曾小平，涂荣豹．基于数学规定的“有理数乘法”教学［J］．中学数学教学参考，2009（1－2）．

在整数范围内，如何进行除法运算呢？将除法看作乘法的逆运算，借助乘法来计算除法。比如，要计算 $18\div(-3)$，就想 $(\quad)\times(-3)=18$，因为 $(-6)\times(-3)=18$，所以 $18\div(-3)=-6$。再如，要计算 $(-56)\div(-7)$，就想 $(\quad)\times(-7)=-56$，因为 $(8)\times(-7)=-56$，所以 $(-56)\div(-7)=8$。

为了便于运算，人们将整数除法与自然数除法建立联系，得到整数除法的计算法则：两个整数相除，同号为正，异号为负，并把绝对值相除；零除以一个不等于零的数，商为零；零除以零，没有意义。

概念辨析 相反数与绝对值

只有符号不同的两个数，其中之一叫作另一个的相反数。有时也说这两个数互为相反数。零的相反数是零。在数轴上，互为相反数的两个数表示的点，到原点的距离相等。

在数轴上，某个数表示的点到原点的距离叫作这个数的绝对值。正数的绝对值是它本身，负数的绝对值是它的相反数，零的绝对值是零。互为相反数的两个数，绝对值相等。

1.3.3　特殊整数

1. 整数 0

第一个特殊整数是 0。原来 0 不叫自然数，但是在 1993 年，《中华人民共和国国家标准》（GB3100 - 3102 - 93）第 311 页规定：0 是自然数，表示一个也没有。

把 0 纳入自然数也有很多好处：0 与空集基数相对；0 是加法的不变元，即任何数加 0 还等于其本身；有了 0 才有相反数，为负数创造条件；0 使减法更广泛，出现 $2-2$，$4-4$；0 在 1 之前，高考填报零志愿（提前录取）；出现 0，产生负整数，自然数扩充到整数。可见，0 的实际意义还是比较丰富的。

为何规定“0 不能作除数”呢？理由有两个：①根据乘除互为逆运算，任何数乘零都不等于一个非零数 a，$a\div 0$ 的商不存在，所以 $a\div 0$ 没有意义；②根据包含除，a 中包含多少个 0 呢？即 $a-\underbrace{0-0-\cdots-0}_{\text{多少个0呢?}}=0$，答案未知。

自然数扩充到整数后，0 的意义也更加丰富了；0 不再是最小的数了，而是成为正负数的分界点，正整数比它大，负整数比它小。同时，0 也成为正整数和负整数这对矛盾统一体彼此转化和过渡的桥梁。

正因为如此，我们才可以选择 0 作为标准（中间值），用正整数和负整数来刻画一对具有相反意义的量，比如刻画温度、标记存取钱、表达结余与亏损等。

但是，将 0 看作自然数也引发了一些问题，比如，0 作除数会怎样？0 是质数还是合数？最小的一位数是几？0 的约数是多少？0 是任何一个自然数的倍数吗？这些问题，在小学数学教育界曾经引起较大争论，但至今尚无定论。

鉴于此，本书提醒各位读者：0 只是一个自然数，对它的意义和特性不要过分追究，否则在小学阶段很难向学生解释，也会引发一连串的问题，反而干扰学生的正常学习。

拓展阅读 0的历史

数字0的出现，是数学史上的重大创造。0一直被认为是阿拉伯数字，但它的起源在印度和中国。

3—6世纪，古代印度产生了十进制计数法，规定出十个数字符号。起初，古印度人用“·”表示空位，后来演变成“0”。在古代印度，0的梵文名称为sunya，汉语译为“舜若”，意为“空”。一切皆空，这是0的特性，反映了古代印度佛教认识万物的痕迹。

古代中国将算筹摆成不同的形状来记录数字。1~9都用算筹表示，0用空位表示。后来用“□”，为了便于书写，演化成圆圈“○”。用“○”代表零最早见于1180年的《大明历》。到了1247年，宋元时期的数学家秦九韶就大量使用“○”。

符号0刚引入到西方时，曾经引起西方人的困惑。当时西方认为所有数都是正数，而0这个数字会使很多算式逻辑不能成立（比如除以0）。甚至认为是魔鬼数字，而被禁用。直至十五六世纪，0和负数才逐渐为西方人所认同，西方数学才有了快速发展。

2. 整数1

第二个特殊整数是1，其特殊性表现在：1是构成自然数的单位，由它构成其他非零自然数；1是乘法的不变元，也就是说任何数乘1还等于自身；乘法有了不变元，才有逆元（也就是通常说的倒数），为除法奠定基础；1既不是质数，也不是合数；1在分数中，被视作整体，常叫作单位1；在比的问题中，1作为基准量。

1具有相当丰富的数学性质：任何数除以1都等于它的本身；两个互质数的最大公因数是1；1的因数只有它本身，是任何正整数的公因数；1的倒数是1；1的绝对值还是1；1的算术方根还是1；1是最小的完全平方数；任何数的1次方都为原数；1的任何次幂都是1。

拓展阅读 1的文化

“一”的古代写法是“弌”，在以部首检字法为主的中文字典中，“一”往往是第一个部首和第一个字。

在人类文化中，“一”被赋予了万物之始的意义：“惟初太极，道立于一，造分天地，化成万物，凡一之属皆从一。”（《说文解字》）英文中也以“The Great One”（伟大的一）指代圣经中的上帝耶和华。

在哲学上，尤其是《老子》中，“一”的含义更加广泛：“道生一，一生二，二生三，三生万物。万物负阴而抱阳，冲气以为和。”意思是：一乃万物之始，古代哲人把一作为万物之始，叫作太极，太极生两仪，两仪生四象，四象生八卦。

在乐理中，简谱上的 do 音用 1 表示。在比赛中，1 代表得到第一名，代表比赛优胜。

练　习　一

1. 读出下面各数。
   43571600；90000560001；756004080；10800000104；8400573000。
2. 儿童在写数时，有时会把“十二”写成“102”，请分析其中的原因，并说说你的教学建议。
3. 阐述基于自然数序数理论的加法和乘法定义，并基于该归纳定义计算 $6+4$ 和 6×4。
4. 任意两个自然数 a 和 b，定义新运算 ∇，使得以下等式成立：$0\nabla a=a$；$a\nabla b=(a-1)\nabla b+ab$。试求 $3\nabla7$ 的值。
5. 自然数 $A=\overline{ab}_{(5)}$，$B=\overline{ba}_{(5)}$，如果 A 与 B 所表示的十进制数相差 12，求 A 和 B。
6. 计算 $14-6$，有以下几种方法，说说每种方法的道理。
   ①从 14 起往回数数，13，12，11，10，9，8，结果为 8；
   ②从 14 中减去 4 得 10，再从 10 中减去 2 得 8，结果为 8；
   ③从 10 里减去 6 得 4，再 $4+4=8$，结果为 8；
   ④因为 $6+8=14$，所以 $14-6=8$。
7. 在自然数范围内，证明下面各式的结论。
   （1）$a-(b+c)=a-b-c$；
   （2）$a-(b-c)=a-b+c$；
   （3）$a\div(b\div c)=a\div b\times c$；
   （4）$a\div(b\times c)=a\div b\div c$。
8. 阐述加法“和不变的性质”，并用它计算 $465+496$。
9. 阐述减法“差不变的性质”，并用它计算 $465-196$。
10. 计算 32×12 时，有以下几种方法，说一说每种方法的道理。

(1) $32\times4+32\times8$；(2) $32\times6\times2$；(3) $32\times10+32\times2$。

11. 甲说：因为 $0\times0=0$，所以 $0\div0=0$。

乙说：因为 $0\times1=0$，所以 $0\div0=1$。

他们的说法对吗？为什么？根据自己的理解，说一说 0 为什么不能作除数。

12. 小学数学中，自然数的除法有两种类型，即等分除与包含除，请举例说明。

13. 某个除法算式中，商是整数没有余数。某个粗心的同学误把最高位上的数字 3 写成了 8，得到的商增加了 19，余数是 3。那么原来算式中除数最小是多少？

14. 阐述负整数的数学本质，并计算 $(-6)-(-4)$ 和 $9-(-4)$。

15. 认真阅读人教版教材引入“有理数乘法”的情境，分析教材的设计意图，并给予评论。

一只蜗牛沿着直线 l 爬行，它现在的位置恰好在 l 上的点 O。根据生活经验推断：

如果蜗牛一直以每分钟 2 厘米的速度向右爬行，3 分钟后它在什么位置？

如果蜗牛一直以每分钟 2 厘米的速度向右爬行，3 分钟前它在什么位置？

如果蜗牛一直以每分钟 2 厘米的速度向左爬行，3 分钟后它在什么位置？

如果蜗牛一直以每分钟 2 厘米的速度向左爬行，3 分钟前它在什么位置？

16. 认真阅读北师大版教材引入“有理数乘法”的情境，分析教材的设计意图，并给予评论。

计算下面的算式：

$(-3)\times3=-9$

$(-3)\times2=-6$

$(-3)\times1=-3$

$(-3)\times0=0$

在此基础上，猜想

$(-3)\times(-1)=$

$(-3)\times(-2)=$

$(-3)\times(-3)=$

等算式的结果，进而归纳出有理数乘法法则。

第2章 整数的性质

◉情境引入

2013 年 5 月，一条轰动全球数学界的消息占据了各大新闻媒体的头版头条。美国新罕布什尔大学的华裔数学家张益唐在纯粹数学的顶级期刊《数学年刊》（*Annals of Mathematics*）发表了一篇题为《素数间的有界间隔》（*Bounded Gaps Between Primes*）的文章，证明了存在无穷多个相差小于 7000 万的素数对。这是证明孪生素数猜想的开拓性进展。这一事件被科学界的泰斗级期刊《自然》杂志在突破性新闻栏目里进行了报道，并入选《环球科学》2013 年十大科学新闻。

张益唐所做的工作为何引起了如此大的轰动？究竟什么是素数？什么是孪生素数猜想？要想知道这些问题，首先要了解一点初等整数论。为了让读者了解初等整数论的基本知识，我们在本章中介绍正整数的整除性、奇数与偶数、约数与倍数、质数与合数、同余性等整数的性质，并对一些相关的问题进行讨论与研究。

2.1 整除性

◉学习目标

1. 理解整除的基本概念与基本性质；
2. 了解整除与除尽的本质区别；
3. 掌握能被2，5，3，9，4，25，8，125，7，11，13 整除的数的特征。

2.1.1 整除

整除概念存在于整数的运算中。在整数中，作加法、减法、乘法三种运算，所得的结果仍然是整数。但是对于任意两个整数作除法，所得的结果不再一定是整数。因此，整除成了两个满足特殊条件的整数之间的一种运算。我们先来对整除概念进行定义。

定义 对于两个整数 a，b（$b\neq0$），如果存在整数 q，使得 $a=bq$，那么就称 a 能被 b 整除，或者称 b 能整除 a，记作$b|a$。

为了使读者从更高的角度理解整除，我们在此不得不先提到带余除法。一般地，对两个正整数 a、b 作除法，不一定能整除，但一定能作带余除法。即，总存在正整数 q 和 r，使得 $a=qb+r$。其中 $0\leqslant r<b$。当 $r=0$ 时，即为整除的情形，记为$b|a$；但当 $r\neq0$ 时，b 不能整除 a，记作 $b\nmid a$。关于带余除法其他具体的相关理论，我们会在第 2.5 节进行讨论。

2.1.2 整除与除尽

小学生常常容易混淆整除与除尽两个不同的概念，在此我们对这两个概念作出区分。它们的主要差别在于被除数、除数和商的取值范围。

当我们限制被除数和除数都是整数，并限制商也在整数范围内时，只有整除和不能整除两种情况。例如，在小学生认识分数之前，他们能够顺利解决“将 4 块一样大的蛋糕平均分给 2 个小朋友，每人能分几块”这样的问题，因为这时 2 可以整除 4。而面对“将 4 块一样大的蛋糕平均分给 3 个小朋友，每人能分几块”的问题，他们只能先将其中 3 块平均分给 3 个小朋友，每人 1 块，还剩余 1 块，因为这时 3 不能整除 4，所用的方法是带余除法。

当我们允许被除数、除数和商既可以是整数，又可以是分数或小数时，才出现了除尽和除不尽的概念。如果商是整数或有限小数，那么表示能除尽，比如 $4 \div 2 = 2$，$42 \div 8 = 5.25$，$0.21 \div 0.07 = 3$。其中，除尽的一种特殊情况就是整除，要求被除数、除数和商都是整数，在上述三个式子中只有第一个是整除。如果除法的结果是无限循环小数，那么表示除不尽，比如 $4 \div 3 = 1.3333\cdots$。

2.1.3　整除的基本性质

根据整除的概念，我们很容易能够证明整除具有以下一些基本性质：

对于任意整数 a，b，c，有：

①**自反性**　$a \mid a$。

②**对称性**　如果 $b \mid a$，$a \mid b$，那么 $b = a$。

③**传递性**　如果 $b \mid a$，$c \mid b$，那么 $c \mid a$。

推论　如果 $b \mid a$，那么 $b \mid ac$。

④**线性性**　如果 $c \mid a$ 且 $c \mid b$，那么 $c \mid (a \pm b)$。

推论 1　如果 $c \mid a$ 且 $c \mid b$，那么 $c \mid (ma + nb)$，其中 m，n 是整数。

推论 2　如果 $c \mid a$ 且 $c \mid (a \pm b)$，那么 $c \mid b$。

2.1.4　整除特征

根据整除的基本性质，我们可以得到能被某些正整数整除的整数所具备的特征。

（1）能被 2（或 5）整除的数的特征：末位数能被 2（或 5）整除。

为了便于小学生理解，我们通常说成：如果一个整数的个位数字是 0，2，4，6，8，那么它能被 2 整除；如果一个整数的个位数字是 0 或 5，那么它能被 5 整除。

（2）能被 4（或 25）整除的数的特征：末两位数能被 4（或 25）整除。

例如，$1864 = 1800 + 64$，因为 100 是 4 与 25 的倍数，所以 1800 是 4 与 25 的倍数。又因为 $4 \mid 64$，所以 1864 能被 4 整除，但因为 $25 \nmid 64$，所以 1864 不能被 25 整除。

（3）能被 8（或 125）整除的数的特征：末三位数能被 8（或 125）整除。

例如，$29375 = 29000 + 375$，因为 1000 是 8 与 125 的倍数，所以 29000 是 8 与 125 的倍数。又因为 $125 \mid 375$，所以 29375 能被 125 整除。但因为 $8 \nmid 375$，所

以 $8\nmid 29375$。

(4) 能被3（或9）整除的数的特征：各个数位上的数之和能被3（或9）整除。

证明 在这里仅证明四位数的情况，其余情况类似证明。假如$3\mid\overline{abcd}$，那么$3\mid(a\times1000+b\times100+c\times10+d)$。因为$3\mid(a\times999+b\times99+c\times9)$，根据推论2，3能整除$(a\times1000+b\times100+c\times10+d)$与$(a\times999+b\times99+c\times9)$的差$(a+b+c+d)$。

例1 在□里填上适当的数字，使得七位数□7358□□能同时被9，25和8整除。

解 为了推断这个七位数，需要综合利用被9整除的数的特征和整除的基本性质。因为9，25，8两两互质，由整除的互质性可知，七位数能被$9\times25\times8=1800$整除，所以七位数的个位、十位都是0。再由能被9整除的数的特征，推知首位数应填4。因此，这个七位数是4735800。

(5) 能被11整除的数的特征：奇数位上的数之和与偶数位上的数之和的差（大减小）是11的倍数。

证明 我们这里仅就五位数进行论证，其余情况类似证明。一个五位整数

$$\begin{aligned}\overline{abcde}&=10000a+1000b+100c+10d+e\\&=9999a+a+1001b-b+99c+c+11d-d+e\\&=11\times909\times a+11\times91\times b+11\times9\times c+11d+(a+c+e-b-d)。\end{aligned}$$

由推论2，$11\mid\overline{abcde}$等价于$11\mid(a+c+e-b-d)$。

灵活运用以上各种整除的特征和整除的基本性质，能解决许多有关整除的问题。

例2 判断九位数123456789能否被11整除。

解 这个数奇数位上的数之和是$9+7+5+3+1=25$，偶数位上的数之和是$8+6+4+2=20$，所以奇、偶数位上的数和之差为$25-20=5$。又因为11不能整除5，所以11不能整除123456789。

(6) 能被7（11或13）整除的数的特征：一个整数的末三位数与末三位以前的数字所组成的数之差（大减小）能被7（11或13）整除。

证明 我们这里仅就五位数进行论证，其余情况类似证明。一个五位整数$\overline{abcde}$可以写成：$\overline{abcde}=\overline{ab}\times1000+\overline{cde}=1001\,\overline{ab}+(\overline{cde}-\overline{ab})=\overline{ab}\times7\times11\times13+(\overline{cde}-\overline{ab})$。如果7（11或13）能够整除$\overline{abcde}$，由推论2，$7,11,13\mid(\overline{cde}-\overline{ab})$。

例 3　判断 1059282 是否是 7 的倍数。

解　把 1059282 分为 1059 和 282 两个数。因为 $1059-282=777$，又因为 $7\mid777$，所以 $7\mid1059282$。因此 1059282 是 7 的倍数。

例 4　判断 3546725 能否被 13 整除。

解　把 3546725 分为 3546 和 725 两个数，因为 $3546-725=2821$，再把 2821 分为 2 和 821 两个数，因为 $821-2=819$，又因为 $13\mid819$，所以 $13\mid2821$，进而 $13\mid3546725$。

例 5　在□内填上适当的数，使六位数□2002□能被 72 整除。

解　要使该六位数能被 72 整除，应满足同时被 9 和 8 整除，所以，后三位应被 8 整除，只有 4 满足题意；同时六位数加起来应被 9 整除，$2+2+4+1=9$，综上得这个六位数为 120024。

例 6　五位数$\overline{3ABAB}$是 6 的倍数，这样的五位数有多少个？

解　$\overline{3ABAB}$是 6 的倍数，应同时满足被 2 和 3 整除。

首先，$\overline{3ABAB}$能被 2 整除，所以 B 是偶数。其次，它能被 3 整除，$A+B+A+B+3$ 是 3 的倍数。分以下几种情况：

①当 $B=2$ 时，$2+2+3+A+A$ 能被 3 整除，所以 $A=1$，4，7；

②当 $B=4$ 时，$4+4+3+A+A$ 能被 3 整除，所以 $A=2$，5，8；

③当 $B=6$ 时，$6+6+3+A+A$ 能被 3 整除，所以 $A=0$，3，6，9；

④当 $B=8$ 时，$8+8+3+A+A$ 能被 3 整除，所以 $A=1$，4，7；

⑤当 $B=0$ 时，$0+0+3+A+A$ 能被 3 整除，所以 $A=0$，3，6，9。

综上所述，共有 17 个这样的五位数。

例 7　现有四个数：76550，76551，76552，76554。能不能从中找出两个数，使它们的乘积能被 12 整除？

解　根据有关整除的性质，先把 12 分成两数之积，$12=12\times1=6\times2=3\times4$。要从已知的四个数中找出两个，使其积能被 12 整除，有以下三种情况：

（1）找出一个数能被 12 整除，这个数与其他三个数中的任何一个数的乘积都能被 12 整除；

（2）找出一个数能被 6 整除，另一个数能被 2 整除，那么它们的积就能被 12 整除；

（3）找出一个数能被 4 整除，另一个数能被 3 整除，那么它们的积能被 12 整除。

容易判断，这四个数都不能被 12 整除，所以第（1）种情况不存在。

对于第（2）种情况，四个数中能被 6 整除的只有 76554，而 76550，76552 是偶数，所以可以选 76554 和 76550，76554 和 76552。

对于第（3）种情况，四个数中只有 76552 能被 4 整除，76551 和 76554 都能被 3 整除，所以可以选 76552 和 76551，76552 和 76554。

综合以上分析，去掉相同的，可知两个数的乘积能被 12 整除的有以下三组数：76550 和 76554；76552 和 76554；76551 和 76552。

电子图书馆

[1] 张丽萍，张荣．关于自然数整除的判定方法［J］．重庆科技学院学报（自然科学版），2007（2）．

[2] 王跃华．论数的整除特征［J］．辽宁教育学院学报，1999（5）．

[3] 谈祥柏．万古长空，一朝风月：关于 7 的整除性［J］．自然杂志，2005（2）．

[4] 黄占松．连续数的整除问题［J］．小学数学教师，2005（3）．

2.2 奇数与偶数

◉学习目标

1. 理解奇数与偶数的基本概念；
2. 了解奇偶数与单双数的联系和区别，理解 0 是偶数的原因；
3. 掌握奇数和偶数的性质；
4. 理解奇偶分析法。

2.2.1 奇数与偶数

在整数中，能被 2 整除的数叫作偶数，通常用 $2k$ 表示；不能被 2 整除的数叫作奇数，通常用 $2k+1$（或 $2k-1$）表示，其中 k 是整数。

注意，奇数与偶数的范围是全体整数，它们可能为正也可能为负。而所谓的单数和双数来源于日常生活中，其范围只包括全体正整数。此外，根据奇数和偶数的定义，0 能被 2 整除，所以 0 可以视为偶数。

2.2.2　奇数与偶数的性质

对奇数和偶数作运算，可以发现奇数和偶数具有如下性质：

①奇数≠偶数；

②奇数 ± 奇数 = 偶数，偶数 ± 偶数 = 偶数，奇数 ± 偶数 = 奇数；

③奇数 × 奇数 = 奇数，偶数 × 偶数 = 偶数，奇数 × 偶数 = 偶数；

④若 a、b 是整数，则 $a+b$、$a-b$ 奇偶性相同。

一个自然数，要么是奇数，要么是偶数。两个连续的整数中，必有一个奇数、一个偶数。这是自然数自身的特性，称为数的奇偶性。灵活、巧妙、有意识地利用这些性质，加上正确的分析推理，可以解决许多复杂而有趣的问题。

例 1　能不能在下式：1□2□3□4□5□6□7□8□9 = 10 的每个方框中，分别填入加号或减号，使等式成立？

解　不能。因为在一个只有加减法运算的自然数式子中，如果把式子中减法运算改成加法运算，那么所得结果的奇偶性不变。因此无论在方框中怎样填加号和减号，所得结果的奇偶性与在每个方框中都填入加号所得结果的奇偶性一样。但是，每个方框中都填入加号所得结果是 45，是个奇数。而式子的右边是 10，是个偶数。也就是说，从奇偶性上判断，要使题中式子成立是不可能的。

例 2　有 2010 个同学在一个圆桌上玩一副有 2010 张牌的游戏。开始时，2010 张牌都在甲同学手上。如果至少有一名同学手上拿着不止一张牌，那么这些人中至少有一人要把手中的牌分给左邻、右邻各一张。当且仅当每个同学手中都有一张牌时，游戏结束。证明：游戏永远都不能结束。

证明　将 2010 名同学依次进行编号，分别为 1，2，3，…，2010。偶数号作为一组，奇数号作为一组。游戏开始时，两组的扑克牌总数都是偶数；若游戏结束，两组同学扑克牌总数是奇数。因为每次分牌都不会改变各组总数的奇偶性，所以游戏不可能结束。

例 3　桌子上有 7 个杯子，开口全部向上，现在允许每次同时翻动其中 6 个杯子，能否经过若干次翻动使得所有杯子杯口全部向下，若可以，请指出最少需要多少次，并给出具体的翻法。若不可以，请说明理由。

解　不可以。采用反证法，假设可以经过若干次翻动，使得所有杯子杯口全部向下，下面计算所有杯子被翻动的次数之和：

一方面，每个杯子从杯口向上变成杯口向下，需要翻动奇数次，一共有 7 个杯子，7 个奇数之和一定还是奇数，因此所有杯子被翻动的次数之和是奇数；

另一方面，每次翻动6个杯子，因此总次数一定是6的倍数，那么就一定是偶数。

由于奇数不可能等于偶数，所以我们的假设错误。因此，不可能经过若干次翻动使得所有杯子的杯口全部向下。

例4 桌子上有6个杯子，开口全部向上，现在允许每次同时翻动其中5个，能否经过若干次翻动，使得所有杯子杯口全部向下？若可以，请指出最少需要多少次，并给出具体的翻法。若不可以，请说明理由。

解 可以。最少需要6次，具体方法如下：

我们把杯子依次编号为1，2，3，4，5，6，第1次翻动除了1号外的杯子，第2次翻动除了2号外的杯子，第3次翻动除了3号外的杯子，第4次翻动除了4号外的杯子，第5次翻动除了5号外的杯子，第6次翻动除了6号外的杯子。

那么每个杯子都被翻动了5次，都变成了开口向下，满足题意。

思考 为什么例3不可能实现，例4却可能实现？本质区别在哪里？

例5 在4×4的方格中填写1~16这16个数，将其中任意3个格子中的数同时加1或减1称为一次操作。问能否经过若干次这样的操作使得16个方格中的数都是0？

解 不能。因为最后16个方格中的数都为0，总和为0，是3的倍数，而每次3个格子中的数同时加1或减1，加或减的数都为3，所以刚开始16个数之和一定得是3的倍数才行，而$1+2+\cdots+16=136$，不是3的倍数，所以不能。

拓展阅读 福彩3D选号方法之奇偶分析法

福彩3D奇偶分析，就是把0~9这10个数字分为奇数号码1、3、5、7、9和偶数号码2、4、6、8、0，然后追踪近期的中奖号码的奇偶形态的冷热走势及遗漏项，初步判断本期中奖号码的奇偶形态和数码大小，再进行下注。由于有3个位数，所以全部奇偶形态有8种，包括：奇奇奇、偶偶偶、奇奇偶、奇偶奇、偶奇奇、奇偶偶、偶奇偶、偶偶奇。比如今天看好出2偶1奇的话，大家就应该从奇偶偶、偶奇偶、偶偶奇这3个形式中进行选择。

电子图书馆

朱华伟．奇偶分析［J］．小学数学教师，2009（6）．

2.3　约数与倍数

◉学习目标

1. 理解约数与倍数的概念，了解约数的特征；
2. 理解公约数和最大公约数的意义与性质；
3. 理解公倍数和最小公倍数的意义与性质；
4. 了解计算最大公约数的短除法和辗转相除法的原理。

2.3.1　约数与倍数的定义

定义　对于三个正整数 a，b，c，如果存在 $a=b\times c$ 的关系，那么我们把 b，c 叫作 a 的约数，a 叫作 b，c 的倍数。也可以用整除的概念来定义约数和倍数，即如果$b|a$，那么 a 叫作 b 的倍数，b 叫作 a 的约数。对于任意一个整数，1 和自身都是它们的约数。

教学链接｜约数与倍数的教学

首先，在理解整除意义的基础上，通过实例让学生理解约数与倍数的意义，明确约数与倍数是两个相互依存的概念。然后，按一定顺序写出一个数的约数与倍数，通过对具体数的约数与倍数的观察，看看一个数是否为它自身的约数与倍数。此外，还要理清“倍”与“倍数”的区别，即倍是一种数量关系，是建立在乘法概念的基础上，是个与份的累加；倍数是两个数之间的联系，建立在整除概念的基础上，是与约数相对的概念。

2.3.2　公约数与最大公约数的意义和性质

定义　任意两个正整数，它们都有各自的约数。如果一个整数同时是这两个整数的约数，称这个整数为它们的公约数。1 是任意两个整数的公约数。

例如，24 的约数集合 $A=\{1, 2, 3, 4, 6, 8, 12, 24\}$；36 的约数集合 $B=\{1, 2, 3, 4, 6, 9, 12, 18, 36\}$。那么 24 和 36 公约数的集合为 $A\cap B$

$=\{1, 2, 3, 4, 6, 12\}$。

类似地，如果一个整数同时是多个整数的约数，称它为这些整数的公约数。例如，6 是 12，18 和 36 的公约数。

由于一个正整数的约数小于或等于这个数本身，且为正整数，所以约数的个数是有限的。于是，两个数或者多个数的公约数的个数也是有限的，那么其中必然存在一个最大的数，我们把这个最大的数叫作这两个数或者多个数的最大公约数。记为 gcd（m，n）（greatest common divisior），或直接写作（m，n）。

例如，24 和 36 的最大公约数是 12，即（24，36）=12；48，64 和 80 的最大公约数是 16，即（48，64，80）=16。

定义　如果两个数除了 1 以外没有其他公约数，即二者的最大公约数是 1，那么这两个数叫作互质数，或者说这两个数互质。

例如，（8，15）=1，就是说 8 与 15 是互质数，或者说 8 与 15 互质。再如，任意两个连续的自然数都互质。这是因为，如果$(a, a+1)=d\neq 1$，那么 $d\mid a$ 且 $d\mid a+1$，从而 $d\mid 1$，产生矛盾。

根据最大公约数的定义，可以得到最大公约数的以下性质：

性质 1　两个数分别除以它们的最大公约数，所得的商互质。

如果$(a, b)=d$，那么$(a\div d, b\div d)=1$。

证明　假设$(a\div d, b\div d)=c\neq 1$，则 $c\mid a\div d$，$c\mid b\div d$。从而 $cd\mid a$，$cd\mid b$，则 cd 也是 a 和 b 的公约数。而 $cd>d$，这与 d 是 a 和 b 的最大公约数矛盾。

依据性质 1，我们可以将任意分数约分化为最简分数。

性质 2　两个数的公约数，一定是最大公约数的约数。

如果$(a, b)=d$，而且$c\mid a$，$c\mid b$，那么$c\mid d$。

性质 3　两个数的最大公约数的约数，都是这两个数的公约数。

如果$(a, b)=d$，而且$c\mid d$，那么$c\mid a$，$c\mid b$。

性质 3 告诉我们，在已知两个数最大公约数的情况下，我们要求其余公约数，只要求出最大公约数的约数即可。

性质 4　如果$(a, b)=1$，且$a\mid bc$，那么$a\mid c$。

性质 5　如果$(a, b)=1$，且$a\mid c$，$b\mid c$，那么$ab\mid c$。

性质 4 和性质 5 表示：如果一个质数能整除两个自然数的乘积，那么这个质数至少能整除这两个自然数中的一个。如果一个数能分别被几个两两互质的自然数整除，那么这个数能被这几个两两互质的自然数的乘积整除。

2.3.3　最大公约数的计算

任意给定两个正整数，依据定义，写出它们所有的约数，找出所有公约数中最大的一个，就是它们的最大公约数。但当给定两个正整数非常大时，采用定义的方法就会非常繁复。以下我们给出计算最大公约数的两种方法。

方法一　短除法

例 1　求(96，108) = ?

短除法的步骤是，每一步在左侧写出两个数的一个公约数，直到不能写出任何公约数为止。

$$\begin{array}{r|ll} 2 & 96 & 108 \\ \hline 2 & 48 & 54 \\ \hline 3 & 24 & 27 \\ \hline & 8 & 9 \end{array}$$

则 96 和 108 的最大公约数是 $2\times 2\times 3=12$。

短除法的原理实际上是分别找出两个整数的质因数分解，当再也无法写出任何公约数时，表明不再存在相同的质因数。这时，所有找到的公约数的乘积就是最大公约数。

方法二　辗转相除法

在讲解辗转相除法之前，我们先补充一个关于整除的性质。

余数性　如果 $a=qb+r$，且 $c|a$ 和 $c|b$，那么 $c|r$。

推论　如果 $a=qb+r$，且 $c|b$ 和 $c|r$，那么 $c|a$。

这条性质利用整除的线性性很容易得到证明。整除的余数性表示，对两个数作带余除法，如果一个数能够既整除除数，又整除余数，那么这个数也整除被除数。换句话说，如果一个数是除数和余数的公约数，那么它也是被除数和除数的公约数。反之也成立。这条性质为我们求两个数的最大公约数的方法提供了理论依据。

对于任意两个不相等的数，把其中较大的作为被除数，较小的作为除数。要计算这两个数的最大公约数，根据余数性，我们只要计算二者作带余除法后除数与余数的最大公约数。把除数作为新的被除数，余数作为新的除数，再作带余除法，只需计算新的除数与新的余数的最大公约数了。如此继续下去，就可以求出最大公约数。

例 2　求(13912，4935) = ?

解　对于两个比较大的数，并且无法直接判断二者有什么公约数，那么就可以使用辗转相除法。

$13912=4935\times 2+4042$，

$4935=4042\times 1+893$，

$4042=893\times 4+470$，

$893=470\times 1+423$，

$470=423\times 1+47$，

$423=47\times 9+0$。

这时，47 与 0 的最大公约数是 47，因而，423 与 47 的最大公约数也是 47，……，顺次反推回去，就可以得到，13192 与 4935 的最大公约数也是 47。

注意 辗转相除法中所作的带余除法，经过有限步总能结束。这是因为，带余除法中，每一步的余数都为正整数，且总小于除数，依次做下去，总有一步将余数化为 0。

2.3.4 公倍数与最小公倍数的定义

一个正整数的倍数集合是无限集合，例如：

4 的倍数集合 $A=\{4, 8, 12, 16, 20, 24, \cdots\}$；

6 的倍数集合 $B=\{6, 12, 18, 24, 30, 36, \cdots\}$。

任意两个正整数，它们都有各自的倍数，这两个集合中重合的部分就是公倍数的集合。4 和 6 的公倍数的集合为 $A\cup B=\{12, 24, 36, 48, \cdots\}$。

两个或者多个数的公倍数的个数是无限的，但必然存在一个最小的正整数，我们把这个最小的正整数叫作这两个数或者多个数的最小公倍数。记为 lcm (m, n)（least common multiple），或者写作 $[m, n]$。

比如，4 和 6 的最小公倍数是 12，即 $[4, 6]=12$；8，6 和 12 的最小公倍数是 24，即 $[8, 6, 12]=24$。

2.3.5 最小公倍数的性质

性质 1 两个数的最小公倍数的倍数，都是这两个数的公倍数。

如果 $[a, b]=c$，而且 $c\mid m$，那么 $a\mid m$，$b\mid m$。

性质 1 告诉我们，在已知两个数最小公倍数的情况下，我们要求其余公倍数，只要求出最小公倍数的倍数即可。

性质 2 两个数的最大公约数与最小公倍数的乘积，等于这两个数的乘积。

如果$[a,b]=c$，$(a,b)=d$，那么$cd=ab$。也就是$[a,b]\times(a,b)=a\times b$。

证明　根据最大公约数的性质，有$\frac{a}{d}$和$\frac{b}{d}$是整数，且$\left(\frac{a}{d},\frac{b}{d}\right)=1$，而且

$a=d\times\left(\frac{a}{d}\right)$，$b=d\times\left(\frac{b}{d}\right)$，

由此可知

$c=d\times\left(\frac{a}{d}\right)\times\left(\frac{b}{d}\right)$，

那么

$cd=d\times\left(\frac{a}{d}\right)\times\left(\frac{b}{d}\right)\times d=ab$，

也就是

$[a,b]\times(a,b)=a\times b$。

性质 3　如果两个数互质，那么它们的最小公倍数就是它们的乘积。

如果$(a,b)=1$，那么$[a,b]=a\times b$。

例 3　求能被 6 整除的最小三位数。

解　因为$6=2\times3$，而且 2 与 3 互质，根据性质 3 和性质 1，求能被 6 整除的最小三位数，就是求能被 2 和 3 整除的最小三位数。

能被 2 整除的最小三位数依次是 100，102，104，…，其中能被 3 整除的最小三位数为 102，所以能被 6 整除的最小三位数为 102。

2.3.6　最小公倍数的计算

根据性质 2，两个数的最小公倍数等于这两个数的乘积除以这两个数的最大公约数。由此知道，用短除法也可以计算两个数的最小公倍数。

例 4　求$[96,108]=?$

方法一　短除法

$$\begin{array}{r|rr} 2 & 96 & 108 \\ \hline 2 & 48 & 54 \\ \hline 3 & 24 & 27 \\ \hline & 8 & 9 \end{array}$$

96 和 108 的乘积等于$(2\times2\times3\times8)\times(2\times2\times3\times9)$，而最大公约数是$2\times2\times3$，所以 96 和 108 的最小公倍数是$2\times2\times3\times8\times9=864$。

思考　请你试着将短除法推广为求三个数的最大公因数的方法。例如，求 64，32，80 的最大公因数。

方法二　分解质因数法

$96 = 2^5 \times 3$,

$108 = 2^2 \times 3^3$,

所以 96 和 108 的最小公倍数是 $2^5 \times 3^3 = 864$。

一般说来，在小学阶段，求最小公倍数和最大公约数可以采用短除法和分解质因数法。此外，求最大公约数还可以采用辗转相除法；在已知最大公约数的情况下，最小公倍数还等于两数乘积除以最大公约数。

电子图书馆

[1] 张汝廉. 选定物质的量的基本单元的最佳方法：最小公倍数法 [J]. 郑州工学院学报，1992（1）.

[2] 及万会，张来萍，黑宝骊. 最大公约数的和与最小公倍数的和 [J]. 河北北方学院学报（自然科学版），2007（3）.

[3] 曾菘. 求多个数的最大公约数和最小公倍数的算法 [J]. 长江职业大学学报，1999（3）.

2.4　质数与合数

◉学习目标

1. 掌握质数与合数的基本概念；
2. 理解 0 和 1 既不是质数，也不是合数；
3. 了解质数的个数及分布情况；
4. 理解算术基本定理，并应用它解决实际问题。

2.4.1　质数与合数的概念

不难发现，许多整数能分解成较小整数的乘积。比如，$10 = 2 \times 5$，$111 = 3 \times 37$，$144 = 2 \times 2 \times 2 \times 2 \times 3 \times 3$。而有一些数是不能分解为比它小的正整数的乘积的，比如 2，3，5，7，13 等。

确切地说，如果一个大于 1 的正整数除了 1 和它本身外没有因子，那么就称它为质数，也称为素数。比如，2，3，5，7，11 等就是质数。

如果一个大于 1 的正整数除了 1 和它本身之外还有其他因子，那么就称它为合数。比如，12，33，45，87，111 等就是合数。

教学链接 | 0 和 1 既不是质数，也不是合数

如何向小学生比较通俗地解释：为什么 1 既不是质数也不是合数呢？这个问题可以从两个方面来解释。

从因数个数来看，1 只有一个因数，即 1，而根据质数与合数的定义，质数只有两个因数，合数有不少于三个因数，因此 1 既不是质数也不是合数。

从分解质因数的角度看，如果把 1 当作质数，合数进行质因数分解时会产生多个结果。例如，$84=2\times2\times3\times7=2\times1\times3\times7\times2=2\times1\times3\times1\times7\times1\times2=\cdots$。这些不确定的结果，给我们研究合数带来了不必要的麻烦。只要把 1 看作既不是质数也不是合数，就会避免这些麻烦，因此 1 既不是质数也不是合数。

如何向小学生比较通俗地解释：为什么 0 既不是质数也不是合数呢？这个问题可以根据质数和合数的定义从两个方面来解释。

一方面，质数与合数都属于正整数，而 0 不属于正整数，不在讨论的范围之内，因此 0 既不是质数也不是合数。

另一方面，质数与合数都是能被自身整除的，因为 0 不能作除数，我们不能说 0 能被 0 整除，因此，0 既不是质数也不是合数。

2.4.2　质数的个数

对于质数，欧几里得、埃拉托色尼、高斯、黎曼等众多数学家都对它做过研究。其中，人们比较关注它的个数问题和分布情况。质数的个数有无限多个，有反证法、级数法、Fermat 数法等。最早的证明见于欧几里得的《几何原本》。

定理　质数有无限个。

证明　假如质数的个数是有限的，不妨设为只有 n 个质数 p_1，p_2，$\cdots$，p_n，那么其余的合数至少能被这 n 个质数之一整除。我们将这 n 个有限的质数乘积加一，构造一个大数 $N=p_1p_2p_3\cdots p_n+1$。如果 N 是合数，它能被 p_1，p_2，$\cdots$，p_n 之一整除，那么由此可以推得 p_1，p_2，$\cdots$，p_n 之一必能整除 1，这显然是不可能的，那么 N 便是一个更大的质数，与质数是有限的发生矛盾。

这个定理在某种程度上说明存在着无穷大的质数。因此，如果有人认为大的数都是合数，这种认识在数学上是错误的。

2.4.3 质数的分布及重要猜想

编制出第一张质数表的人是公元前3世纪来自希腊的埃拉托色尼。他发明了一个快速筛去大批合数的办法，被后人称为埃拉托色尼筛法。

如果你要构造一张不超过100的质数表，先写出前100个数。首先1不是质数，画掉。2是质数，保留。2的倍数都不是质数，画掉。2以后第一个未被画掉的3是质数，保留。3的倍数都不是质数，画掉。依次进行下去，就能得到一张不超过100的质数表。这种方法由于其操作的简单性被保留并沿用了下来。

但由于存在着无穷大的质数，而且大质数的分布情况令人难以捉摸，于是许多数学家都尝试在已有质数分布表的基础上，做出自己的猜想并试图去解决。其中一些已经有了很大的进展，如我们在章节开头提到的张益唐所做的工作就是对孪生质数猜想的巨大贡献。

1. **费马质数猜想** 形如$f(n)=2^{2^n}+1$的数是质数。

费马通过计算发现，当$n=0$，1，2，3，4时，发现$f(n)$是质数。于是猜测形如$f(n)=2^{2^n}+1$的数是质数。但1732年，数学家欧拉发现$f(5)=2^{2^5}+1=641\times6700417$，否定了猜想的科学性，后来人们发现很多费马数都是合数。由于大数分解是一个比较困难的事，至今人们尚未发现当$n>5$时，是否存在$f(n)$为质数。

2. **欧拉质数表达式** $f(n)=n^2-n+41$，当$n=1$，2，3，…，40时，$f(n)$为质数；但当$n=41$时，$f(n)=41\times41$为合数。

后人延续欧拉的想法，提出了另一个产生质数的公式：$f(n)=n^2-79n+1601$。当$n=1$，2，3，…，79时，$f(n)$为质数；但当$n=80$时，$f(n)$为合数。

3. **梅森质数猜想** 形如$M_n=2^n-1$的质数叫作梅森质数。存在无限多个梅森质数。

数学家梅森研究发现，当$n=2$，3，5，7，13，17，31，67，127，257时，$M_n=2^n-1$都是质数。但到了1947年，人们用电子计算机发现，M_{61}，M_{87}，M_{107}为质数。

1867年以后，人们知道M_{67}是合数，但对它的分解一无所知。1903年，数学家科尔提交了报告《大数的因子分解》，他在汇报时，写下了$2^{67}-1=147\ 573\ 952\ 589\ 676\ 412\ 927$，然后又写下了$193\ 707\ 721\times761\ 838\ 257\ 287=147\ 573\ 952\ 589\ 676\ 412\ 927$，一言不发地回到座位上，随后全场响起热烈掌声。

4. **孪生质数猜想** 如果p和$p+2$都是质数，那么就称它们为孪生质数。存在无限多对孪生质数。

换句话说，孪生质数猜想的意思是，存在无穷多对质数，其差等于 2。这一猜想直到 2013 年之前都没有实质性的进展。2013 年 5 月，张益唐证明了存在无穷多对质数，其差小于 7000 万。尽管 7000 万是一个很大的数字，但这是第一次有人正式证明存在无穷多对质数的间距小于一个有限的定值。美国数学家多利安·戈德菲尔（Dorian Goldfeld）评论说，从 7000 万到 2 的距离相比于从无穷到 7000 万的距离来说是微不足道的。

5. 哥德巴赫猜想　（1 +1）任何一个大于等于 6 的偶数，都可以表示成两个奇质数的和。

许多数学家利用解析函数论的方法对这个猜想做出了贡献。最近的较为杰出的成果是由陈景润给出的证明，即任何一个充分大的偶数，可以表示为一个质数和不超过两个质数的乘积之和。

为了表述简单，人们将哥德巴赫猜想简称为 1 +1，即 1 个奇质数与 1 个奇质数的和。陈景润的成果是证明了 1 +2，即 1 个奇质数与不超过 2 个奇质数的乘积的和。

2.4.4　合数的基本性质及分布

每一个整数都能表示为质数的乘积。如果一个数本身不是质数，那么就可以不断对它进行因子分解，直到所有的因子都是质数为止。比如，$60=2\times2\times3\times5$。

对于合数，人们主要研究它的分解情况。波兰数学家古丽克曾花费 20 年的业余时间编纂了一张 1 亿数字内的所有整数的质因数表。尽管被后人检查出错误，但这表明人们对整数分解质因数问题的研究煞费苦心。以下定理保证了质因数分解存在的唯一性，我们称之为算术基本定理。它最早由欧几里得给出证明。

定理（算术基本定理） 任一大于 1 的整数能表示成质数的乘积，如果不考虑质因数的顺序，这种表示方法是唯一的。

如果 a 是大于 1 的整数，那么

$$a=p_1p_2\cdots p_n,\quad p_1\leqslant p_2\leqslant\cdots\leqslant p_n, \tag{1}$$

其中 p_1，p_2，…，p_n 是质数。并且若存在另一组质因数分解

$$a=q_1q_2\cdots q_m,\quad q_1\leqslant q_2\leqslant\cdots\leqslant q_m,$$

其中 q_1，q_2，…，q_m 是质数，那么

$m=n$，$q_i=p_i$，$i=1$，2，…，n。

证明一 我们用数学归纳法先证明（1）式成立。当 $a=2$ 时，（1）式显然成立。假定对一切小于 a 的正整数（1）式都成立，此时若 a 是质数，则（1）式对 a 成立；若 a 是合数，则有两正整数 b 和 c 满足条件

$$a=bc,\ 1<b<a,\ 1<c<a。$$

假定 $b=p'_1p'_2\cdots p'_s$，$c=p'_{s+1}p'_{s+2}\cdots p'_n$，

于是 $a=p'_1p'_2\cdots p'_sp'_{s+1}\cdots p'_n$。

将 $p_i{}'$ 的次序适当调动后即得（1）式，故（1）式对 a 成立。由归纳法即知对任一大于 1 的正整数，（1）式成立。

若 $a=q_1q_2\cdots q_m$，$q_1\leqslant q_2\leqslant\cdots\leqslant q_m$，则

$$p_1p_2\cdots p_n=q_1q_2\cdots q_m。\qquad(2)$$

因此 $p_1\mid q_1q_2\cdots q_m$，$q_1\mid p_1p_2\cdots p_n$。则存在 p_k，q_j（$1\leqslant k\leqslant m$，$1\leqslant j\leqslant n$），使得 $p_1\mid q_j$，$q_1\mid p_k$。但 p_1，q_1，q_j，p_k 都是质数，故 $p_1=q_j$，$q_1=p_k$，$p_k\geqslant p_1$，$q_j\geqslant q_1$。故 $q_j=p_1\leqslant p_k=q_1$，因而 $p_1=q_j=q_1$。

由（2）式 $p_2\cdots p_n=q_2\cdots q_m$，同法可得 $p_2=q_2$。依此类推，最后即得

$$n=m,\ p_i=q_i,\ i=1,\ 2,\ \cdots,\ n。$$

证明二 （反证法）假设定理不成立，那么必然存在一些数，它们的分解方式不唯一，记这些数中最小的为 c，c 有最小质因数 p，那么 $c=pd$。因为 $d<c$，所以 d 有唯一的分解式。这说明 c 含 p 的质因数分解式是唯一的。

但是，依据假设，c 至少含有两种质因数分解式，说明必然含有不含 p 的分解式，设这时的最小质数为 q，设 $c=qe$。因为 $p<q$，所以 $e<d$，从而 $pe<pd=c$。于是我们考虑一个新的数 $x=c-pe=qe-pe=(q-p)e$，这是一个比 c 小的数，必然有唯一的分解式。

由上式 p 能整除 x，推出 $p\mid(q-p)e$，那么 $p\mid(q-p)$ 或者 $p\mid e$。因为 $p<q$，且在质因数分解 $c=qe$ 中，q 是最小的质数，所以 e 的质因数分解中所得的质数必然都大于 p，因此 $p\mid e$ 不成立，只能是 $p\mid(q-p)$。由 $p\mid(q-p)$ 可以推出 $p\mid q$，这与 q 为质数矛盾。由此知假设必不成立，从而合数的分解式必定唯一。

例 1 如果 $\overline{abcd}\times\overline{dcba}=92565$，求 $\overline{abcd}$。

解 $92565=3\times3\times5\times11\times11\times17$，根据能被 3 和 11 整除的数的特征可知，互为反序的两个自然数中，若其中之一为 3 的倍数（或 11 的倍数），另一个也必为 3 的倍数（或 11 的倍数）。

又因乘积是五位数，所以这两个数是三位数，我们有

$$92565=(3\times5\times11)\times(3\times17\times11)=165\times561。$$

于是，这两个数为 165 和 561。

例 2　两个正方形面积之差为 65，求这两个正方形的边长。

解　$65=5\times13$，设这两个正方形的边长分别为 a，b，则 $a^2-b^2=65$。

也就是 $(a+b)(a-b)=5\times13$，所以有 $a+b=13$，$a-b=5$。

这两个正方形的边长分别为 9 和 4。

有了算术基本定理，我们就可以对任意整数进行质因数分解，接下来我们回到对约数的讨论。一个数的约数一共有多少个？一个数的约数要整除这个数，所以约数的质因数必定是从这个数的质因数中选取。

比如，24 分解质因数为 $24=2^3\times3^1$，它的约数的质因数分解只有可能是 $2^a\times3^b$ 的形式。其中 a 和 b 都是整数，a 有四种取值的可能性，分别是 0，1，2，3；b 有两种取值的可能性，分别是 0，1。根据计数问题的乘法原理，一共有 $4\times2=8$ 种不同的取值，即有 8 个约数。事实是不是这样呢，我们验证一下：24 的约数有 1，2，3，4，6，8，12，24，刚好是 8 个。

这些约数的总和是多少？先取 $a=0$，并取遍 b 的两种可能性，得到的两个约数的和是 $2^0\times(3^0+3^1)$。再取 $a=1$，并取遍 b 的两种可能性，得到的两个约数的和是 $2^1\times(3^0+3^1)$。依次取下去，并最终求和，可得所有约数的总和为

$$(2^0+2^1+2^2+2^3)\times(3^0+3^1)=60。$$

将上述推理过程进行推广，就得到了下面的定理：

定理　一个正整数 a 的标准质因数分解式为 $a=p_1^{q_1}\times p_2^{q_2}\times\cdots\times p_n^{q_n}$，那么

（1）这个正整数 a 的约数的个数为 $(1+q_1)\times(1+q_2)\times\cdots\times(1+q_n)$；

（2）这些约数的和为 $(p_1^0+p_1^1+\cdots+p_1^{q_1})\times(p_2^0+p_2^1+\cdots+p_2^{q_2})\times\cdots\times(p_n^0+p_n^1+\cdots+p_n^{q_n})$。

例 3　有一个面积为 378000 平方米的长方形，且其长和宽均为整数。那么它的周长最多可有多少个不同的数值？

解　由于 $378000=2^4\times3^3\times5^3\times7^1$

所以 378000 共有约数 $(4+1)\times(3+1)\times(3+1)\times(1+1)=160$ 个。

所以周长有 $160\div2=80$ 个不同的值。

随着数论这一学科的发展，人们逐渐发现，质数的分布随着数的增大而变得越来越稀疏，而合数的分布却会非常密集。因此，可以找出任意长的整数区间，使得其中完全没有质数。

例如，为了找出 100 个连续的合数，我们先将前 101 个整数相乘，得到 101 的阶乘（$101!=1\times2\times\cdots\times101$）。那么 101！是从 1 到 101 每一个整数的倍数。

因为101！是2的倍数，2也是2的倍数，于是根据整除的性质可得，101！+2是2的倍数。同理，101！+3是3的倍数，101！+4是4的倍数，……，101！+101是101的倍数。于是我们就找到了100个连续的合数。

电子图书馆

[1] 乐家骏. 质数 [J]. 小学数学教师，2007 (3).

[2] 乐家骏. 分解质因数在具体问题中的运用 [J]. 小学数学教师，2005 (9).

2.5 同余性

◉学习目标

1. 理解带余除法的含义，掌握带余除法的计算方法；
2. 理解同余的基本概念和简单性质，并运用同余解决一些问题。

2.5.1 带余除法

为了读者理解的需要，我们在2.1节讲解整除概念和2.3节讲解辗转相除法时，已经提到了带余除法，并利用它解决了求两个数最大公因数的问题。此外，在小学三年级学习除法时，经常遇到如"一个班级49人去春游，每辆小车可以承载16人，请问3辆小车够不够用"的问题，我们常常教学生用除法求商和余数去解决。但这些做法的理论依据是什么？是不是任意两个正整数都可以做带余除法？以下定理可以为我们解除疑惑。

定理 对于a与b两个正整数，当b不能整除a时，存在唯一的正整数q和r（其中$0<r<b$），使得$a=bq+r$。我们称这个事实为带余除法基本定理。称带余除法中的正整数q为商，r为余数。

注记1 这是一个定理而不是一个定义，需分别证明其存在性和唯一性。有了这个定理，我们做带余除法就有根据了。

注记2 许多教科书中用$a \div b = q \cdots\cdots r$的记号表示带余除法，但我们认为这个记号意义不大。一方面，记号$a \div b = q \cdots\cdots r$用等号连接，等号左边可能是一个数，但等号右边却很难认为它也是一个数。这对学生理解"="是很不利的。另一方面，观察两个式子

$$16 \div 5 = 3 \cdots\cdots 1$$

$$7 \div 2 = 3\cdots\cdots1$$

等号右边都是“3……1”，但等号左边的两个式子含义却不尽相同。因而，教师要明白，“$a \div b = q\cdots\cdots r$”中的等号至多只是个记号而已，与以往等号的含义大相径庭。

证明

1.（存在性）设集合 $S = \{\cdots, a-3b, a-2b, a-b, 0, a+b, a+2b, a+3b, \cdots\}$。

记 T 为 S 与自然数集的交集，则 T 非空。由自然数集的良序性，可知 T 中必然存在最小元素，记为 t。

设 $t = a - bq$，q 为整数。则 $a - bq \geqslant 0$。

假设 $a - bq \geqslant b$，则 $a - b(q+1) \geqslant 0$，且 $a - b(q+1) \leqslant a - bq$。

这违反了 t 是最小元素这一事实，于是 $a - bq < b$。令 $r = a - qb$，即证存在性。

2.（唯一性）设 q_1、r_1 是满足 $a = bq + r$（$0 \leqslant r < b$）的另一对整数，则

$$bq_1 + r_1 = bq + r,$$

于是

$$b\,|q_1 - q| = r - r_1。$$

由于 r 及 r_1 都是小于 b 的非负整数，所以上式右边是小于 b 的。

如果 $q \neq q_1$，则上式左边 $\geqslant b$，这是不可能的。所以 $q = q_1$，$r = r_1$，即证唯一性。

例 1　一个两位数除以一个一位数，商是两位数，余数是 8，求这个除法算式。

解　余数是 8，一位数的除数只能是 9，被除数和商都是两位数，则这个除法算式是 $98 \div 9 = 10\cdots\cdots8$。

例 2　2012 年 10 月 1 日为星期一，那么 2013 年 10 月 1 日为星期几？

解　2012 年 10 月 1 日到 2013 年 10 月 1 日正好经过了 1 个平年，平年有 365 天，一个星期是 7 天，也就是说每 7 天一个循环，$365 = 52 \times 7 + 1$，所以 2013 年 10 月 1 日是星期二。

例 3　一个两位数除 310 的余数是 37，求这样的两位数。

解　一个两位数除 310，余数是 37，则这个两位数大于 37 小于 100 且是 $310 - 37 = 273 = 3 \times 7 \times 13$ 的约数，$273 = 1 \times 273 = 3 \times 91 = 7 \times 39 = 13 \times 21$，273 的约数中大于 37 小于 100 的有两个：91 和 39，所以这样的两位数是 91 或 39。

拓展阅读 商品条形码

1. 普通商品条形码

通常的商品条形码（EAN－13）是由国际商品编码协会制定的，为方便商品的流通和销售起到了非常重要的作用。EAN－13有13位，由前缀码、生产厂商代码、商品代码和校验码四部分组成。

前缀码（前三位）为生产国家和地区代码。比如，690～695代表中国大陆，471代表中国台湾，489代表中国香港。中间4～6位为生产商代码，后面3～5位为商品代码。最后一位为校验码，检验商品代码注册的真实性。

校验码由前12位数字计算得出，校验码的计算过程如下：

（1）计算前12位中奇数位数字和J；

（2）计算前12位中偶数位数字和的3倍S；

（3）计算$J+S$；

（4）计算$J+S$除以10的余数X；

（5）计算补数（$10-X$）作为校验码。

比如，国酒茅台的条形码为6902952880294，其中690代表在中国大陆生产，2952为贵州茅台酒厂的代号，88029为酱香型白酒的代号，最后一位4为校验码，依照上述程序计算所得，具体过程如下：

步骤	程序	过程
1	计算前12位中奇数位数字和J	$J=6+0+9+2+8+2=27$
2	计算前12位中偶数位数字和的3倍S	$S=(9+2+5+8+0+9)\times 3=99$
3	计算$J+S$	$J+S=27+99=126$
4	计算$J+S$除以10的余数X	$126\div 10=12\cdots\cdots 6$
5	计算补数（$10-X$）作为校验码	$10-6=4$（4为校验码）

2. 国际标准书号

国际标准书号（International Standard Book Number，简称ISBN），是国际通用的图书或独立的出版物（定期出版的期刊除外）代码。出版社可以通过国际标准书号清晰地辨认所有非期刊书籍。一个国际标准书号只有一个或一份相应的出版物与之对应。

国际标准书号号码由13位数字组成，并以四个连接号或四个空格加以分割，每组数字都有固定的含义。

第一组：978或979，为国际商品中书的代码。

第二组：国家、语言或区位代码，比如：0为美国，1为英语系国家，2为法语系国家，3 为德语系国家，4 为日本，5 为俄语系国家，7 为中国大陆，等等。

第三组：出版社代码，由各国家或地区的国际标准书号分配中心分给各个出版社。

第四组：书序码，该出版物代码由出版社具体给出。

第五组：校验码，只有一位，从 0 到 9，产生方法与商品条形码一样。

请读者看看本书书号，了解各部分的含义，并计算校验码，看看是否一致。

2.5.2　同余

在中国古代的《孙子算经》中有这样一个问题："今有物不知其数，三三数之剩二，五五数之剩三，七七数之剩二，问物几何?"这是数学史上的著名问题，并由此给出了初等数论中著名的"孙子定理"或"中国剩余定理"。为了解释这个问题，我们先来讲解同余的概念。

定义　设 a，b，m 都是正整数，如果 a 除以 m 和 b 除以 m 的余数相同，则称 a 和 b 模 m 同余，记作 $a \equiv b \pmod{m}$。如果余数不同，我们就说 a 和 b 模 m 不同余，记作：$a \not\equiv b \pmod{m}$。

例如，在 2.2 节中提到的全体奇数都模 2 同余，全体偶数都模 2 同余，任意奇数与任意偶数都模 2 不同余。再如，4 除以 3，余数为 1；928 除以 3，余数也为 1。因此 928 与 4 模 3 同余，记为 $928 \equiv 4 \pmod{3}$。

根据同余的定义，我们发现同余满足以下基本性质：

定理 1　（自反性）$a \equiv a \pmod{m}$。

定理 2　（对称性）若 $a \equiv b \pmod{m}$，则 $b \equiv a \pmod{m}$。

定理 3　（传递性）若 $a \equiv b \pmod{m}$，$b \equiv c \pmod{m}$，则 $a \equiv c \pmod{m}$。

定理 4　同余对于加法、减法、乘法满足以下性质：若 $a \equiv k_1 \pmod{m}$，$b \equiv k_2 \pmod{m}$，则

（1）$a + b \equiv (k_1 + k_2) \pmod{m}$。

（2）$a - b \equiv (k_1 - k_2) \pmod{m}$。

（3）$a \cdot b \equiv (k_1 \cdot k_2) \pmod{m}$。

这些定理可以由定义直接写出证明，请读者自证。

例 1　在 4×4 的方格中填写前 16 个质数，将其中任意 4 个格子中的数同时加 1 或减 1 称为一次操作。问能否经过若干次的这样的操作使得 16 个方格中的

数都相同？

解 前16个质数分别为2，3，5，7，11，13，17，19，23，29，31，37，41，43，47，53，它们的和为381。每次操作后，方格内的16个数总和增加或减少4，不影响总和模4的余数。若16个方格中数都相同，则16个数的总和模4余0，而最开始16个数字总和381模4余1，矛盾。所以，不能经过若干次这样的操作使得16个方格中的数都相同。

例2 （数学游戏）有46颗玻璃珠，甲乙两人轮流取走，一人一次可以取1颗或者2颗，谁取到最后一颗就获胜。请问，获胜的秘诀在哪里？

解 将这46颗玻璃珠按顺序编号，假如甲想获胜，他必定要取到编号为46的玻璃珠。我们倒着分析这个问题，在甲之前由于乙可取一颗或者两颗玻璃珠，那么甲只要保证取到标号为43的玻璃珠就能获胜。如果这样，乙取一颗到44，甲可取两颗，即45和46；如果乙取两颗，到44和45，甲取一颗46，两种情况甲都获胜。

再往前推，为了确保甲取到编号为43号的玻璃珠，他在前一步只要取到编号为40的玻璃珠即可。逐渐往前推，甲要取到编号为37，34，…，4，1的玻璃珠。观察这些数字，它们都是除以3余数为1的数，也就是与46关于模3同余。这就是本游戏的奥秘。

接下来的问题是，如果乙也知道此获胜奥秘，甲要想获胜，必然首先动手，取第一颗玻璃珠。如果乙不知道获胜策略，甲可以让乙先取，自己随意取，干扰乙的注意力，伺机取到编号为模3余1的玻璃珠，然后稳步操作，即可获胜。

电子图书馆

[1] 李为善．同余的一个应用 [J]．镇江市高等专科学校学报，2000 (4)．
[2] 乐家骏．求余数 [J]．小学数学教师，2010 (12)．

欧拉函数$\varphi(m)$是定义在正整数上的函数，它在正整数m上的值等于序列0，1，2，…，$m-1$中与m互质的整数的个数。

定理5 （欧拉函数的计算公式）设$m=p_1^{\alpha_1}p_2^{\alpha_2}\cdots p_k^{\alpha_k}$，则

$$\varphi(m)=m\left(1-\frac{1}{p_1}\right)\left(1-\frac{1}{p_2}\right)\cdots\left(1-\frac{1}{p_k}\right)。$$

定理6 （欧拉定理）设m是大于1的整数，$(a, m)=1$，则

$$a^{\varphi(m)}\equiv 1 \pmod{m}。$$

例3 （1）求3^6的末位数。（2）求3^{406}的末位数。（3）求3^{406}的末两位数。

分析 （1）要求一个数的末位数，可以计算这个数除以10后所得的余数。

即求与这个数模 10 同余的数。而根据欧拉定理可知，

$$3^4 = 3^{\varphi(10)} \equiv 1 \pmod{10} \tag{1}$$

根据同余的四则运算性，$3^6 = 3^4 \cdot 3^2 \equiv 1 \cdot 9 \pmod{10} = 9 \pmod{10}$，也就是说，$3^6$ 的末位数与 3^2 的末位数相同，是 9。

（2）注意，观察（1）式能够得出，4 是 3^m 的末位数的一个循环周期。这是因为对于任意 m，

$$3^{m+4} = 3^m \cdot 3^4 \equiv 3^m \cdot 1 \pmod{10} = 3^m \pmod{10},$$

3^{m+4} 与 3^m 模 10 同余，表明 3^{m+4} 与 3^m 的末位数相同。也就是说，所有 3^m 的末位数字是 4 个一循环：3，9，7，1；3，9，7，1；…。于是 3^{406} 的末位数也与 3^2 的末位数相同，为 9。

（3）与（1）（2）思路相同，要求一个数的末两位数，即求与这个数模 100 同余的数。

因为 $100 = 2^2 \times 5^2$，所以 $\varphi(100) = 100 \times \left(1 - \frac{1}{2}\right) \times \left(1 - \frac{1}{5}\right) = 40$。

又因为 $(3, 100) = 1$，由欧拉定理得

$$3^{40} \equiv 1 \pmod{100},$$

所以 $3^{406} \equiv (3^{40})^{10} \times 3^6 \equiv 3^6 \pmod{100} \equiv 729 \pmod{100} \equiv 29 \pmod{100}$，

所以 3^{406} 的末两位数为 29。

定理 7　若 $a \equiv k \pmod{m_1}$，且 $a \equiv k \pmod{m_2}$，m 为 m_1 和 m_2 的最小公倍数，则

$$a \equiv k \pmod{m}。$$

证明　设 $a = n_1 m_1 + k = n_2 m_2 + k$，则 $n_1 m_1 = n_2 m_2$。

若 $d = (m_1, m_2)$ 是二者的最大公约数，则 $\left(\frac{m_1}{d}, m_2\right) = 1$。

而 $\frac{m_1}{d} \middle| n_1 m_1 = n_2 m_2$，从而 $\frac{m_1}{d} \middle| n_2$。

所以 $m = \frac{m_1}{d} m_2 \middle| n_2 m_2$。

故可以写成 $a = nm + k$ 的形式，即证明了结论。

这个定理是说，如果一个数模 m_1 和模 m_2 都余 k，那么这个数模二者的最小公倍数，也余 k。现在我们来考虑《孙子算经》中提出的问题。

例 4　“今有物不知其数，三三数之剩二，五五数之剩三，七七数之剩二，问物几何？”

解法一　设 x 是所求物数，则依题意

$$\begin{cases} x\equiv 2 \pmod 3 \\ x\equiv 3 \pmod 5 \\ x\equiv 2 \pmod 7 \end{cases}$$

x 模 3 和模 7 都除 2，根据定理 5 可知，$x\equiv 2 \pmod{21}$，从而可以写成 $x=21n+2$ 的形式。又要模 5 余 3，所以显然 23 是它的一个最小解。

由于 105 是 3，5，7 的最小公倍数，所以，所有满足 $23+105n$（$n=0$，1，2，…）形式的数都是本题的解。

解法二 设 x 是所求物数，则依题意

$$\begin{cases} x\equiv 2 \pmod 3 \\ x\equiv 3 \pmod 5 \\ x\equiv 2 \pmod 7 \end{cases}$$

则
$$x=5n+3\equiv 2 \pmod 3$$

根据同余的传递性，上式也可写作

$$5n+3\equiv 5 \pmod 3$$

从而
$$5n\equiv 2 \pmod 3$$

再根据传递性，上式又可写作

$$5n\equiv 5 \pmod 3,$$

故

$$n\equiv 1 \pmod 3$$

设 $n=3k+1$，k 为非负整数，则

$$x=5n+3=5(3k+1)+3=15k+8$$

从而

$$x=15k+8\equiv 2 \pmod 7,$$

同理可得

$$k\equiv 1 \pmod 7$$

设 $k=7l+1$，l 为非负整数，则

$$x=15k+8=15(7l+1)+8=105l+23$$

其中，$x=23$ 为最小解。

拓展阅读　中国剩余定理

上述解法一解决了三个一元同余方程中至少有两个余数相同的情形，解法二需反复多次使用同余的基本性质。实际上，早在中国南北朝时期（5 世纪），《孙子算经》中就对这个问题给出了一种更一般的解法，这种解法并不限制是否有余数相同。直到 18 世纪，这一方法才被欧拉重新发现，因而被欧洲数学家称为“孙子定理”或“中国剩余定理”，以纪念中国数学家在这方面的成就。

中国剩余定理可表述如下：

定理　（中国剩余定理）设 m_1，m_2，…，m_k 是 k 个两两互质的正整数，$m=m_1m_2\cdots m_k$，$M_i=\dfrac{m}{m_i}$（$i=1$，2，…，k），则同余式方程$\begin{cases}x\equiv b_1 \pmod{m_1}\\x\equiv b_2 \pmod{m_2}\\ \quad\vdots\\x\equiv b_k \pmod{m_k}\end{cases}$

的解是

$x\equiv M_1M'_1b_1+M_2M'_2b_2+\cdots+M_kM'_kb_k \pmod{m}$，

其中 $M_iM'_i\equiv1 \pmod{m_i}$，$i=1$，2，…，$k$。

对应于中国剩余定理，《孙子算经》里面所用的方法可以列表如下：

除数	最小公倍数	衍数	乘率	余数	各总	答数	最小答数
3	$3\times5\times7=105$	$5\times7=35$	2	2	$35\times2\times2=140$	$140+63+30=233$	$233-105\times2=23$
5		$7\times3=21$	1	3	$21\times1\times3=63$		
7		$3\times5=15$	1	2	$15\times1\times2=30$		

其中乘率 2，1，1 分别是三个一次同余方程 $35x\equiv1 \pmod 3$，$21x\equiv1 \pmod 5$，$15x\equiv1 \pmod 7$ 的最小解。

例　一筐鸡蛋两个两个地数多 1 个，三个三个地数也多 1 个，四个四个地数少 3 个，五个五个地数少 4 个，六个六个地数又多 1 个，七个七个地数不多也不少。这筐鸡蛋至少有多少个？

解　由题目易知，这筐鸡蛋的个数模 2，3，4，5，6 都余 1，所以该数模 2，3，4，5，6 的最小公倍数 60 也余 1，所以必然可以写成是 $1+60n$ 的形式。又由于这个数需是 7 的倍数，综上得这筐鸡蛋至少有 301 个。

电子图书馆

[1] 刘辉，王华东．基于中国余数定理构造的快速公钥加密算法 [J]．周口师范学院学报，2008（5）．

[2] 乐家骏．“孙子问题”解法的探讨 [J]．小学数学教师，2005（10）．

练 习 二

1. 在□里填上适当的数字，使得七位数□5368□□能分别被 9，25，8 整除。
2. 判断下列各数能否被 7，11，13 整除。

   （1）3546725；（2）1059282；（3）5987642；（4）987654321。
3. 有 5 个属相相同的人出生于同一天，他们的岁数的乘积为 359125，他们的岁数之和为多少？
4. 两个圆面积之差为 65π，半径都是整数，求这两个圆的半径。
5. 求 3^{2012} 的末一位数。求 3^{2012} 的末两位数。
6. 求 $1^2+2^2+3^2+\cdots+99^2$ 除以 7 的余数。
7. （钟面问题）能不能在下式：1□2□3□4□5□6□7□8□9□10□11□12＝0 的每个方框中，分别填入加号或减号，使等式成立？
8. 一串数排成一行，它们的规律是：头两个数都是 1，从第三个数开始，每一个数都是前两个数之和，问这串数的前 2008 个数中有多少个偶数。
9. 甲级铅笔 7 角钱一支，乙级铅笔 3 角钱一支，小华用 6 元钱恰好可以买两种不同的铅笔共几支？
10. 用 10 元钱买 25 支笔。已知毛笔每支 2 角，彩色笔每支 4 角，钢笔每支 9 角。问每种笔各买几支？（每种都要买）
11. 某人打靶，8 发打了 53 环，全部命中在 10 环、7 环和 5 环。他命中 10 环、7 环和 5 环各几发？
12. 两个数的最大公约数是 12，最小公倍数是 120，那么这两个数的和可以是多少？
13. 证明下列结论：

    （1）如果一个数能同时整除另外两个数，那么这个数能整除这两个数的和与差；

    （2）任何两个奇数的平方差都能被 8 整除；

    （3）如果一个数与另外两个数互质，那么这个数必然与那两个数的乘积互质。

第3章　分数与小数

◉情境引入

在小学六年级“整理和复习”课中，老师让学生回顾了六年来学过的各种数，分别举出生活中应用这些数的例子，并说明每个数的具体意义。在复习小数的意义时，老师指出：“分母是10、100、1000……的分数叫十进分数，这样的分数可以用小数表示”；“小数是十进分数的另一种表示形式，如$\frac{4}{10}$可以写作0.4，$\frac{125}{100}$可以写作1.25，0.4和1.25都是小数”。

此时，有一个学生提出了这样一个问题：“请问老师，循环小数0.333…可表示为哪一个十进分数？它是十进分数改写的吗?”此时老师马上意识到$\frac{1}{3}=0.333\cdots$，而$\frac{1}{3}$并不是十进分数，因此就说：“任何一个十进分数改写成的小数都是有限小数，至于循环小数由哪些分数改写而成的，我们以后再研究吧!”

在课堂上虽然勉强地把这个问题应付过去了，但作为老师，应该知道循环小数并不是十进分数改写而成的，更有那些无限不循环小数，它根本就不是任何一个分数的“另一种表示形式”。那么小数应该怎么定义呢？它有哪些性质、如何计算、与分数有着怎样的关系呢?

类似的问题还有很多，比如在数学上，分数是怎么定义的？它与整数有什么样的关系？百分数的含义是什么？它与一般意义上的分数有什么联系和区别？整数是怎样发展到有理数的?

数系扩充的基本原则是什么？这些是小学数学教学中经常遇到的问题。本章主要阐述分数、小数在数学上的含义、基本性质与运算法则、分数与小数的互化、百分数的含义与应用，常用数系与数系扩充的基本原则。

3.1 分数

◉学习目标

1. 从多个角度理解分数的概念及其多元化表征形式；
2. 理解分数的等价类和基本性质，能熟练地进行通分和约分；
3. 掌握分数四则运算的算理和算法，能熟练进行分数运算。

3.1.1 分数的定义

人们在生产、生活实际中，当均分、测量物体或进行除法运算时，往往不能正好得到整数的结果，也就是说这些问题不能在整数范围内解决，这时就要引入一种新的数——分数①。

1. 分数的“份数定义”

小学数学中，分数的定义是“把单位 1 平均分成几份，表示这样的一份或几份的数，叫作分数”。一个物体或一些物体都可以看作一个整体，把这个整体平均分成的份数 n 叫作分母，其中的一份或几份的数 m 叫作分子。

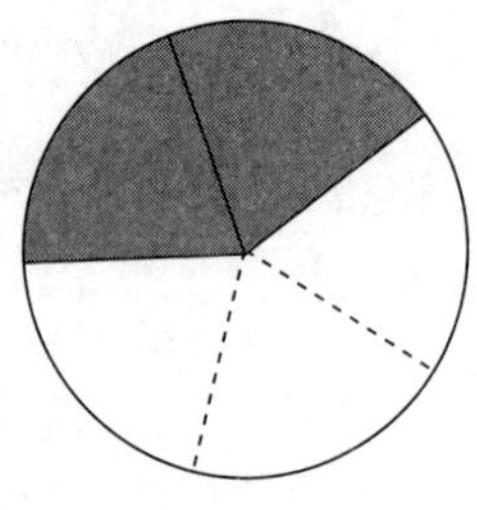

图 3.1－1

分数写作$\frac{m}{n}$，读作 n 分之 m，表示一份的分数$\frac{1}{n}$叫作分数单位。如图 3.1－1“面积模型”所示，用整个圆的面积表示单位 1，那么阴影部分的面积表示为$\frac{2}{5}$，即占整体面积的五分之二。

① 在日常口语和教育统计等领域中，分数有“成绩”“分值”的意思，如学生的考试分数、标准分数等，这里的分数通常是指某个整数或小数，与本章所要讨论的数学中有理数域中的分数含义相去甚远。

2. 分数的“比定义”

分数可以理解为两个自然数之比（后项不为零）。在前面分数的“份数定义”中，分数表示“单位 1”的“一份或几份”，其实质是部分占整体的比。把这个定义拓展以后，分数就可以看作“一部分和另一部分之比”，即任意两个自然数之比（后项不为零）。

这包含两种情形，“整体中的一部分和整体之比”，“整体中的一部分和另一部分之比”。在图 3.1－1 中，由分数的“比定义”得：阴影部分与圆的面积比是 2∶5，其比值就是$\frac{2}{5}$；而阴影部分与白色部分的面积比是 2∶3，其比值就是$\frac{2}{3}$，表明阴影部分是白色部分面积的三分之二。

用“线段模型”也可以解释分数的“比定义”。如图 3.1－2 所示，线段 AC 平均分为五等份，由分数的“比定义”得：线段 AB 是线段 AC 长的$\frac{2}{5}$；线段 AB 是线段 BC 长的$\frac{2}{3}$。

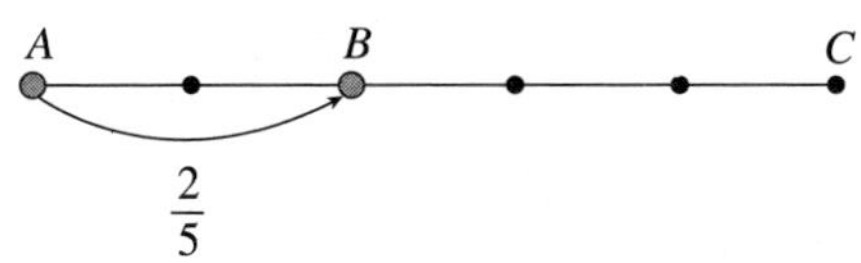

图 3.1－2

借助“集合模型”，从集合的角度也可以很好地理解分数的“比定义”，如图 3.1－3 所示，浅色三角形的个数占三角形总数的$\frac{1}{5}$（子集与全集的关系）；浅色三角形与深色三角形的个数比为 1∶4，比值是$\frac{1}{4}$（子集与子集的关系）。

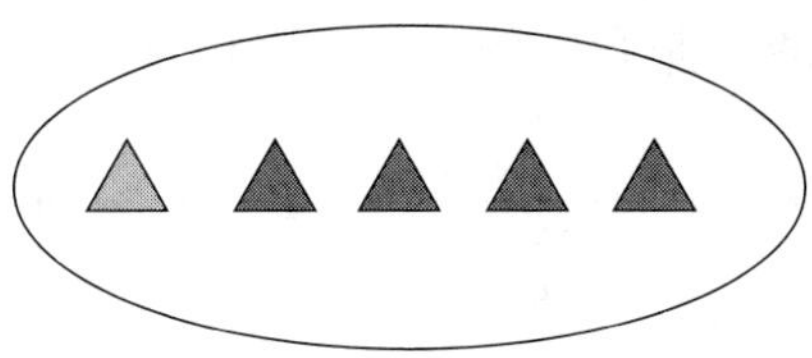

图 3.1－3

3. 分数的“商定义”

分数$\frac{m}{n}$可以定义为：由自然数 m 除以另一个自然数 n（$n\neq0$）所得的商，两个自然数相除，如果能除尽（即 m 能整除 n 时），其商为整数；如果除不尽，其商就是分数。分数是由除不尽引起的，表示两个数 m 和 n 相除的结果，记为$\frac{m}{n}$。

这个定义体现了分数的本质，表明了分数与除法运算之间的联系 $m \div n = \frac{m}{n}$，使学生更容易理解和接受除不尽，且大于1 的分数。例如，把5 个苹果平均分给3 个人，每人分得的苹果数用分数表示为$\frac{5}{3}$（大于1）。

当测量物体（如长度、面积、体积等）时，要用一个量 B 作为标准（度量单位）去度量另一个量 A，如果量 A 不是量 B 的整数倍，那就不能用整数表示测量结果，可用分数来表示。

如图 3.1－4 所示，用“十进分数模型”解释分数的“商定义”。用“$B=1$ 厘米”作为度量单位去测量某物体的长度，发现测量结果是 1 厘米多，那么，把 B 平均分成10 等份后，取其中的一份（即 1 毫米）作为度量单位重新测量，结果为 17 毫米。如果仍然用原来的度量单位表示测量的结果，就是分数$\frac{17}{10}$厘米（或 $1\frac{7}{10}$厘米）。

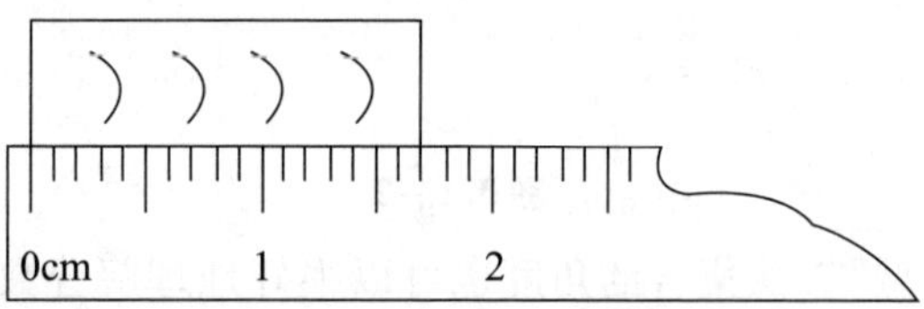

图 3.1－4

用“数线”模型（见图 3.1－5）可以更好地解释分数的“商定义”。数线就是用数直线上的点表示一个抽象的数——分数，它是促进学生正确理解分数概念的有力工具。“数线”是数轴的雏形，用相邻两个自然数之间的点来表示分数。

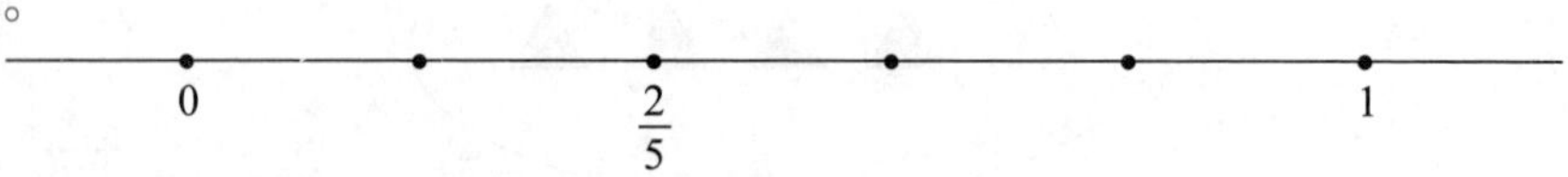

图 3.1－5

4. 分数的“形式化定义”

形如$\frac{m}{n}$（m，n 都是整数，且 $n \neq 0$）的数，叫作分数。这个定义是从形式上给出描述，即分数是由一个序偶（m，n）决定的，不考虑其现实意义。有一个序偶就有唯一的分数和它对应。

根据这个定义，任何整数 m 都可以表示成分数$\frac{m}{1}$，因而整数也可以看作特殊的分数。如果 $m=0$ 时，分数$\frac{m}{n}=\frac{0}{n}=0$。这个定义有助于理解假分数、带分数等任意大小的分数。

说明　以上四种定义是从不同角度理解分数概念的，后三种定义是等价的，其外延都包括真分数和假分数，都是为了满足数系扩充的需要。小学数学（三年级）采取份数定义，分数的外延只有真分数，这是限于小学生的认识水平和知识范围。在后续的小学分数教学中，应在此基础上采取渐进的处理方式，从分数与商、比的关系，对真分数进行扩展。这样，有利于小学生理解各种形式的分数。

教学链接｜分数的多元化表征

认知心理学中，表征是指信息在头脑中的记载或呈现方式。表征是思考和沟通的重要工具，与数学学习有密切的关系。在数学学习的过程中，不同的表征对学生理解概念会产生重要影响，多种表征形式有助于学生对抽象的分数概念的建构。

（1）操作。

在学习分数概念之前，在日常生活中，学生已经具备了将一个整体分割为若干部分的操作经验，他们可以使用多种等分策略来解决分配问题，如将一块蛋糕对半等分之后分给两个人，将一个长条饼干分割后给三个人。

在小学，通过平均分实物活动或者在某种情境中所进行的平均分操作，学生要经历或体验把一个“整体”平均分成几个“部分”的过程。把所得的部分与整体之间的关系用一个数来表示，从而实现对分数表示量的大小的认识和理解，逐步形成分数的概念。

如图 3.1－6 所示，把一张正方形纸片对折两次，沿着折痕撕下来，可以得到分数$\frac{1}{4}$，$\frac{2}{4}$，$\frac{3}{4}$。

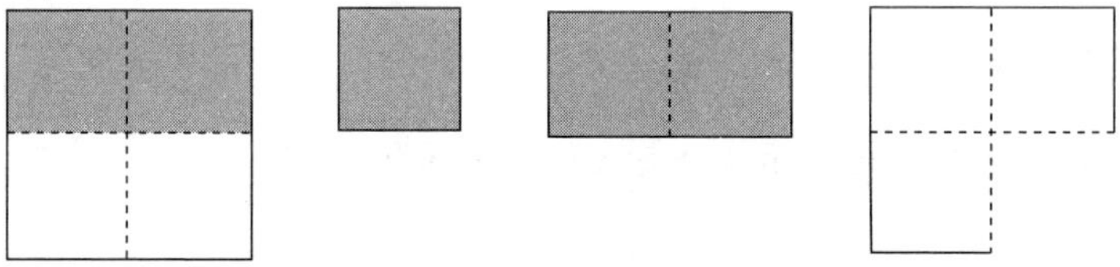

图 3.1－6

(2) 图形。

圆、长方形、正方形、线段、集合等图形可以直观、形象地体现分数的抽象概念。分数的图形表征有利于小学生深刻理解分数概念。从学生的认知发展特点考虑，用“细长条”图形（见图 3.1－7）作为数轴的一种过渡来表示分数，可以帮助学生逐步进行抽象，从而理解分数是表示“量”的大小的数。

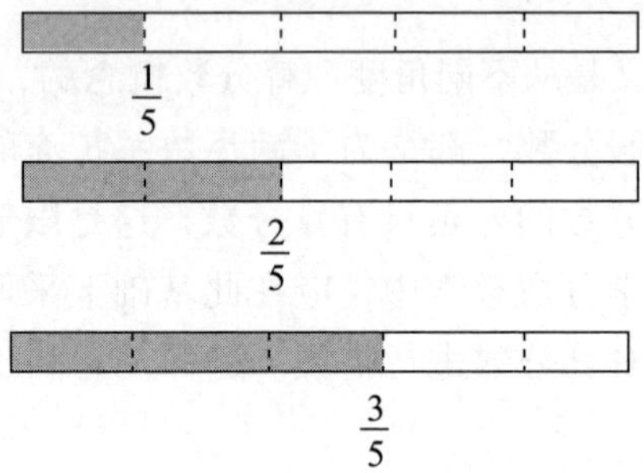

图 3.1－7

数轴是能深刻体现分数本质的图形，它可以解释和沟通分数的多种表征形式（见图 3.1－8）。

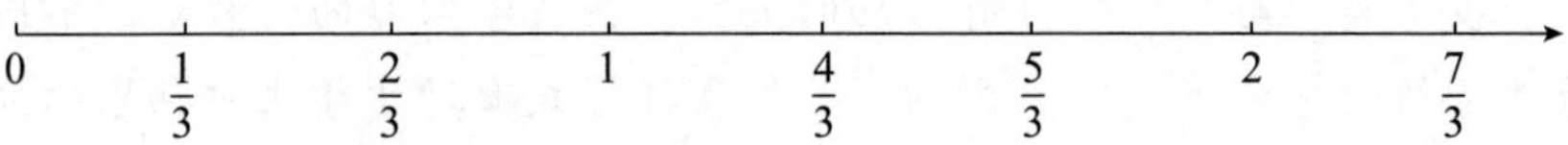

图 3.1－8

(3) 语言。

数是用于描述“量”及其关系的语言。为描述整体与部分的大小关系，我们常用“倍”和分数来表述，如果“甲是乙的 3 倍”，反过来也可以说成“乙是甲的三分之一”。如“半小时”就是把一小时的时间看作整体，那么“半小时”这个“部分”时间就是整体的一半或二分之一，这种关系反过来也可以说成一小时是半小时的 2 倍。

学生初学分数，需要与以前熟悉的“倍”的语言建立起联系，经历分数这种语言产生的过程。实际上，描述两个量关系的语言有很多种。由两个量具有“多多少”“少多少”的相对关系，通过类比可以理解“倍”和“半”的相对关系，进而体会到“半”或“几分之几”是描述两个量之间关系的语言。如 1 元和 5 角之间的关系，可以用多 5 角、少 5 角、2 倍、$\frac{1}{2}$等语言来表述。因此，作为一种新的语言，分数是表示两个量之间的关系的语言。

(4) 符号。

整数作为一种记数符号常表示量的大小，如物体的个数、年龄的大小、面积的大小、距离的长短、时间的长短等。分数也表示量的大小，分数的数学符号由两个整数和一条分数线构成，如$\frac{3}{2}$，但是它却与算式 3 + 2，3 - 2，3∶2，3 ÷ 2含义不同。分数符号作为一种人为创造出来标记，是分数概念的主要表征形式。分数的符号表征有助于学生依据一些数学运算法则对两个量的相对大小进行精确的处理，如比较$\frac{25}{40}$和$\frac{30}{55}$的大小。而且，分数的符号表征还有助于进行分数的恒等变化以及两个或多个分数之间的四则运算。

3.1.2　分数的性质与恒等变化

1. 分数的大小

如果第一个分数的分子与第二个分数的分母的积大于第二个分数的分子与第一个分数的分母的积，那么第一个分数大于第二个分数。即，有两个分数$\frac{a}{b}$和$\frac{c}{d}$，如果 $ad > bc$，那么$\frac{a}{b} > \frac{c}{d}$。反之，如果 $ad < bc$，那么$\frac{a}{b} < \frac{c}{d}$。

说明　分数的大小不能像整数的大小那样采用计数的方式数出来，不能用整数大小的比较方法来处理分数大小的比较问题。

2. 分数的基本性质

如果分数的分子和分母同时乘（或除以）相同的数（不等于零），分数的大小不变。

即　$\frac{a}{b} = \frac{a \times m}{b \times m}$；$\frac{a}{b} = \frac{a \div m}{b \div m}$（$m \neq 0$）。

证法一　利用“面积模型”，如图 3.1 - 9 所示，通过观察份数得出结论。

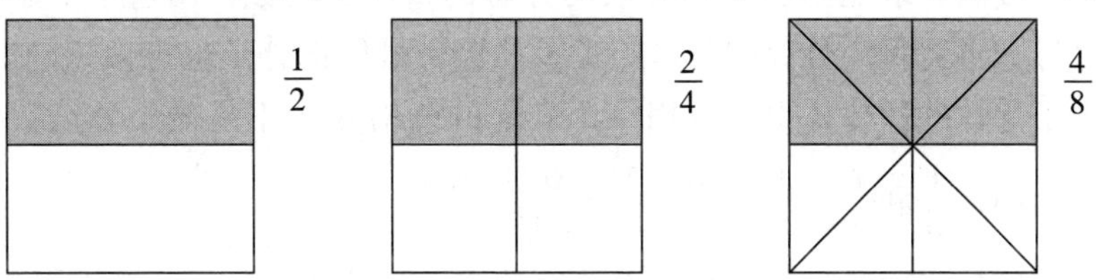

图 3.1 - 9

从左向右观察图形：把原来的每 1 份再平均分成 2 份，阴影部分由 1 份平均变成了 2 份（或 4 份），总份数由 2 份变成了 4 份（8 份）。用分数表示阴影部分所占的面积为$\frac{1}{2}=\frac{2}{4}=\frac{4}{8}$。观察这个等式可以得出：分数的分子、分母同时乘2，分数的大小不变。再从右向左观察图形，把总份数由原来的8份合并为4份（或2份），阴影部分的份数由原来的4份相应地合并成了2份（或1份）。用分数表示阴影部分所占的面积为$\frac{4}{8}=\frac{2}{4}=\frac{1}{2}$。观察这个等式可以得出：分数的分子、分母同时除以2，分数的大小不变。

总结以上两个结论，可归纳得出分数的基本性质。

证法二 由分数与除法的关系（或者分数的商定义）及整数除法中商不变的性质，可得

$$\frac{a}{b}=a\div b=(a\times m)\div(b\times m)=\frac{a\times m}{b\times m},$$

$$\frac{a}{b}=a\div b=(a\div m)\div(b\div m)=\frac{a\div m}{b\div m}。$$

说明 ①分数基本性质的证明还有其他方法，请读者自行思考证明；②分数的基本性质应用很广，可以把不同分母的分数化成同分母的分数，也可以把一个分数化成指定分母的分数，为后续学习通分、约分及分数的各种运算等作铺垫。

3. 约分和通分

约分 把一个分数的分子、分母分别除以它们的公约数（1除外），化成与原分数相等的分数，叫作约分。分子和分母互质的分数叫作最简分数。约分时，通常都要约成最简分数。

约分的方法有逐次约分法、辗转相除法。

通分 把几个分数化成分母相同的分数而不改变每个分数的大小，叫作通分。化成的相同的分母叫作这几个分母的公分母。

通分的方法一般先求出几个分数的分母的最小公倍数，用这个最小公倍数作为公分母，再看每个分数的分母扩大了几倍，最后把分子也扩大相同的倍数。有时，为了计算的便捷，也可以用一个其他的公倍数（不是最小公倍数）作为公分母。比如，$\frac{1}{6}$和$\frac{1}{10}$，$\frac{1}{6}=\frac{10}{60}$，$\frac{1}{10}=\frac{6}{60}$。

说明 约分和通分都是分数基本性质的应用，是在分数大小不变的前提下，为了运算的需要对分数形式的转化。

电子图书馆

[1] 曾小平，韩龙淑．分数的定义与教学［J］．小学教学（数学版），2011（9）．

[2] 张莫宙．分数的定义与教学［J］．小学教学（数学版），2010（1）．

3.1.3 分数的四则运算

1. 分数的加法和减法

分数的加法是分数概念的一个延伸，也是对分数知识的加深。分数加法的意义和整数加法相同，都是把两个数合并成一个数的运算，都可以看作对测量单位的累加，整数的最小测量单位是1，分数的最小测量单位是分数单位。

比如，$\frac{b}{a}+\frac{c}{a}$表示b个$\frac{1}{a}$与c个$\frac{1}{a}$的和，也就是（$b+c$）个$\frac{1}{a}$，即$\frac{b+c}{a}$，于是得到$\frac{b}{a}+\frac{c}{a}=\frac{b+c}{a}$。相应地，可以讨论异分母分数减法的问题。

异分母分数相加减，需要统一分数单位。先通分，化为同分母分数，再进行加减运算。它的直观模型如图3.1－10所示。

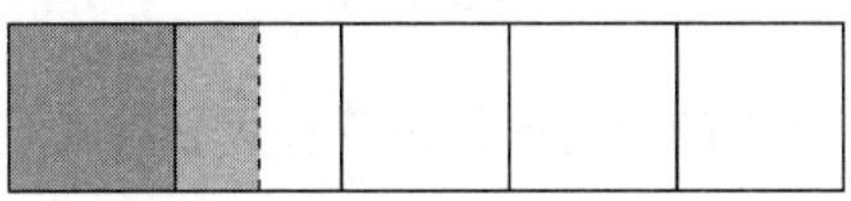

$$\frac{1}{5}+\frac{1}{10}=\frac{3}{10}$$

图3.1－10

从分数“商的定义”出发，可以推导“异分母分数加减法则”。

$$\frac{b}{a}\pm\frac{d}{c}=b\div a\pm d\div c=bc\div ac\pm ad\div ac=(bc\pm ad)\div ac=\frac{bc\pm ad}{ac}$$

2. 分数的乘法和除法

分数乘法包括分数乘整数和分数乘分数。分数乘整数可以沿用整数的乘法思想，即求几个相同的分数相加的和，相当于几个同分母分数相加。

比如，求$\frac{3}{4}$的3倍是多少（见图3.1－11）。

$$\frac{3}{4}\times 3=\frac{3}{4}+\frac{3}{4}+\frac{3}{4}=\frac{3\times 3}{4}=\frac{9}{4}=2\frac{1}{4}$$

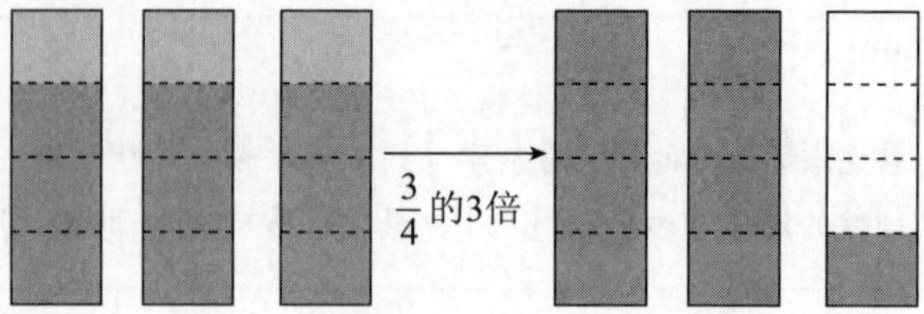

图 3.1－11

但是，分数乘分数不能沿用整数的乘法思想。例如，求$\frac{1}{5}$的$\frac{2}{3}$是多少。要计算$\frac{1}{5}\times\frac{2}{3}$，不能看成"$\frac{2}{3}$个$\frac{1}{5}$相加"或"$\frac{1}{5}$个$\frac{2}{3}$相加"。可以用"面积模型"表示（见图 3.1－12），阴影部分是以这两个分数为边长所构成的矩形的面积。学生在直观图形的基础上，可以进一步总结出分数乘分数的运算法则。

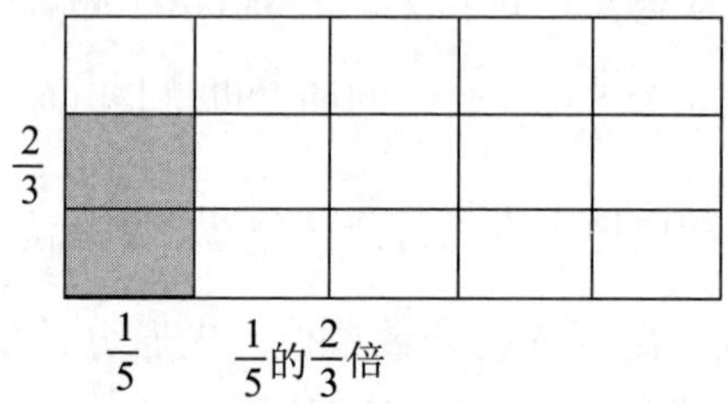

图 3.1－12

实际上，一个数$\frac{a}{b}$乘$\frac{m}{n}$的含义就是求$\frac{a}{b}$分成 n 等份后的 m 份是多少，即求一个数$\frac{a}{b}$的 n 分之 m 是多少。

从分数"商的定义"出发，可以推导"分数乘法法则"。即

$$\frac{b}{a}\times\frac{d}{c}=b\div a\times d\div c=(b\times d)\div(a\times c)=\frac{bd}{ac}。$$

与整数除法概念一致：把一个量分成若干等份，求其中的一份。分数除法是分数乘法的逆运算。除数不为零，分数除法运算就可以实施，且结果唯一。

比如，"把一张纸的$\frac{4}{5}$平均分成 2 份，每份是这张纸的几分之几?"通过不同的折纸方法，可得到不同的解题思路，进而从不同角度解释分数除法的计算程序。当然，也可以转化为小数除法来计算。

从分数"商的定义"出发，可以推导"分数除法法则"。即

$$\frac{b}{a}\div\frac{d}{c}=(b\div a)\div(d\div c)=b\times c\div a\div d=(b\times c)\div(a\times d)=\frac{bc}{ad}。$$

可见，分数除法概念与分数乘法、整数乘除法、单位、小数除法等概念都

有着密切的联系。另外，整数的乘法运算可以使原数变得更大，除法运算可以使原数变得更小，而分数的乘除法运算却既可能使分数变得更大，也可能使分数变得更小。

电子图书馆

[1] 蔡金法．数学教育中的疑难问题 [J]．小学教学（数学版），2014（7-8）．

[2] 蔡金法．小学数学教师的专业素养：以如何上好一堂课的视角来探讨 [J]．小学教学（数学版），2014（7-8）．

[3] 费岭峰．深究错误原因，培养证伪意识 [J]．小学教学（数学版），2014（9）．

[4] 牛免功，张鸣．教学，需要透过现象看本质 [J]．小学教学（数学版），2014（9）．

3.2　小数

◉学习目标

1. 理解小数的意义、小数的性质与大小比较；
2. 掌握小数的四则运算，寻找小数运算与整数运算的联系与区别；
3. 能熟练进行小数与分数的互化，理解分数化成有限小数的条件。

3.2.1　小数的定义

小数有多种不同的定义，而目前有些定义存在一些科学性问题。比如，人们为了应用上的方便，把十进分数改写成不带分母的形式，并且按照十进制的进位原则把个位右边的第 1 位、第 2 位、第 3 位等分别表示十分位（计数单位是$\frac{1}{10}$）、百分位（计数单位是$\frac{1}{100}$）、千分位（计数单位是$\frac{1}{1000}$）等，并在个位和十分位之间加一个标记“.”，这样十进分数就可以写成与整数相仿的形式。比如$3\frac{24}{100}=3+\frac{2}{10}+\frac{4}{100}=3.24$。像 3.24 这样不带分母，按照十进制的位值原理写出来的十进分数叫作十进小数，简称小数。

然而，按照上述定义，将十进分数改写成不带分母形式的数只能是一些有限小数，既不包括无限循环小数，也不包括无限不循环小数。

例如，$\frac{1}{3}$和$\frac{4}{15}$改写为不带分母的数分别是$0.\dot{3}$ 和$0.2\dot{6}$，按照上面的定义，

这两个循环小数就不能称为“小数”了。还有圆周率的值3.14159265…，$\sqrt{2}$的值1.41421356…等，由于它们都不是十进分数改写而成的，如果按照上述定义，就都不能称为“小数”了。

由此可知，上述的小数定义是不够完整的。为此，我们在综合各个小数定义的基础上，给出一个比较完整的小数定义。

此定义是以一个容易证明的引理为基础的。

引理 设P_k是整数，且$0 \leqslant P_k \leqslant 9$（$k=1, 2, 3, \cdots$），则级数$\sum_{k=1}^{\infty} \frac{P_k}{10^k}$是收敛的。

从这个引理出发，我们给出小数的定义。

（1）根据十进制的位值原理，将和$\alpha = P_0 + \sum_{k=1}^{n} \frac{P_k}{10^k}$记成$\alpha = \overline{P_0 . P_1 P_2 \cdots P_n}$。其中，$P_0$是非负整数，$P_k$是整数，且$0 \leqslant P_k \leqslant 9$（$k=1, 2, 3, \cdots, n$），称$\alpha = \overline{P_0 . P_1 P_2 \cdots P_n}$为非负有限小数。

其中小圆点“.”叫作小数点。当P_0、P_k（$k=1, 2, 3, \cdots, n$）不全为零时，称$-\alpha = -\overline{P_0 . P_1 P_2 \cdots P_n}$为负有限小数。

非负有限小数和负有限小数统称为有限小数。

（2）根据十进制的位值原理，将和$\beta = P_0 + \sum_{k=1}^{\infty} \frac{P_k}{10^k}$记成$\beta = \overline{P_0 . P_1 P_2 \cdots P_n \cdots}$。其中，$P_0$是非负整数，$P_k$是整数，且$0 \leqslant P_k \leqslant 9$（$k=1, 2, 3, \cdots, n, \cdots$），称$\beta = \overline{P_0 . P_1 P_2 \cdots P_n \cdots}$为非负无限小数。

其中小圆点“.”叫作小数点，当P_0、P_k（$k=1, 2, 3, \cdots, n, \cdots$）不全为零时，称$-\beta = -\overline{P_0 . P_1 P_2 \cdots P_n \cdots}$为负无限小数。

非负无限小数和负无限小数统称为无限小数。

（3）有限小数和无限小数统称为小数。

（4）小数中小数点左边的部分叫作小数的整数部分，小数点右边的部分叫作小数的小数部分。整数部分为零的小数叫作纯小数，整数部分不为零的小数叫作带小数。小数的整数部分读法与整数读法相同，小数点读作“点”，小数部分顺序读出每个数位上的数字。

教学链接

为了便于小学生理解小数，可以认为小数是整数的延续，都是十进制数。也就是说，以 1 为基本单位，向大小两个方向延伸得到整数和小数：单位 1 向大的方向延伸，10 个 1 构成十，10 个十构成百，10 个百构成千，……单位 1 向小的方向延伸，把 1 平均分成 10 份，一份就是 0.1（相当于十分之一），几份就是零点几，再把 0.1 平均分成 10 份，一份就是 0.01（相当于百分之一），……

所以，一个十进制整数或者小数可以表示为如下的形式：$n_p \cdots n_2 n_1 n_0 m_1 m_2 \cdots = n_p \times 10^p + \cdots + n_2 \times 10^2 + n_1 \times 10^1 + n_0 \times 10^0 + m_1 \times 10^{-1} + m_2 \times 10^{-2} + \cdots$。

［其中 n_i（$i=0, 1, 2, \cdots, p$），m_j（$j=1, 2, 3, \cdots$）为 0~9 这 10 个数字之一。］

该形式体现了：①小数运算和整数运算的高度相似性；②整数与小数表示数目的直观性。

3.2.2　小数的性质和大小比较

1. 小数的性质

小数有以下两个主要的性质。

性质 1　小数末尾添上或去掉几个零，小数的大小不变。

这个性质可由小数的定义和分数的基本性质得到。这里我们仅以实例来说明这个性质。例如，由分数的基本性质可以得到等式：$\frac{7}{10}=\frac{70}{100}=\frac{700}{1000}=\cdots$，由小数的定义可将算式写为：$0.7=0.70=0.700=\cdots$。

性质 1 的作用：①把末尾有 0 的小数化简，比如小数乘法运算后，和、差、积的末尾往往会产生 0，这时需要去掉 0；②在不改变小数大小的情况下（比如小数除法运算时），有时会在被除数的末尾添加 0；③为了增加小数的小数部分的位数，或把一个整数写成小数，末尾会添加 0。

注意　小数中添加的 0 或去掉的 0，必须是在小数的末尾，而不能在中间或者前面；在近似计算时，末尾的 0 不能随便添加或去掉，因为这样做会影响小数的精确程度。

性质 2　小数中小数点位置的移动会引起小数大小的变化。

由于小数是按十进制位值原理计数的，而且计数时是以小数点为定位标准的，因此移动小数点位置就会引起数位的变化，从而引起了小数大小的变化。

其变化的规律是：把小数中的小数点向右移动 n（n 是大于 0 的自然数，下同）位，这个小数就扩大为原数的 10^n 倍；把小数中的小数点向左移动 n 位，这个小数就缩小为原数的 $\frac{1}{10^n}$。

这个性质对于解决实际问题将会起到较大作用，特别是为小数的乘法和除法运算打下了扎实的基础。

2. 小数大小的比较

小数大小的比较与整数大小比较的方法相同，都是从高位比起，相同数位上的数相比较。但对小数而言，可以先比其整数部分，整数部分大的小数就大。如果整数部分相同，则比较十分位上的数，十分位上的数大的小数就大。如果十分位上的数也相同，则比较百分位上的数，……直到最后比较出两数的大小，如果所有数位上的数都相同，那么这两个小数相等。

电子图书馆

[1] 曾小平，韩龙淑．小数是特殊的分数吗：小数的意义与教学探究 [J]．教学月刊（小学版·数学），2012（7－8）．

[2] 戎松魁．如何正确理解小数的意义 [J]．小学教学（数学版），2013（12）．

3.2.3 小数与分数互化

小数和分数有密切的联系，根据十进制的位值原理，把十进分数改写成不带分母的形式的数就是有限小数，分数可以用分子除以分母的方法化为有限小数或循环小数。反之，有限小数或循环小数也可以化为分数。

然而，小数和分数又有较大的差别。如果把整数看作小数部分是零的小数，又看作分母是 1 的分数，那么小数集合实际上就是实数集合，分数集合就是有理数集合。有理数集合是实数集合的一个真子集，实数集合中的那些无理数（无限不循环小数）是有理数集合中所没有的，也就是说无限不循环小数不在分数集合内。因此，这里所说的分数与小数互化指的是分数与有限小数和循环小数互化，分数与无限不循环小数是不能互化的。

由于假分数可以化为整数或整数与真分数的和，而真分数又可用约分化为最简真分数，所以讨论小数与分数的互化问题，只要讨论纯小数和最简真分数的互化即可。

1. 化分数为小数

要将分数化为小数，一种简便的方法是用分数的分子除以分母，可以得到小数形式的商。用分子除以分母的方法将最简真分数化为小数，其结果有三种：有限小数、纯循环小数或混循环小数。

（1）化成有限小数。

例如，$\frac{5}{8}=0.625$，$\frac{7}{20}=0.35$，$\frac{43}{125}=0.344$。

（2）化成纯循环小数。

例如，$\frac{1}{9}=0.\dot{1}$，$\frac{11}{21}=0.\dot{5}2380\dot{9}$，$\frac{23}{33}=0.\dot{6}\dot{9}$。

（3）化成混循环小数。

例如，$\frac{3}{14}=0.2\dot{1}4285\dot{7}$，$\frac{28}{75}=0.37\dot{3}$，$\frac{17}{110}=0.1\dot{5}\dot{4}$。

2. 化小数为分数

化小数为分数，讨论纯小数化为分数即可。

（1）化有限小数为分数。

将有限小数化为分数，可把有限小数改写为十进分数，如果此十进分数不是最简分数，就把它化为最简分数。

例如，$0.71=\frac{71}{100}$，$0.6=\frac{6}{10}=\frac{3}{5}$，$0.056=\frac{56}{1000}=\frac{7}{125}$。

（2）化纯循环小数为分数。

将纯循环小数化为分数的方法是：所化成分数的分子是一个循环节的数字顺次排列所成的数，如果最高数位上有 0，则将其去掉；分母是由数字 9 组成的数，9 的个数等于一个循环节的位数；写出分数后化成最简分数。

例如，$0.\dot{3}=\frac{3}{9}=\frac{1}{3}$，$0.\dot{5}\dot{7}=\frac{57}{99}=\frac{19}{33}$，$0.\dot{0}3\dot{6}=\frac{36}{999}=\frac{4}{111}$。

循环小数化分数，也可以用无穷递缩等比数列求和的方法。

例如，$0.\dot{5}\dot{7}=\frac{57}{100}+\frac{57}{100^2}+\frac{57}{100^3}+\cdots=\frac{57}{100}\times\left(1+\frac{1}{100}+\frac{1}{100^2}+\cdots\right)=\frac{57}{100}\times\frac{1}{1-\frac{1}{100}}=\frac{57}{100}\times\frac{100}{99}=\frac{57}{99}=\frac{19}{33}$。

（3）化混循环小数为分数。

将混循环小数化为分数的方法是：所化成分数的分子是小数点右边第一个数字到第一个循环节末位的数字顺次排列所组成的数，减去不循环数字顺次排列所组成的数所得的差；分母是由数字9后面带数字0组成的数，其中9的个数等于循环节的位数，0的个数等于不循环部分的位数。写出分数后，再化成最简分数。

例如，$0.4\dot{3}\dot{0}=\frac{430-4}{990}=\frac{426}{990}=\frac{71}{165}$，$0.45\dot{6}=\frac{456-45}{900}=\frac{411}{900}=\frac{137}{300}$。

小数和分数互化的理论基础除了小数和分数的定义之外，主要是下面的三个定理。

定理1 一个最简真分数$\frac{a}{b}$能化为有限小数的充要条件是：分母b不含2和5以外的质因数。

证明 （充分性）

设$b=2^m\times5^n$（m、n是非负整数，至少有一个不是0），

于是$\frac{a}{b}=\frac{a\times2^n\times5^m}{2^{m+n}\times5^{m+n}}=\frac{a\times2^n\times5^m}{10^{m+n}}$。

因为右边是一个以10^{m+n}为分母的分数，所以$\frac{a}{b}$能表示成有限小数。

（必要性）

设$\frac{a}{b}=\frac{c}{10^m}$，（$c$为整数）

于是$bc=a\cdot10^m$，（分数相等的定义）

得$b\mid a\cdot10^m$。（整除的定义）

又$(a,b)=1$，

$\therefore b\mid10^m$。

而10^m只含有质因数2、5，所以b不含2和5以外的质因数。

定理2① 如果一个最简真分数$\frac{a}{b}$的分母b只含有2和5以外的质因数，那么，

①这个分数所化成的小数是纯循环小数；

②这个纯循环小数的循环节的最少位数，与分母能整除$\overbrace{999\cdots9}^{t个}$时9的最少个数$t$相同。

① 本定理的证明见：小学数学室．小学数学教材教法（第一册）[M]．北京：人民教育出版社，1994：208－211.

定理 3 ① 如果一个最简真分数$\frac{a}{b}$的分母 b 里，既含有质因数 2 或 5，又含有 2 和 5 以外的质因数，那么，

①$\frac{a}{b}$所化成的小数是混循环小数；

②它的小数部分中，不循环的位数等于分母里的因数 2 和 5 的指数中较大的那个数；

③循环节的最少位数，与分母里 2 和 5 以外的质因数的积能整除$\overbrace{999\cdots9}^{t\text{个}}$时 9 的最少个数 t 相同。

拓展阅读 **令人困惑的等式 0.999⋯ =1。**

由纯循环小数化分数的方法可得$0.\dot{9}=\frac{9}{9}=1$，然而这个等式成立吗？等式右边是一个确定的数 1，而左边 0.999⋯是一个确定的数吗？随着写出的 9 的个数不断增加，0.999⋯越来越接近 1，它能达到 1 吗？对这个等式总有许多学生感到困惑。

我们用无穷级数的理论来说明$0.\dot{9}=1$。

定理　设有无穷级数 $\sum\limits_{n=0}^{\infty}aq^n=a+aq+aq^2+\cdots+aq^n+\cdots$，则当 $|q|<1$ 时级数收敛，其和为$\frac{a}{1-q}$，当 $|q|\geqslant 1$ 时级数发散。(证明略)

由小数的定义及上述定理可得：

$$
\begin{aligned}
&0.999\cdots\\
&=\frac{9}{10}+\frac{9}{10^2}+\frac{9}{10^3}+\cdots\\
&=\frac{9}{10}\times\left(1+\frac{1}{10}+\frac{1}{10^2}+\frac{1}{10^3}+\cdots\right)\\
&=\frac{9}{10}\times\frac{1}{1-\frac{1}{10}}
\end{aligned}
$$

① 本定理的证明见：小学数学室．小学数学教材教法（第一册）［M］．北京：人民教育出版社，1994：212－213.

$=\frac{9}{10}\times\frac{10}{9}$

$=1$

即 $0.999\cdots=1$。

在初等数学教学中，用来说明 $0.999\cdots=1$ 的方法很多，这里列出两种。

①在等式 $0.333\cdots=\frac{1}{3}$ 两边都乘 3，得到 $0.999\cdots=\frac{1}{3}\times3=1$，当然，也可在等式 $0.111\cdots=\frac{1}{9}$ 两边都乘 9，得到 $0.999\cdots=\frac{1}{9}\times9=1$。

②设 $c=0.999\cdots$，则 $10\cdot c=9.999\cdots$，

于是 $10c-c=9.999\cdots-0.999\cdots=9$，

即 $9c=9$，所以 $c=1$，即 $0.999\cdots=1$。

当然，采用这种方法首先得承认循环小数是一个确定的数。事实上，由于循环小数可以看成无穷多个十进分数之和，而这些十进分数之和形成的级数是收敛的，即循环小数是一个确定的数，因此设 $c=0.999\cdots$ 也就得到了正确的结果。

3.2.4 小数的四则运算

1. 小数的加法和减法

由于小数和整数都采用十进制位值原理计数，各数位上有不同的计数单位，因此小数加法和减法与整数加法和减法相似，只要把小数点对齐（也就是相同数位对齐），将同一计数单位上的数相加、减（满十进一，退一作十）即可。

2. 小数的乘法

设 α、β 是两个小数，且 α 有 m 位小数，β 有 n 位小数，计算它们的积时，可先把 α、β 的小数点分别向右移动 m、n 位，使它们成为整数，然后按照整数乘法算出它们的积（此积比 α、β 的积扩大了 10^{m+n} 倍），再把这个积缩小到它的 $\frac{1}{10^{m+n}}$，即得 α 与 β 的积。

小数乘法通常是将末位对齐，按整数乘法相乘，在所得的积中加上小数点，使小数部分的位数等于两个乘数的小数位数之和。如果乘得的积的位数小于乘数的小数位数之和，则在积的前面用 0 补足，如果积的末尾有 0，则把 0 去掉。

例如，$0.36\times0.08=0.0288$，$12.5\times2.4=30$。

3. 小数的除法

（1）小数除以整数。

设有 m 位小数 α 和非零整数 B，又设将 α 的小数点向右移动 m 位得到的整数是 A，那么 $\alpha \div B = \frac{A}{10^m} \div B =$（$A \div B$）$\div 10^m$。

此式表示将小数 α 除以 B 可以先把 α 扩大 10^m 倍化成整数 A，然后除以 B，再将所得的商缩小到它的 $\frac{1}{10^m}$ 即可。如果 A 除以 B 得到整数商 q，那么 q 缩小到它的 $\frac{1}{10^m}$ 后就有 m 位小数，与 α 的小数位数相同。

如果 A 除以 B 得不到整数商，而把 A 再扩大 10^n（n 为非零自然数）倍能得到整数商 q，那么因为 α 扩大了 10^{m+n} 倍，因此商 q 就要缩小到它的 $\frac{1}{10^{m+n}}$，q 就有 $m+n$ 位小数，与除到最后一位时被除数 α 末尾添 0 后的小数位数相同。

如果无论 n 取什么数，A 扩大 10^n 倍后都不能得到整数商，那么因为除数 B 是一个确定的整数，α 除以 B 的结果就会是一个无限循环小数。在实际计算时，可按整数除法进行，要注意的是将商的小数点与被除数的小数点对齐即可。

（2）小数除以小数。

小数除以小数只要把除数和被除数都扩大 10^n（n 为除数的小数位数）倍，此时除数变成了整数，而商不变，这样就把小数除以小数的问题化成了整数除法或者小数除以整数的除法，可以按照整数除法或小数除以整数的方法计算。

4. 小数、分数四则混合运算

对于小数、分数四则混合运算，要根据具体算式进行具体分析，采用灵活机动的计算方法，尽量使计算简便。

一般而言，对于加法和减法，如果分数能化为有限小数的，那么就把分数化为小数进行计算比较简便。如果分数不能化为有限小数，那么把小数化为分数进行计算能得到准确的结果。对乘法和除法而言，一般是把小数化为分数再进行计算比较简便。

在计算过程中，还要注意应用各种运算定律、运算性质及各种简便运算方法，使四则混合运算变得简便。对于运算结果精确度要求不是很高的计算问题，还可按要求进行近似计算。

教学链接｜循环小数的写法

在小学数学教学中，两个数相除（除数不为 0），如果不能得到整数商，而商要求用小数表示，那么就会有两种情况：一种，商是有限小数，另一种，商是无限循环小数。

小学教材在介绍了循环小数和循环节的概念后指出：“写循环小数时，可先写出不循环部分，接着只要写第一个循环节，并在这个循环节的首位和末位上各记一个圆点。”例如，5.33…写作$5.\dot{3}$，7.14545…写作$7.1\dot{4}\dot{5}$。

如果有学生将$7.1\dot{4}\dot{5}$写作$7.1\dot{4}54\dot{5}$或者$7.145\dot{4}\dot{5}$，甚至写成$7.14\dot{5}\dot{4}$，这样写错了吗？事实上，$7.1\dot{4}\dot{5}=7.1\dot{4}54\dot{5}=7.145\dot{4}\dot{5}=7.14\dot{5}\dot{4}$，这正是循环小数的性质。例如，在比较$7.1\dot{4}\dot{5}$与7.1455大小时，为了便于比较，把$7.1\dot{4}\dot{5}$写成$7.1454\dot{5}\dot{4}$，也是可以的。

但是一般情况下，我们规定要将循环小数写成最简形式，一个循环小数只写出整数部分及不循环部分和第一个循环节，并在这个循环节的首位和末位上各记一圆点，纯循环小数一般也不写成混循环小数。

3.3 百分数

◉学习目标

1. 理解百分数的定义与意义；
2. 理解百分数与分数的联系与区别；
3. 能熟练进行百分数与小数和分数的互化。

3.3.1 定义与意义

1. 定义

表示一个数是另一个数的百分之几的数叫百分数。百分数又叫百分率或百分比。百分数通常不写成分数形式，一般记作$a\%$形式，以1%为单位。

既然百分数表示的是几分之几的数，所以百分数自然属于分数，是一种特殊的分数。那为何还要学习百分数呢？

在生活中反映数据特征时常用百分数进行表达，与一般分数相比较，百分数更直观、明确。如$\frac{11}{25}$与$\frac{2}{5}$，如果转换成百分数44%与40%，则非常清楚它们之间的大小及关系。百分数是一种把分母变成 100 的特殊分数，在生活中处处可见。

同样地，我们有千分数，即把分母化成 1000 的分数，用千分号“‰”表示。

百分数、千分数由于分母固定为 100 和 1000，便于比较和分析，应用十分广泛。

百分数不仅表示分母为 100 的分数，还可以表示两个数（量）的倍比关系。

拓展阅读 生活中的百分数

1. 成数

我国传统算术中，经常用“成”表示十分之一，如“五成”把握，就是说有 50% 的胜算，八成七就是指十分之八点七，也是 87%，这在日常生活的应用统计表述中经常使用。

利用分数的基本性质，成数容易转化成百分数，就是分子和分母同时扩大十倍。从成数、百分数、千分数可以看到分数的特殊情形，及其在日常生活中的特殊价值和有效应用。

2. 折扣

折扣是日常商业用语。常见的折扣有如下几种：

打几折，表示按成数减少，如七五折，就是按原价的 75% 出售。

1 换几倍，如 1 元现金换 2.1 倍，相当于 4.76 折。

买 199 元减 80 元，折扣是（199 - 80）/199 = 0.598，不到六折。

买 100 送 50 是五折吗？折扣是 100/（100 + 50） = 0.667，不到七折。

总之，商业上的折扣 = 最终付款/物品价值。

3. 利率

利率是金融用语，主要表示的是一定时期内利息数与本金的比息。在计算利息上，也有不同的反映方式。

一年的利息是本金 × 利率 × 12，如某理财产品月利率是 5.3‰，本金是 100 万元，即一年的利息为 63600 元。

4. 百分率

百分率在工业和服务业上应用广泛。比如

$$\text{增长率} = \frac{\text{增长的数}}{\text{原来的数}} \times 100\%$$

$$\text{合格率} = \frac{\text{合格数}}{\text{产品总数}} \times 100\%$$

这些结果都是用百分数来表示，这在统计学上应用十分广泛。

5. 恩格尔系数

恩格尔系数（Engel's Coefficient）是食品支出总额占个人消费支出总额的比重。它随居民家庭收入和生活水平的提高而下降。恩格尔系数是国际上通用的衡量居民生活水平高低的一项重要指标。

根据联合国粮农组织提出的标准，恩格尔系数在59%以上为贫困，50%～59%为温饱，40%～50%为小康，30%～40%为富裕，低于30%为最富裕。

改革开放以来，我国城镇和农村居民家庭恩格尔系数已由1978年的57.5%和67.7%分别下降到2013年的35.0%和37.7%。

2. 意义

理解百分数，一般要注意以下三点：

（1）$\frac{a}{100}$与$a\%$在形式上并非完全统一。$\frac{a}{100}$与一般分数一样，有两层意义：一是可以表示部分与整体的关系——分数，也可以表示两个数的比值关系——比率；但$a\%$只能表示分率，不能带有单位，不能表示数量的含义。

（2）不能把百分数单纯看成分数的真子集，即使用$\frac{a}{100}$的形式，$\frac{a}{100}$也不一定就表示分数。如我们可以写百分数为$\frac{2.5}{100}$或2.5%，但按分数的定义，分子不能是小数的，充其量也只是一种表示形式而已。

（3）当$\frac{75}{100}$作为分数，一般可以化简为$\frac{3}{4}$，而作为百分数时，$\frac{75}{100}=75\%$则无须化简。

3.3.2 百分数与分数

1. 百分数与分数的区别

分数既可以表示具体的量，如$\frac{1}{3}m$，后面可以带单位名称，又可以表示两个数量之间的倍比关系，如学校教师人数是学生人数的$\frac{1}{12}$。

百分数只能表示两个数的倍比关系，百分数的后面不能带有任何的计量单位名称，不能写成40%千克。

教学链接 | 百分数的教学

①应通过具体实例让学生先理解百分数的意义，再掌握百分数的写法和读法。②让学生理解分数与百分数的区别，即分数既可以表示具体的量（后面可以带单位名称），又可以表示两个数量之间的倍比关系；而百分数只能表示两个数量之间的倍比关系，后面不带单位名称。③对于比 1 大的百分数，如 125% 要通过具体生活实例让学生进行理解。

2. 百分数与分数的互化

百分数化为分数，比较简单，就是把百分数先写成分数形式，然后化简就可以得到最简的分数形式。分数化成百分数，就是利用分数的基本性质，把分母扩大到或缩小到 100，分子作相应的放缩就可以。

如果分母是 100 的约数，可以让分母与分子同时扩大若干倍，转化为百分数，如果不是，可以先转化为小数，再把问题归结为小数转化为百分数的方法进行。如

$\frac{3}{25}=\frac{12}{100}=12\%$，$\frac{45}{300}=\frac{15}{100}=15\%$，

$\frac{1}{8}=0.125=12.5\%$，$\frac{1}{6}\approx 0.167$，$\frac{1}{6}\approx 16.7\%$。

3.3.3　百分数与小数的互化

百分数化为小数，把百分号去掉，小数点向左移动两位，比如 $3.6\%=0.036$。

小数化成百分数，就是小数点向右移动两位，添上百分号，比如 $0.25=\frac{25}{100}=25\%$，$1.5=\frac{150}{100}=150\%$，$2=\frac{200}{100}=200\%$。

拓展阅读 文化观下的百分数

【成语】

百战百胜（100%）；十拿九稳（90%）；百里挑一（1%）；一箭双雕（200%）；一分为二（50%）。

【名言】

天才 =99% 的汗水 +1% 的灵感。

3.4 数系扩充

◉学习目标

1. 理解自然数集的性质；
2. 了解负数产生的原因，理解整数集的性质；
3. 了解分数产生的原因，理解有理数集的性质；
4. 了解无理数产生的原因，理解实数集的性质。

数是人类研究现实世界的最早工具，是数学中最基本的概念。数的概念不断发展，形成了不同类型的数系，也充分展示了数学发展的特征。数系扩充有两种不同体系：一种是自然的、历史的体系，它是从人类认识数的历史进程中展开的；另一种是数的逻辑扩充，从现代数学思想和数学方法的视角中呈现。

3.4.1 自然数

1. 自然数

自然数起源于人们点数物体的数目，即数数。后来又衍生出可以表述一个集体中某个个体的顺序，这就是我们在第 1 章学习的。自然数具有基数属性和序数属性，同时，还由数数出发，定义了自然数的加减乘除四则运算。这些理论构成一门学科，叫作算术，它有五条基本运算定律。

（1）$a+b=b+a$　　（加法交换律）

（2）$ab=ba$　　（乘法交换律）

（3）$a+(b+c)=(a+b)+c$　　（加法结合律）

（4）$(ab)c=a(bc)$　　（乘法结合律）

（5）$a(b+c)=ab+ac$　　（分配律）

2. 自然数集的性质

由自然数组成的集合称为自然数集，下面我们重点讨论自然数集的性质。

性质 1　自然数集是无限集。

证明　自然数集 $\mathbf{N}=\{0, 1, 2, 3, 4, \cdots, n, \cdots\}$ 与其真子集 $M=\{0, 2, 4, 6, 8, \cdots, m, \cdots\}$ 之间可以建立“一一对应”关系 $\mathbf{N}\xrightleftharpoons[n=m\div 2]{m=2n}M$。由此可知，自然数集 $\mathbf{N}=\{0, 1, 2, 3, 4, \cdots\}$ 是无限集。

性质2　自然数集为有序集。

根据自然数的基数理论，设自然数 a 与自然数 b 分别是集合 A 与 B 的基数，如果 A 与 B 能够建立一一对应关系，那么 $a=b$；如果 A 与 B 的真子集能够建立一一对应关系，那么 $a<b$；如果 A 的真子集与 B 能够建立一一对应关系，那么 $a>b$。

根据上述定义，容易得出自然数具有顺序关系，因此，自然数集为有序集。

性质3　自然数集具有阿基米德性，即对任何两个非零自然数 a 与 b，一定存在自然数 n，使得 $na>b$。

（证明略）

性质4　自然数集具有离散性，即任何两个相邻自然数中间不存在其他自然数。

（证明略）

性质5　（最小数原理）自然数集的任何一个非空子集，必然含有最小元素。

（证明略）

3.4.2　整数

1. 负整数的引入

随着社会生产生活的需要和发展，仅仅用自然数表示量是远远不够了。有些量可能会有两种相反的趋势或方向，一样是1万元，可是与某人的财产相联系，则需要知道该人是拥有1万元还是欠1万元。为表征相反的趋势和相反的量，我们给自然数加上符号，则赋予不同的意义。比如 $+1$ 表示拥有1万元，-1 表示欠1万元。

为了让自然数加法的逆运算——减法总能够进行，我们引入负整数。比如，在自然数范围内我们可以计算 $7-4$，但没办法计算 $4-7$，于是引入负整数“-3”，规定 $4-7=-3$。这就是数学内部的发展动因，需要负整数（我们在第1章有所介绍）。

2. 整数与整数集

自然数和负整数统称为整数。考虑到0的特殊性，我们又把整数分为正整数、零和负整数。

我们在第1章已经详细介绍了“整数的运算”，这里我们介绍一下整数集（用字母 **Z** 表示）的基本性质。

性质1 整数集 **Z** 构成一个环，称为整数环。

证明 整数集中定义了加法和乘法两种运算。加法满足交换律和结合律，而且每个元素都有负元；乘法满足结合律，而且对加法满足分配律。根据环的定义，整数集对加法和乘法构成环。又因为乘法还满足交换律，整数环还是一个交换环。

性质2 整数集 **Z** 是有序集。

证明 定义整数的大小为：对任意 α，$\beta \in \mathbf{Z}$，如果 $\alpha-\beta$ 为正整数，则称 $\alpha>\beta$；如果 $\alpha-\beta$ 为负整数，则称 $\alpha<\beta$；如果 $\alpha-\beta$ 为0，则称 $\alpha=\beta$。对任意两个整数，三者必居其一，这就证明了整数集为有序集。

性质3 整数集 **Z** 为可列集。

证明 凡是能够和自然数集建立一一对应的集合就为可列集。整数集和自然数集可以建立一一对应关系（见表3.4－1）。

表3.4－1 整数集与自然数集对应表

整数集 **Z**	0	1	-1	2	-2	…	n	$-n$	…
对应	↕	↕	↕	↕	↕		↕	↕	
自然数集 **N**	1	2	3	4	5	…	$2n$	$2n+1$	…

因此，整数集为可列集。

3.4.3 有理数

1. 分数的引入

在日常生活中，我们不仅要数单个的对象，而且要度量如长度、时间、重量等相关的量。可是我们在整数的范围内已经无法完成相关问题。如我们用一米的尺子去测量不到1米的长度，明显就遇到了困惑。于是，我们有必要把整数的范围进一步扩充。

于是，在数学的符号系统中，我们给出了更一般的形式。把原来一个单位分为 n 等份得到的小单位，用$\frac{1}{n}$表示，如1分米$=\frac{1}{10}$米。如果度量某个对象得到了 m 个小单位，它的度量结果就可以用$\frac{m}{n}$表示，这个符号就是分数或比（有时记为 $m:n$）。

在数学内部，当两个整数相除，商不是整数时，人们也想要表示运算结果，就引入了分数，比如，$8\div3=\frac{8}{3}$。相应地，$m\div n=\frac{m}{n}$（其中，$n\neq0$）。这样，可以脱离测量过程及被测量的量的特殊关系，把$\frac{m}{n}$看成是个纯粹的数，它也拥有了与整数相同的地位。

2. 有理数

整数与分数统称为有理数。有理数都可以表示为$\frac{m}{n}$的形式（其中 n，$m\in\mathbf{Z}$，$n\neq0$，一般要求 m 与 n 互质）。其中，当 $n=1$ 时，$\frac{m}{n}=m$，即为通常意义下的整数；当 $n\neq1$ 时，$\frac{m}{n}$即为通常意义下分数，m 与 n 互质时为最简分数。

于是，我们有

$$\text{最简分数}\frac{a}{b}=\begin{cases}a\to\text{整数}\ (b=1)\\ \frac{a}{b}\to\text{分数}\ (b\neq1)\begin{cases}\to\text{有限小数}\ (b\text{ 只含质因数 2 和 5})\\ \to\text{无限循环小数}\ (b\text{ 含有 2 和 5 以外的质因数})\end{cases}\end{cases}$$

说明　有理数的运算，可参照整数与分数的运算来进行。同时，自然数的算术基本规律在有理数范围内仍然成立。

3. 有理数集的性质

有理数集（用字母 $\mathbf{Q}$ 表示）具有以下性质：

性质 1　有理数集构成域。

证明　在有理数集范围内，对于加法，存在 0 元，即任何 $a\in\mathbf{Q}$，有 $a+0=a$；非零元素存在负元，即任何 $a\in\mathbf{Q}$，有 $a+(-a)=0$。对于乘法，存在单位元 1，即任何 $a\in\mathbf{Q}$，有 $a\times1=a$；且非零元素存在逆元，即任何 $a\in\mathbf{Q}$，有 $a\times\frac{1}{a}=\frac{1}{a}\times a=1$，同时加法和乘法满足交换律和结合律，乘法对加法满足分配律，因此有理数集构成域。

性质 2　有理数集为有序集。

性质 3　有理数集满足阿基米德性质，即对任意 a、$b\in\mathbf{Q}^+$，存在自然数 n，使得 $na>b$。

性质 4　有理数集具有稠密性，即任何两个有理数之间，存在无限多个有理数。

证明　对任意两个有理数，不妨设 $a<b$，那么$\frac{a+b}{2}$也是有理数，这样，在

a，b 之间至少存在一个有理数 $\frac{a+b}{2}$。同理，在 a 与 $\frac{a+b}{2}$ 和 $\frac{a+b}{2}$ 与 b 之间也至少存在一个有理数，以此类推，在 a 与 b 之间存在无穷多个有理数。

性质 5　有理数集为可列集。

证明　先把全体正有理数整理成表 3.4－2 的形式，然后将全体有理数排序，0 排最前面，负有理数排在正有理数的后面。结果如下：$0, 1, -1, \frac{1}{2}, -\frac{1}{2}, 2, -2, 3, -3, \frac{1}{3}, -\frac{1}{3}, \frac{1}{4}, -\frac{1}{4}, \frac{2}{3}, -\frac{2}{3}, \frac{3}{2}, -\frac{3}{2}, 4, -4, 5, -5, \frac{1}{5}, -\frac{1}{5}, \cdots$。这样可以和自然数集建立一一对应关系。

表 3.4－2　正有理数排序表

	1	2	3	4	5	…
1	$\frac{1}{1}$	$\frac{2}{1}$	$\frac{3}{1}$	$\frac{4}{1}$	$\frac{5}{1}$	…
2	$\frac{1}{2}$		$\frac{3}{2}$		$\frac{5}{2}$	…
3	$\frac{1}{3}$	$\frac{2}{3}$		$\frac{4}{3}$	$\frac{5}{3}$	…
4	$\frac{1}{4}$		$\frac{3}{4}$		$\frac{5}{4}$	…
⋮	⋮	⋮	⋮	⋮	⋮	⋮

3.4.4　实数

1. 无理数的引入

历史说明，用圆的直径去测量圆的周长，得不到一个准确的值，即圆的周长与直径的比值不是有理数。正方形的对角线与边长的长度比，不能表示为两个整数比的形式，数学上称为不可公度（详见第 5 章）。在有理数范围内，质数不可以开平方。

这就说明，随着数学的发展，有理数已经不够用了。但是，人们仍然希望用一个数来表示圆周率、3 的平方根等数，这就导致了无理数的出现。

无理数是指无限不循环小数。常见的无理数有圆周率 $\pi=3.1415926\cdots$，$\left(1+\frac{1}{n}\right)^n$ 的极限 $e=2.71828\cdots$，黄金分割 $\varphi=0.618\cdots$，$\sqrt{2}=1.414\cdots$，$\sqrt{3}=1.732\cdots$ 等。无理数的基本特点是不能写成两个整数的最简比的形式。

2. 实数

有理数和无理数统称为实数。数学上，实数直观地定义为和数轴上的点一一对应的数。实数可以表示为 $\alpha = p.p_1p_2p_3\cdots$ 的形式，其中 $p\in\mathbf{Z}$，$p_i=0$，1，2，…，9，当 $p=0$ 时，p_i 不能全为0。

实数可实现的基本运算有加、减、乘、除、乘方等，对非负数（即正数和0）还可以进行开方运算。实数加、减、乘、除（除数不为零）、平方后结果还是实数。任何实数都可以开奇次方，结果仍是实数，只有非负实数，才能开偶次方，其结果还是实数。

3. 实数集的性质

实数集用 $\mathbf{R}$ 表示，它具有以下性质。

性质1　实数集 $\mathbf{R}$ 构成一个域。

实数集 $\mathbf{R}$ 对加、减、乘、除（除数不为零）四则运算具有封闭性，即任意两个实数的和、差、积、商（除数不为零）仍然是实数。

性质2　实数集是一个有序集。

性质3　实数集具有阿基米德性质。

性质4　实数集具有连续性。

性质5　在实数集中，单调有界数列存在极限。

性质6　实数集为不可列集。

上述性质的证明可在大学《数学分析》的教材中查阅，这里仅证明性质6。

证明　只需证明实数集合的真子集 $M=\{x\,|\,0<x<1,\ x\in\mathbf{R}\}$ 即可。

设 M 中的一切实数可以表示为 $\alpha=0.p_1p_2p_3\cdots$ 的形式，其中 $p\in\mathbf{Z}$，$p_i=0$，1，2，…，9，并且把有限小数看作循环节为0的无限小数。

假设 M 是可列集合，那么它的元素可以按照自然数编号全部排列如下：

$\alpha_1=0.p_{11}p_{12}p_{13}\cdots p_{1n}\cdots$

$\alpha_2=0.p_{21}p_{22}p_{23}\cdots p_{2n}\cdots$

$\alpha_3=0.p_{31}p_{32}p_{33}\cdots p_{3n}\cdots$

$\vdots$

$\alpha_n=0.p_{n1}p_{n2}p_{n3}\cdots p_{nn}\cdots$

$\vdots$

于是，$M=\{\alpha_1,\ \alpha_2,\ \alpha_3,\ \cdots,\ \alpha_n,\ \cdots\}$。

下面，构造一个实数 $\beta=0.q_1q_2q_3\cdots$，其中 $q_i\in\mathbf{Z}$，$q_i=1$，2，…，8，且 $q_i\neq p_{ii}$，显然 $\beta\in M$。

然而，因为 $q_i\neq p_{ii}$，所以 $\beta\neq\alpha_i$（其中 $i=1$，2，3，…），那么 $\beta\notin M$。出现

矛盾。这就说明 M 为不可列集。

说明 后三个性质是实数集区别于有理数集的三个地方。性质4说明，全体实数和数轴上的点一一对应，全体实数布满了整条数轴。而有理数虽然很稠密，但并没有布满整条数轴，即存在空隙。性质5说明，单调有界数列 $\{a_n\}$ 与它的极限 a 无限接近，而且都在实数集合中。这一结论在有理数集中不成立。性质6说明，实数的个数远远多于有理数的个数。

电子图书馆

[1] 李毓佩. 有理数与无理数之战 [J]. 少年科学画报，1980 (3).

[2] 吴文俊. 中国古算与实数系统（一）[J]. 科学，2003 (2).

[3] 吴文俊. 中国古算与实数系统（二）[J]. 科学，2003 (3).

练 习 三

1. 计算：

（1）$\frac{7}{10}+\frac{9}{14}$；（2）$\frac{5}{12}-\frac{1}{3}$；（3）$\frac{7}{8}\times\frac{3}{14}$；

（4）$\frac{2}{15}\div\left[1-\left(\frac{1}{5}+\frac{1}{3}\right)\right]$；（5）$\left(\frac{4}{5}+\frac{1}{4}\right)\div\frac{7}{3}+\frac{7}{10}$。

2. 把下列分数化成小数：

（1）$\frac{37}{40}$；（2）$3\frac{7}{41}$；（3）$\frac{14}{75}$。

3. 把下列循环小数化为分数：

（1）$0.\dot{2}3\dot{4}$；（2）$1.2\dot{3}$；（3）$0.4\dot{4}\dot{5}$。

4. 有一位学生在计算一道小数除法题 $1.7\div0.2$ 时是这样解答的：$1.7\div0.2=17\div2=8\cdots\cdots1$。你认为做得对吗？如果认为不对，请分析错在何处。

5. 请用多种方法解释分数运算式子：

（1）$\frac{2}{5}+\frac{1}{2}=\frac{9}{10}$；（2）$\frac{9}{10}-\frac{1}{2}=\frac{2}{5}$；

（3）$\frac{2}{5}\times\frac{3}{7}=\frac{6}{35}$；（4）$\frac{6}{35}\div\frac{3}{7}=\frac{2}{5}$。

6. 案例分析。

在“认识百分数”的新授课上，教师带领学生建构了百分数的意义。在课堂练习时，教师出示问题：“姚明在某个赛季的进球率为48.96%，请问48.96%

说明了什么?”学生回答:“姚明投了 100 个球，进了 48.96 个。”有的学生认为不对，应该是“进了 49 个”。

假如你是教师，你怎么处理这种情况?

7. 证明$\sqrt[3]{2}$，$\sqrt{3}$不是有理数。
8. 把 0.11212121…写成一个分数。
9. 把$\frac{1}{11}$，$\frac{1}{13}$，$\frac{2}{13}$，$\frac{3}{13}$，$\frac{4}{13}$，$\frac{5}{13}$表述为十进位小数，并确认其循环小数及特征规律。
10. 说明全体负整数是可列的，全体正有理数是可列的。
11. 请问 8.6 和 8.60 大小一样吗?
    (提示：根据是不是准确数讨论)
12. 将一个整数部分为 0，循环节位数是三位的纯循环小数化成最简分数后，分子与分母的和是 128，求此循环小数。

第4章 方程与比例

◉情境引入

“今有雉兔同笼，上有三十五头，下有九十四足，问雉兔各几何?”这是著名的“鸡兔同笼”问题。这个问题既可以用算术意义的假设法解决，也可以用代数意义的一元一次方程或者二元一次方程组解决，即算术思维下的算术方法和代数思维下的代数方法的具体运用。

问题是：两者有什么样的联系与区别呢？学生学习小学数学时怎么样能够很好地从“数”向“代数”过渡？方程作为“代数”的重要内容之一，在小学数学中的教学价值何在？与方程对应的函数，在小学数学中是如何体现的？小学数学中很多“找规律”的内容都是数列问题，怎么去理解“数列是一种特殊的函数”?

小学数学从“数”向“代数”过渡的标志是“用字母表示数”。本章首先介绍方程的基本知识，接着探讨算术与代数的联系与区别，并且拓展介绍了初等代数学的发展。另外，比和比例是函数思想在小学数学中的直接渗透，并重点介绍了黄金分割比。在此基础上，探讨与方程对应的函数知识，并把数列看作一种特殊的函数，重点介绍斐波那契数列。

4.1　方程

◉学习目标

1. 理解方程的概念和意义；
2. 理解方程的求解原理；
3. 掌握一元一次方程、一元二次方程、一元三次方程和二元一次不定方程的求解方法；
4. 了解方程的分类和发展的相关历史。

小学阶段里出现的方程是“简易方程”，即只含有一个未知数的等式，形如 $ax \pm b = c$，$ax \pm bx = c$（$a > b$）的方程，并且只限于这两种类型。很多人会有疑问，像 $a - bx = c$，$a \div bx = c$ 形式的方程，利用加减、乘除互为逆运算的关系也能求解，为什么小学数学不能出现呢？事实上，小学数学教材为了和中学数学教材接轨，提倡学生运用等式的性质解方程，但是小学生学习方程之前没有学习负数运算和分式的知识，所以小学数学中方程的未知数不宜出现在减数和除数位置上。

4.1.1　方程的概念

在小学教材中，把“方程”定义为含有未知数的等式，比如，北师大版教材中说，像 $x + 5 = 10$，$4x = 400$ 等这样含有未知数的等式叫方程。这只是方程的一种描述性定义，并不是方程的本质性定义。

对于方程的概念，不同的专家学者对其做出了不同的诠释。

《小学教学全书》（数学卷）中指出，含有未知数的等式叫作方程，使得方程左右两边相等的未知数的值，叫作方程的解。求方程解的过程叫作解方程。方程概念的建立需要注意两点：（1）方程是一个等式，教学时应通过实例使学生明确等式（等号两边的值相等），即等式的左边和等式的右边的含义；（2）方程含有未知数，因为未知数是还没有确定数值的数，所以方程是一个有待研究的等式，需要研究未知数为何值时这个等式才成立。

《简明数学辞典》中指出，方程系指含有未知数的等式。如 $x + 2 = 1$，$ax + b = c$，$ax^2 + bx + c = 0$，$xy + x + y = 3$（其中 a，b，c 为已知数，x，y，z 为未知数）

等都是方程。方程式提出一个问题，当未知数是什么数（或数组）时等式会成立。

《数学百科全书》（第二卷）中指出，求这样一些值，当自变量取这些值时，两给定的函数之值相等。函数所依赖的自变量通常称为未知数（unknown），使得两函数之值相等的自变量之值称为方程的解（solution）。在一般情况下，方程是下述问题的表示形式：求属于某些集合 A 的一些元素 a，使得 $F(a)=\phi(a)$，这里的 F 和 ϕ 是给定的由集合 A 到另一集合 B 的映射。

另外有关于方程的通俗解释。（1）方程是为了寻求未知数，在已知数和未知数之间建立起来的等式关系。（2）在解决问题时，常用这样的方法：用字母或者符号代表未知量，让它和已知量一起参与运算，根据数量关系列出一些等式，再用数学方法求出这些字母和符号代表的未知量。这种含有未知量参与运算的等式，叫作方程。

毫无疑问，方程是等式。但等式不一定是方程，因为等式不一定含有未知数。甚至含有未知数的等式也不一定是方程，如 $0x=0$。事实上，方程一词在中国早期的数学专著《九章算术》中，意思指的是包含多个未知量的联立一次方程，即线性方程组。从函数的观点出发，可以重新定义方程。

定义 1　形如 $f(x, y, \cdots, z)=g(x, y, \cdots, z)$ 的等式叫作方程，其中 f，g 是变元 x，y，…，z 的函数，且至少其中之一不是常值函数。变元 x，y，…，z 叫作方程的未知数，未知数的最高次数叫作方程的次数，未知数的个数叫作方程的元数。$f(x, y, \cdots, z)$ 和 $g(x, y, \cdots, z)$ 定义域的交集叫作方程的定义域，通常记作 M。

定义 2　如果方程 $f(x, y, \cdots, z)=g(x, y, \cdots, z)$ 的定义域为 M，如果存在数组 $(a, b, \cdots, c)\in M$，使得 $f(a, b, \cdots, c)=g(a, b, \cdots, c)$ 成立，那么称数组 $(a, b, \cdots, c)$ 为方程的解。方程解的集合称为方程的解集，求方程解集的过程称为解方程。如果两个方程的解集相等，那么这两个方程称为同解方程。

教学链接 | 方程的概念

在小学阶段，只要求学生初步了解方程的概念，能判断一个等式是否为方程，比如 $4x-12=21$，$x+5=10$，$4x=400$ 等是方程，而 $33-12=21$，$x+5\neq10$，$4x>400$ 等不是方程，不要涉及 $x=5$ 是否为方程这种有争议的问题。

同时，要让学生理解“方程的解”与“解方程”是不同的概念。“解方程”是寻求方程未知数等于多少的过程，是一个动词，是一个过程。“方程的解”是求解之后的结果，是一个名词。

4.1.2　方程的求解

方程的本质是未知数参与运算，建立起等式关系。使方程左右两边相等的未知数的值叫作方程的解。求方程的解的过程叫作解方程。解方程的关键在于转化，把新的问题划归为已经解决的问题，最终转化为 $x=a$ 的形式。

小学数学中解方程可以用算术方法，也可以用代数方法。

算术方法是利用加与减、乘与除互为逆运算的关系解方程。例如，方程 $x+a=b$ 是一个加法算式，未知数 x 是一个加数，解方程求出未知数 x 的值相当于已知加法算式中的“和”与“一个加数”，求“另一个加数”的运算，利用“一个加数 = 和 − 另一个加数”即可得到所求 x 的值。

再如，方程 $ax=b$ 是一个乘法算式，未知数 x 是一个因数，解方程求出未知数 x 的值相当于已知乘法算式中的“积”与“一个因数”，求“另一个因数”的运算，利用“一个因数 = 积 ÷ 另一个因数”即可得到所求 x 的值。

代数方法是利用由同解原理引出的等式基本性质解方程，实质是对方程进行变形转化。小学数学中，等式的基本性质包括“等式两边同时加上或减去同一个数或式子，等式仍然成立”和“等式两边同时乘或除以同一个不为 0 的数，等式仍然成立”。

方程解的集合称为方程的解集。如果两个方程的解集相同，那么这两个方程称为同解方程。

方程的同解原理 1　（恒等变形定理）对方程 $f(x, y, \cdots, z)=g(x, y, \cdots, z)$ 的两端分别施以恒等变形，即 $f(x, y, \cdots, z)\equiv f_1(x, y, \cdots, z)$，$g(x, y, \cdots, z)\equiv g_1(x, y, \cdots, z)$，那么方程 $f(x, y, \cdots, z)=g(x, y, \cdots, z)$ 和方程 $f_1(x, y, \cdots, z)=g_1(x, y, \cdots, z)$ 同解。

方程的同解原理 2　（加法定理）如果方程 $f(x, y, \cdots, z)=g(x, y, \cdots, z)$ 的定义域为 M，且函数 $h(x, y, \cdots, z)$ 在 M 上总有意义，那么方程 $f(x, y, \cdots, z)=g(x, y, \cdots, z)$ 与方程 $f(x, y, \cdots, z)+h(x, y, \cdots, z)=g(x, y, \cdots, z)+h(x, y, \cdots, z)$ 同解。

方程的同解原理 3　（乘法定理）如果方程 $f(x, y, \cdots, z)=g(x, y, \cdots, z)$ 的定义域为 M，且函数 $h(x, y, \cdots, z)$ 在 M 上总有意义且不等于零，那么方程 $f(x, y, \cdots, z)=g(x, y, \cdots, z)$ 与方程 $f(x, y, \cdots, z)\,h(x,$

$y, \cdots, z) = g(x, y, \cdots, z)\ h(x, y, \cdots, z)$ 同解。

教学链接 | 方程的解法

利用等式的基本性质解方程体现了代数思维，关注的是方程的结构与关系，与中学数学中的解方程能够较好地衔接。

算术方法的“逆运算”解方程体现了算术思维，是根据小学生在低年级阶段的数学学习过程中已经习以为常的四则运算中各个部分之间的关系。

小学数学可以不强求必须用某一种方法解方程，但为了更便于中学数学的学习，教师在教学中可以有意识地引导小学生从算术思维逐渐向代数思维过渡。

4.1.3 方程的常见类型

方程中的未知数是方程的“元”，未知数的最高次数是方程的“次”。这里主要探讨常见类型的方程，包括一元一次方程、一元二次方程、一元三次方程、二元一次方程（组）。

方程的分类可表示如下：

- 方程
  - 代数方程
    - 有理方程
      - 整式方程
        - 一次方程
        - 二次方程
        - 高次方程
      - 分式方程
    - 无理方程
  - 超越方程
    - 指数方程
    - 对数方程
    - 三角方程
    - 反三角方程

1. 一元一次方程

只含有一个未知数，并且未知数的最高次数是1的整式方程（方程里所有的未知数都出现在分子上，分母只是常数而没有未知数）是一元一次方程。一元一次方程的标准形式（即所有一元一次方程经整理都能得到的形式）是 $ax+b=0\ (a\neq 0)$，其中 a 是未知数的系数，b 是常数，x 是未知数。求根公式为 $x=-\dfrac{b}{a}$。

要判断一个方程是否为一元一次方程，先看它是否为整式方程；若是，再对它进行整理；如果能整理为 $ax+b=0$（$a\neq0$）的形式，则这个方程就为一元一次方程。

一元一次方程通常的求解步骤是：去分母→去括号→移项→合并同类项→系数化为 1。

“去分母”是依据等式的基本性质在方程两边都乘各分母的最小公倍数（不含分母的项也要乘）。

“去括号”是依据乘法分配律，依次先去小括号，再去中括号，最后去大括号，如括号外有减号或除号，一定要变号。

“移项”是依据等式的基本性质，把方程中含有未知数的项都移到方程的一边（一般是含有未知数的项移到方程左边，而把常数项移到右边）。

“合并同类项”是依据乘法分配律把方程转化为 $ax=b$（$a\neq0$）的形式。

“系数化为 1”是依据等式的基本性质，在方程两边都除以未知数的系数 a，得到方程的解 $x=\frac{b}{a}$。

2. 一元二次方程

只含有一个未知数，并且未知数的最高次数是 2 的整式方程是一元二次方程。一元二次方程的标准形式是 $ax^2+bx+c=0$（$a\neq0$），其中 a、b、c 为常数，x 为未知数。求解一元二次方程通常可以选用直接开平方法、配方法、因式分解法、十字相乘法。

直接开平方法解形如$(x-m)^2=n$（$n\geqslant0$）的方程，其解为 $x=m\pm\sqrt{n}$。

配方法是将一元二次方程配成（$x+m)^2=n$ 的形式，再利用直接开平方法求解。配方法的主要步骤：

①把原方程化为 $ax^2+bx+c=0$（$a\neq0$）的形式；

②方程两边同时除以二次项系数，使二次项系数变为 1，并把常数项移到方程右边，即 $x^2+\frac{b}{a}x=-\frac{c}{a}$；

③方程两边同时加上一次项系数一半的平方，即 $x^2+\frac{b}{a}x+\frac{b^2}{4a^2}=\frac{b^2}{4a^2}-\frac{c}{a}$；

④把左边配成一个完全平方式，右边化为一个常数，即$(x+\frac{b}{2a})^2=\frac{b^2-4ac}{4a^2}$；

⑤如果右边是非负数，就可以进一步通过直接开平方法来求出它的解，如果右边是一个负数，则判定此方程无实数解。

配方法的理论依据是公式 $a^2\pm2ab+b^2=(a\pm b)^2$。配方法的关键是先将一元二次方程的二次项系数化为 1，然后在方程两边同时加上一次项系数一半的平方。

公式法是用求根公式 $x=\frac{-b\pm\sqrt{b^2-4ac}}{2a}$解一元二次方程的方法。其中 $\Delta=b^2-4ac$ 是一元二次方程的根的判别式。该求根公式可以利用上述配方法，对 $(x+\frac{b}{2a})^2=\frac{b^2-4ac}{4a^2}$直接开平方得出。用公式法解一元二次方程的一般步骤为：

①把方程化成一般形式，进而确定 a，b，c 的值（注意符号）；

②求出 $\Delta=b^2-4ac$ 的值（若 $\Delta<0$，则方程无实数根；若 $\Delta>0$，则方程有两个不相等的实数根；若 $\Delta=0$，则方程有两个相等实数根）；

③在 $\Delta=b^2-4ac\geqslant0$ 的前提下，把 a，b，c 的值代入公式进行计算求出方程的根。

因式分解法是利用因式分解求出方程的解的方法，简便易用，是解一元二次方程较常用的方法。因式分解法是先把方程的右边化为 0，再把左边通过因式分解化为两个一次因式的积的形式，那么两个因式的值都有可能为 0，就能得到两个一元一次方程的解，把原方程进行了降次，解一元二次方程转化为解一元一次方程的问题（数学化归思想）。使用因式分解法的条件是方程左边易于分解，而右边等于 0，关键在于熟悉掌握因式分解的知识。因式分解法解一元二次方程的一般步骤为：

①移项，使方程的右边化为零；

②将方程的左边分解为两个一次因式的乘积；

③令每个因式分别为零，得到两个一元一次方程；

④解这两个一元一次方程，它们的解就都是原方程的解。

3. 一元三次方程

只含有一个未知数，并且未知数的最高次数是 3 的整式方程是一元三次方程。一元三次方程的一般形式是 $ax^3+bx^2+cx+d=0$（$a\neq0$），把它的各个根减去 $-\frac{b}{3a}$，并且设 $p=\frac{3ac-b^2}{3a^2}$，$q=\frac{2b^3-9abc+27a^2d}{27a^3}$，就可以变换成一个不含有二次项的方程（未知元仍然用 x 表示）$x^3+px+q=0$。所以研究三次方程的解法，只需要研究这种形式的方程。

设 $x=u+v$，于是 $x^3=u^3+v^3+3uv(u+v)=u^3+v^3+3uvx$，即 $x^3-3uvx-(u^3+v^3)=0$，从而有 $p=-3uv$，$q=-(u^3+v^3)$。根据一元多项式根与系数的关系，可知 u^3，v^3 是二次方程 $y^2+qy-\frac{p^3}{27}=0$ 的两个根。解这个二次方程，得

$$u^3=-\frac{q}{2}+\sqrt{\frac{q^2}{4}+\frac{p^3}{27}},\ v^3=-\frac{q}{2}-\sqrt{\frac{q^2}{4}+\frac{p^3}{27}}，并且\ uv=-\frac{p}{3}。$$

设 u_1 是 $u^3=-\frac{q}{2}+\sqrt{\frac{q^2}{4}+\frac{p^3}{27}}$ 的任意一个解，则 u 的另外两个解分别是 $u_2=u_1\omega$，$u_3=u_1\omega^2$，ω 是 1 的三次单位根。

与 u_1、u_2、u_3 相应的，v 的三个解的公式是 $v_1=-\frac{p}{3u_1}$，$v_2=v_1\omega$，$v_3=v_1\omega^2$。

因此，$x^3+px+q=0$ 的三个解的公式是

$$x_1=u_1+v_1=\sqrt[3]{-\frac{q}{2}+\sqrt{\frac{q^2}{4}+\frac{p^3}{27}}}+\sqrt[3]{-\frac{q}{2}-\sqrt{\frac{q^2}{4}+\frac{p^3}{27}}},$$

$$x_2=u_2+v_2=\omega\sqrt[3]{-\frac{q}{2}+\sqrt{\frac{q^2}{4}+\frac{p^3}{27}}}+\omega^2\sqrt[3]{-\frac{q}{2}-\sqrt{\frac{q^2}{4}+\frac{p^3}{27}}},$$

$$x_3=u_3+v_3=\omega^2\sqrt[3]{-\frac{q}{2}+\sqrt{\frac{q^2}{4}+\frac{p^3}{27}}}+\omega^3\sqrt[3]{-\frac{q}{2}-\sqrt{\frac{q^2}{4}+\frac{p^3}{27}}}。$$

根据 $u^3=-\frac{q}{2}+\sqrt{\frac{q^2}{4}+\frac{p^3}{27}}$ 中 $\frac{q^2}{4}+\frac{p^3}{27}$ 的符号可以看出三次方程 $x^3+px+q=0$ 的根的性质：

（1）如果 $\frac{q^2}{4}+\frac{p^3}{27}>0$，那么 u^3 和 v^3 都是实数，并且 $u^3\neq v^3$。方程 $x^3+px+q=0$ 有一个实数根和两个共轭虚根：

$x_1=u_1+v_1$，$x_2=\omega u_1+\omega^2v_1=-\frac{u_1+v_1}{2}+\frac{u_1-v_1}{2}\sqrt{3}\,i$，$x_3=\omega^2u_1+\omega^3v_1=-\frac{u_1+v_1}{2}-\frac{u_1-v_1}{2}\sqrt{3}\,i$。

（2）如果 $\frac{q^2}{4}+\frac{p^3}{27}=0$，那么 u^3 和 v^3 都是实数，并且 $u^3=v^3$。方程 $x^3+px+q=0$ 有三个实数根，并且其中有两个根相等：

$$x_1=u_1+u_1=2u_1,\ x_2=\omega u_1+\omega^2u_1=-u_1,\ x_3=\omega^2u_1+\omega u_1=u_1。$$

（3）如果 $\frac{q^2}{4}+\frac{p^3}{27}<0$，那么 u^3 和 v^3 是共轭虚数，设 $u^3=r(\cos\theta+i\sin\theta)$，$v^3=r(\cos\theta-i\sin\theta)$，于是 $u_1=\sqrt[3]{r}\left(\cos\frac{\theta}{3}+i\sin\frac{\theta}{3}\right)$，$v_1=\sqrt[3]{r}\left(\cos\frac{\theta}{3}-i\sin\frac{\theta}{3}\right)$。方程 $x^3+px+q=0$ 有互不相等的三个实数根：$x_1=u_1+v_1=2\sqrt[3]{r}\cos\frac{\theta}{3}$，

$$x_2=\omega u_1+\omega^2 v_1=-\sqrt[3]{r}\left(\cos\frac{\theta}{3}+\sqrt{3}\sin\frac{\theta}{3}\right)=2\sqrt[3]{r}\cos\left(\frac{\theta}{3}+\frac{2\pi}{3}\right),$$

$$x_3=\omega^2 u_1+\omega v_1=-\sqrt[3]{r}\left(\cos\frac{\theta}{3}-\sqrt{3}\sin\frac{\theta}{3}\right)=2\sqrt[3]{r}\cos\left(\frac{\theta}{3}+\frac{4\pi}{3}\right)。$$

例1 解方程 $2x^3-6x^2+12x-11=0$。

解 利用将 n 次多项式简化为不含有 $n-1$ 次项的方法，可将原方程变形为

$$(x-1)^3+3(x-1)-\frac{3}{2}=0。$$

设 $y=x-1$，原方程变换为方程 $y^3+3y-\frac{3}{2}=0$。因为 $p=3$，$q=-\frac{3}{2}$，所以 $\frac{q^2}{4}+\frac{p^3}{27}=\frac{25}{16}>0$。

设 $y=u+v$，根据一元三次方程的求解公式得 $u_1=\sqrt[3]{2}$，$v_1=-\frac{\sqrt[3]{4}}{2}$，于是 $y_1=u_1+v_1=\sqrt[3]{2}-\frac{1}{2}\sqrt[3]{4}$，$y_2=\omega u_1+\omega^2 v_1=\omega\sqrt[3]{2}-\omega^2\frac{1}{2}\sqrt[3]{4}$，$y_3=\omega^2 u_1+\omega v_1=\omega^2\sqrt[3]{2}-\omega\frac{1}{2}\sqrt[3]{4}$。

因为 $x=y+1$，所以 $x_1=1+\sqrt[3]{2}-\frac{1}{2}\sqrt[3]{4}$，$x_2=1+\omega\sqrt[3]{2}-\omega^2\frac{1}{2}\sqrt[3]{4}=1-\frac{1}{2}\sqrt[3]{2}+\frac{1}{4}\sqrt[3]{4}+\left(\frac{1}{2}\sqrt[6]{108}+\frac{1}{4}\sqrt[6]{432}\right)i$，$x_3=1+\omega^2\sqrt[3]{2}-\omega\frac{1}{2}\sqrt[3]{4}=1-\frac{1}{2}\sqrt[3]{2}+\frac{1}{4}\sqrt[3]{4}-\left(\frac{1}{2}\sqrt[6]{108}+\frac{1}{4}\sqrt[6]{432}\right)i$。

电子图书馆

祝涛，纪志刚．一元五次方程求解的往事：纪念华罗庚诞辰100周年［J］．科学，2010（6）．

4. 二元一次方程（组）

二元一次方程是含有两个未知数，并且未知数的次数都是1的整式方程。使二元一次方程两边的值相等的两个未知数的值，叫作二元一次方程的解。

这里，方程的个数少于未知数的个数，在实数范围内，方程的解有无穷多个，而我们所关心的是其有无整数（或正整数）解，这种方程称为不定方程。二元一次方程属于不定方程，有无数个解，除非题目中有特殊条件。

二元一次不定方程的一般形式为 $ax+by=c$，其中，a，b，$c\in\mathbf{Z}$，a，$b\neq0$。

例 2　求方程 $7x+4y=100$ 所有正整数解。

解　$y=\frac{100-7x}{4}=25-\frac{7x}{4}$,

由此可得 $x=4$，$y=18$；$x=8$，$y=11$；$x=12$，$y=48$。即为所求。

这种方法仅适用于一次项系数较小的二元一次不定方程。事实上二元一次不定方程有更一般的解法，在此限于篇幅，不再赘述。二元一次不定方程在小学数学中有体现。

例 3　“平均分油问题”：三个没有刻度的油瓶，分别可以装 8 升、5 升、3 升，用这三个油瓶，如何将 8 升油两等分?

分析　已知三个油瓶，容量分别是 3 升、5 升和 8 升，其中若 8 升油瓶装满了油，其他两个油瓶是空的；瓶子没有别的刻度，也没有测量工具可以在瓶子上标刻度，油瓶的形状是未知的，无法从油的高度来刻画油瓶里装了多少油。目标状态是让 8 升油瓶和 5 升油瓶里各装 4 升油；突破的障碍是，用这三个瓶子相互倒油的方法，将这 8 升油平均分。

怎么才能产生 4 升呢? 3 升加上 1 升为 4 升，5 升倒出 1 升为 4 升，所以解决的关键在于找到 1 升。问题就变为，要倒出 1 升油出来。怎么才能出现这 1 升油呢? 两个 3 升去掉 5 升剩下 1 升；两个 5 升倒出 9 升剩下 1 升。

事实上，平均分油问题的本质是一个不定方程 $5x+3y=4$，它的解很可能就是平均分油的方法。上述解法对应的解分别是 $x=-1$，$y=3$；$x=2$，$y=-2$。

由两个二元一次方程联立组成的方程组，叫二元一次方程组。二元一次方程组中各个方程的公共解，是二元一次方程组的解。如果二元一次方程组有解，则有且只有唯一的一组解，即 x，y 的值只有一个；但也有无数个解的特殊情况。

在不给定情境时，二元一次不定方程与二元一次方程组实际上是有联系也有区别的。联系是：由一个未知数可以表示另一个未知数。区别是：前者的另一个未知数可以有无数多取值，导致可以有无数多组解；后者只能有唯一的取值因而有唯一的解。此外，前者的整数解可能只有有限多组。

“消元”是解二元一次方程组的基本思路。所谓“消元”，就是减少未知数的个数，使多元方程最终转化为一元多次方程再解出未知数。这种将方程组中的未知数个数由多化少，逐一解决的解法，叫作消元解法。用消元的方法解二元一次方程组常用的是代入消元法和加减消元法。

拓展阅读 方程的发展历史

公元前1700世纪，古代埃及数学著作《兰德纸草书》记载：“一个量，加上它的$\frac{1}{7}$，等于19，求这个量。”另一部古代埃及数学著作《柏林纸草书》上有一个题目：“将面积为100的大正方形分为两个小正方形，一个边长是另一个边长的$\frac{3}{4}$。”

古巴比伦泥板书上也有类似的数学问题：“两数互为倒数，两者之差是7，求这两个数。”欧几里得的《几何原本》中有很多问题需要用到解二次方程。

中国古代数学著作《九章算术》中第八章“方程”，包含了很多关于方程的问题。“今有上禾三秉，中禾二秉，下禾一秉，实三十九斗；上禾二秉，中禾三秉，下禾一秉，实三十四斗；上禾一秉，中禾二秉，下禾三秉，实三十六斗。问上、中、下禾实一秉各几何?”《九章算术》没有使用表示未知数的符号，而是用算筹将未知量的系数和常数排列成一个（长）方阵，这是“方程”名称的来源。

希腊数学家丢番图的《算术》中，讨论了一次方程、二次方程和个别三次方程，还包括大量的不定方程。印度数学家阿耶波多在《阿耶波多历数书》中给出了二次方程的求解方法。婆罗摩笈多在628年完成的《婆罗摩笈多修正体系》一书中，也给出了一般二次方程的求根公式。

花拉子米的《代数学》一开头就指出：下列的问题都是由根、平方与数这三样东西组成的。该书给出了六种类型一次、二次方程，分六章来叙述。

13世纪的中国，在求高次方程数值解以及解高次方程上有重大突破。1247年，秦九昭给出了一般高次方程的数值解法。李冶创立的“天元术”（1248）和朱世杰使用的“四元术”（1303）能够求解一大类的高次联立方程。

16世纪最伟大的数学成就就是发现了三次方程和四次方程的求根公式。1515年，费罗用代数方法求解三次方程$x^3+mx=n$。1535年塔塔利亚宣布自己发现了形如$x^3+mx^2=n$的三次方程的代数解法。1545年，卡尔丹在《大衍术》中给出了三次方程和四次方程的解法。

人们开始讨论一般的五次方程的解法。欧拉和拉格朗日进行了尝试，但是都以失败告终。19世纪鲁菲尼和阿贝尔都证明了一般的五次或五次以上的方程的根不可能用方程系数的根式表示出来。

电子图书馆

[1] 史宁中，孔凡哲．“数学教师的素养”对话录 [J]．人民教育，2008（21）．

[2] 史宁中，孔凡哲．方程思想及其课程教学设计 [J]．课程·教材·教法，2004（9）．

[3] 张莫宙．小学数学中若干科学性问题的探讨 [J]．小学教学（数学版），2011（1）．

4.2　算术与代数

◉学习目标

1. 理解用字母表示数的作用和注意事项；

2. 理解代数方法和算术方法解决问题的联系与区别，并能运用代数方法和算术方法解决问题；

3. 理解代数思维和算术思维的联系与区别；

4. 了解算术与代数的发展，了解代数学与代数符号的发展简史。

4.2.1　用字母表示数

小学数学中，“用字母表示数”包含用字母表示“数”和“式子”。“用字母表示数”是指用字母表示整数、小数或分数等。用字母表示数是代数的基本特点，既简单明了，又能表达数量关系的一般规律。而用运算符号把数和表示数的字母连接而成的式子，叫作“用字母表示式子”，这种式子也叫作代数式。

“用字母表示数”的作用可体现在以下几个方面：

（1）用字母代表任何数。例如，小红今年 a 岁，妈妈比她大 24 岁，妈妈的年龄可以表示为（$a+24$）岁。

（2）用字母表示常见的数量关系。例如，路程、时间、速度三者的关系表示为 $s=vt$，$v=s\div t$，$t=s\div v$。

（3）用字母表示运算定律和性质。例如，加法交换律 $a+b=b+a$，加法结合律 $(a+b)+c=a+(b+c)$。

（4）用字母表示计算公式、计算法则。比如，圆的周长 $C=2\pi r$ 或 $C=\pi d$，圆的面积 $S=\pi r^2$。

“用字母表示数与式子”需要注意以下几点：

（1）数字与字母、字母和字母相乘时，乘号可以简写成“·”或省略不写；数与数相乘，乘号不能省略；当乘法前面含有除法运算时，不能省略乘号。

（2）当1和任何字母相乘时，“1”省略不写。

（3）数字和字母相乘时，将数字写在字母前面。

4.2.2 算术方法与代数方法

例 “鸡兔同笼”问题：今有雉兔同笼，上有三十五头，下有九十四足，问雉兔各几何。

算术方法一 假如笼子里全是鸡，那么有 $35\times2=70$ 只脚，不足94只，因此应该有一些兔，假如34只鸡1只兔，那么有 $34\times2+4=72$ 只脚，还少了。这样逐渐增加兔子的只数，假如23只鸡12只兔，那么有 $23\times2+12\times4=94$ 只脚。再逐渐增加兔的数目，发现不符合题意。这说明笼子里有23只鸡12只兔。

算术方法二 假如笼子里全是鸡，那么有 $35\times2=70$ 只脚，比笼子里少了 $94-70=24$ 只脚。因为一只兔比一只鸡多2只脚，因此要用 $24\div2=12$ 只兔来换12只鸡，这样笼子里有 $35-12=23$ 只鸡。

算术方法三 让笼子里的鸡和兔都抬起2只脚（这样鸡飞起来，兔子只用2只后脚站着），那么笼子里少了 $35\times2=70$ 只脚，剩下 $94-70=24$ 只脚全是兔子的。一只兔子2只脚，则笼子里有 $24\div2=12$ 只兔，$35-12=23$ 只鸡。

代数方法一 首先根据“鸡的头数＋兔子的头数＝总头数”的数量关系，设鸡有 x 只，则兔子有（$35-x$）只；进而根据“鸡的脚数＋兔子的脚数＝总脚数”数量关系，列出一元一次方程 $2x-4（35-x）=94$，通过解方程得到 $x=23$，即鸡有23只，兔子有 $35-23=12$ 只。

代数方法二 直接设鸡有 x 只，兔子有 y 只；根据“鸡的头数＋兔子的头数＝总头数”的数量关系，列出二元一次方程 $x+y=35$；再根据“鸡的脚数＋兔子的脚数＝总脚数”数量关系，列出二元一次方程 $2x+4y=94$；联立两个二元一次方程组成方程组，利用消元法解二元一次方程组，得到 $x=23$，$y=12$，即鸡有23只，兔子有12只。

从上述著名“鸡兔同笼”问题的几种算术解法和代数解法中，可以窥探代数与算术的区别所在。算术运算处理具体数字，而代数运算处理抽象符号；算术运算关注解决问题的程序，而代数运算则重视问题的结构。但是小学数学的核心内容是算术，因此，算术方法是最基本的方法。

“算术”可以理解为“计算的方法”，它研究数的性质及其运算。而“代数”可以理解为“以符号替代数字进行运算”，即“数字符号化”，它是研究数字和符号的运算理论和方法。数学家科姆特（A. Comte）指出，“算术是函数赋值的科学，而代数是函数变换的科学”。用字母表示数并参与运算，是由算术跨越到代数的桥梁，也是代数与算术最显著的区别。

拓展阅读 算术与代数

算术（arithmetic）是数学的一个基础分支。它以自然数和非负分数为主要对象。算术的内容包括两部分：一部分讨论自然数的读法、写法和它的基本运算，这一部分包括进位制和计数法，主要是十进位制；算术的另一部分包括算术运算的方法与原理的应用，如分数与百分数计算，各种量及其计算，比和比例，以及算术应用题。把“数和数的性质”“数和数的运算”等方面的经验累积起来并加以整理，就形成了算术，而把加减乘除四则运算称为算术运算。算术运算的特点是有限次加减乘除四则运算。

人们用抽象的数学符号代替具体的数字进行运算，这就发展成为另一个数学分支——代数。简单地说，代数是研究数字和文字的运算理论和方法，更确切地说，是研究实数和负数，以及以它们为系数的多项式的代数运算理论和方法的数学分支学科。初等代数是更古老的算术的推广和发展。

4.2.3　算术思维与代数思维

小学数学中“数”的学习主要体现了算数思维的运用，而“代数”的初步学习主要体现了代数思维的运用。

算术思维是特殊化思维，而代数思维是一般化思维。算术针对特定情境中的具体问题进行具体分析，采用的是特殊化思维方式，常常借助假设增加辅助信息，逆向解决问题。而代数由于引进了符号，则可以脱离具体情境，概括问题的一般化特征，再用算式表达出来，一般顺向解决问题。

比如“鸡兔同笼”问题的算术方法就需要借助具体鸡和兔的数量和头的数量进行思考，而代数方法则考虑问题的一般情况，即“鸡的脚数 + 兔的脚数 = 鸡兔总脚数”。更概括地说是“各分量的数目相加，等于总量”。因而，算术思维具有依赖性，拓展空间较小；而代数思维抽象化程度高，拓展空间相对较大。

电子图书馆

[1] 张奠宙. 小学数学中若干科学性问题的探讨 [J]. 小学教学 (数学版), 2011 (1).

[2] 曾小平, 刘长红. 谈谈算术与代数的本质与区别: 兼谈"算术法和方程法, 哪个重要" [J]. 小学教学 (数学版), 2011 (11).

4.2.4 初等代数学

代数学来源于9世纪阿拉伯数学家花拉子米的重要著作的名称，原意是"还原与对消的科学"。这本书传到欧洲后，简译为algebra。1859年，我国数学家李善兰首次把"algebra"译成"代数"。后来清代学者华蘅芳和英国人傅兰雅合译英国瓦里斯的《代数学》，卷首有"代数之法，无论何数，皆可以任何记号代之"，亦即"代数"，就是运用文字符号来代替数字的一种数学方法。

代数学是数学中最重要、基础的分支之一。代数学的历史悠久，它随着人类生活的提高，生产技术的进步，科学和数学本身的需要而产生和发展。在这个过程中，代数学的研究对象和研究方法发生了重大的变化。

代数学可分为初等代数学和抽象代数学两部分。初等代数学是更古老的算术的推广和发展，而抽象代数学则是在初等代数学的基础上产生和发展起来的。初等代数学是指19世纪上半叶以前的方程理论，主要研究某一方程（组）是否可解，怎样求出方程所有的根（包括近似根）以及方程的根所具有的各种性质等。

代数之前已有算术。算术有两种含义，一种是从中国传下来的，相当于一般所说的"数学"，如《九章算术》等。另一种是从欧洲数学翻译过来的，源自希腊语，有"计算技术"之意。

现在一般所说的"算术"，往往指自然数的四则运算；如果是在高等数学中，则有"数论"的含义。作为现代小学课程内容的算术，主要讲的是自然数、正分数以及它们的四则运算，并通过由计数和度量而引起的一些最简单的应用题加以巩固。作为初等数学主要内容的初等代数，与算术不同，主要区别在于代数要引入未知数，根据问题的条件列方程，然后解方程求未知数的值。初等代数的中心内容是方程理论。

代数方程理论在初等代数中是由一元一次方程向两个方面扩展的：其一是增加未知数的个数，考察由有几个未知数的若干个方程所构成的二元或三元方程组（主要是一次方程组）；其二是增高未知量的次数，考察一元二次方程或准二次方程。初等代数的主要内容在 16 世纪便已基本上发展完备了。

拓展阅读 代数符号的发展

代数学符号发展的历史，可分为三个阶段。第一个阶段为 3 世纪之前，对问题的解不用缩写和符号，而是写成一篇论文，称为“文字叙述代数”。

第二个阶段为 3 世纪至 16 世纪，对某些较常出现的量和运算采用了缩写的方法，称为“简化代数”。丢番图的杰出贡献之一，就是把希腊代数学简化，开创了简化代数。然而此后文字叙述代数，在除了印度以外的世界其他地方，还十分普通地存在了好几百年，尤其在西欧一直到 15 世纪。

第三个阶段为 16 世纪以后，对问题的解多半表现为由符号组成的数学速记，这些符号与所表现的内容没有什么明显的联系，称为“符号代数”。韦达在《分析方法入门》的著作中首次系统地使用符号表示未知量的值进行运算，提出符号运算与数的区别，规定了代数与算术的分界。韦达是第一个试图创立一般符号代数的数学家，他开创的符号代数经笛卡儿改进后成为现代的形式。笛卡儿用小写字母 a，b，c 等表示已知量，而用 x，y，z 等代表未知量。这种用法已经成为当今的标准记法。

数学符号“+”“-”第一次在数学书中出现，是 1489 年维德曼的著作《商业中的巧妙速算法》。不过正式为大家所公认，作为加、减法运算的符号，是从 1514 年由荷伊克开始的。1540 年，雷科德（R. Rcorde）开始使用现在使用的“=”。

到 1591 年，韦达在著作中大量使用运算加减等符号后，才逐渐为人们所接受。1600 年哈里奥特（T. Harriot）创用大于号“>”和小于号“<”。1631 年，奥屈特给出“×”“÷”作为乘除运算符。1637 年，笛卡儿第一次使用了根号，并引进用字母表中头前的字母表示已知数、后面的字母表示未知数的习惯做法。至于“≮”“≯”“≠”这三个符号的出现，那是近代的事了。

数的概念的拓广，在历史上并不全是由解代数方程所引起的，但习惯上仍把它放在初等代数里，以求与这门课程的安排相一致。公元前 4 世纪，古希腊人发现无理数。公元前 2 世纪（西汉时期），我国开始应用负数。1545 年，意大利的卡尔达诺（G. Cardano）在《大术》中开始使用虚数。1614 年，英国的耐普尔发明对数。17 世纪末，一般的实数、指数概念才逐步形成。

4.3 比与比例

◉**学习目标**

1. 理解比、比例的含义，理解比和比例的基本性质；
2. 理解正比例关系和反比例关系，并掌握相关实例；
3. 理解黄金分割比的概念，掌握黄金分割比的计算与作图；
4. 了解黄金分割比的美学价值，了解优选法。

我国古代很早就有了比、比例的概念和算法。《九章算术》中针对农副业生产、水上工程、贸易交换中的比例问题，详述了“均输”的数学方法。例如，以道路远近为反比、以户数多少成正比征收赋税。从《九章算术》及其注释看，虽然比例仍然是除法的应用，但由于比例突出了“成比例”的思想，使得一类实际问题的解法趋于简单。比例的算法已高度成熟，并占有重要地位，一直沿用至今。

比和比例在目前日常生活中应用广泛，“成正比”“成反比”是日常语言，“比例尺”“浓度比”“按比例分配”“按比例求”是常常遇到的计算问题。因此，在整数和分数四则运算的基础上，学习、熟悉比和比例的内容，对于分析解决许多实际问题是有必要和有帮助的。

4.3.1 比

小学数学中，两个数 a 与 b（$b\neq0$）相除，叫作 a 与 b 的比，记作 $a:b$。其中，a 叫作比的前项，b 叫作比的后项，“：”是比号。

比是一个算式，它的意义是前项除以后项，$a:b$ 可以表示成除法算式的形式 $a\div b$。比也可以看作一个前项作分子、后项作分母的分数，可以表示成分数的形式 $\frac{a}{b}$。比具有次序性，即比的前项和后项是有顺序的，如前后项互换，两者互为倒数。

比的前项除以比的后项，最终结果是一个数值，这个数值就是比值。可以把 $a\div b=k$ 或 $\frac{a}{b}=k$ 写成 $a:b=k$。

比和分数是两种不同的表示形式，基于比与除法运算、分数的关系，根据除法运算中的商不变规律和分数的基本性质，得到比的基本性质——比的前项和后项同时乘或除以相同的数（0 除外），比值不变。利用比的基本性质可以化简比。

4.3.2　比例

比是代数式的一种，而比例是一个等式，两者是有密切联系的不同概念。通常把表示两个比相等的式子叫作比例，可以用字母把比例表示为 $a:b=c:d$。组成比例的四个数是比例的项，a 和 d 是比例的外项，b 和 c 是比例的内项。

比例的基本性质 1　在比例里，两个外项的乘积等于两个内项的乘积，即如果 $a:b=c:d$，那么 $ad=bc$。

比例的基本性质 2　把一个比的倒数（即前后项交换位置形成新的比）成为原来比的反比。在比例 $a:b=c:d$ 中，各取两个比的反比 $b:a$ 和 $d:c$，比例式仍然成立，即 $b:a=d:c$，这就是反比定理。

比例的基本性质 3　在比例 $a:b=c:d$ 中，把两个内项或者两个外项交换位置，比例式仍然成立，即 $a:c=b:d$ 或 $d:b=c:a$，这就是更比定理。

比例式是一个等式，如果构成比例式的四个量依赖于一个未知数，这个含有未知数的比例等式就是方程，利用比例的基本性质可以解这类方程，即小学数学中常遇到的“解比例”的问题。

教学链接｜比例

教学时，要通过具体数值让学生理解成比例的条件是：等号两边的两个比的比值相等。在此基础上，理解比与比例的区别：比由两个数组成，表示两个数的倍比关系；比例由两个比组成，表示四个数之间成比例关系。

4.3.3　正比例和反比例

1. 常量与变量

在观察自然现象和进行科学实验的过程中，经常会遇到两种不同的量。一种量是在某一过程中保持固定的数值不变，称之为常量；另外一种量在某一过程中可以取不同的数值，称之为变量。

例如，在匀速运动过程中，速度一直保持不变，是常量；但是时间产生变化，路程也会随之而发生改变，因此两者是变量。再如，某一产品的生产加工工作，工作总量是一定的，是常量；但是工作效率发生变化，工作时间也会随之而发生改变，因此两者是变量。

通常情况下，常量用字母 a，b，c，…表示，而变量用字母 x，y，z，…表示。

例　一列火车行驶的时间和所行路程，见表 4.3－1。

表 4.3－1　火车行驶路程与时间关系表

时间（小时）	1	2	3	4	5	6	7	8	…
路程（千米）	90	180	270	360	450	540	630	720	…

观察表 4.3－1，回答问题：(1) 表格中有哪两种量？(2) 路程是怎样随着时间变化的？(3) 相对应的路程和时间的比分别是多少？比值是多少？

分析　对于问题（1），通过观察，表格中有时间和路程两种量。对于问题（2），当时间是 1 小时，路程是 90 千米；时间是 2 小时，路程是 180 千米；……。时间变化，路程也随着变化；具体一些，时间扩大（缩小），路程随着扩大（缩小），即时间和路程是两种相关联的量。对于问题（3），相对应的路程和时间的比分别是 90∶1，180∶2，270∶3，……，并且相对应的两个数的比值一定，都是 90。

2. 正比例

两种相关联的量，一种量变化，另一种量也随着变化，如果这两种量中相对应的两个数的比值（也就是商）一定，这两种量就叫作成正比例的量，它们的关系叫作正比例关系。如果用字母 x 和 y 表示两种相关联的量，用 k 表示它们的商（一定），正比例关系可以用下面的式子表示：$\frac{x}{y}=k$（一定）。

对于两个变量的正比例关系，除了通过两个变量的比值是否为常数来认识之外，还可以从两个量的扩大或缩小的变化情况来认识，即当一个量的取值扩大（或缩小）若干倍时，另一个量的对应值也扩大（或缩小）同样的倍数，两个量即成正比例。但是一个量增加而另一个量也随之增加，一个量减小而另一个量随之减小，两个量不一定成正比例，因为比值并不一定是个常数。

两个量是否成正比例，用图像的方法判断更为直观。小学数学教材中，出现了类似“在直角坐标系中，成正比例的两个量所对应的点的连线是一条直线”的内容，这是函数思想在小学数学中的直接渗透。

3. 反比例

如果这两种量中相对应的两个数的乘积一定，这两种量就叫作成反比例的量，它们的关系叫作反比例关系。如果用字母 x 和 y 表示两种相关联的量，用 r 表示它们的乘积（一定），反比例关系可以用下面的式子表示：$xy=r$（一定）。

成反比例的两个量，如果一个量扩大（或缩小）若干倍，另一个量必定反缩小（或扩大）同样倍。事实上，把 $xy=r$ 写成 $y=k\cdot\frac{1}{x}$，可以看出如果 y 和 x 成反比例，则 y 和 x 的倒数成正比例，从这个意义上，正比例与反比例确实是互为“正、反”的。

反比例关系也可以用图像表示，但小学数学教材考虑到学生的认知水平，对于类似“在直角坐标系中表示成反比例的两个量多对应的点的连线是双曲线”这一内容，只是在阅读材料里使学生了解和感知，地位和重要性不如“成正比例的量的图像表示”。

教学链接 | 成正反比例的量

学习成正反比例的量，要求学生对“变量”有初步的认识。要让学生从“两个量变化，一个量一定”的角度认识“速度 = 路程 ÷ 时间”和“总价 = 单价 × 数量”。

帮助学生理解判断两个量成正反比例的基本步骤：有哪几种量；哪些是相关联的量；哪一个量是常量；确定两种量之间存在的关系；根据正反比例的意义，作出结论。

4.3.4 黄金分割比

1. 定义

把任一线段分割成两段（可以有两个分割点），使得大段∶全段 = 小段∶大段，这样的分割叫黄金分割，这样的比值叫黄金比。

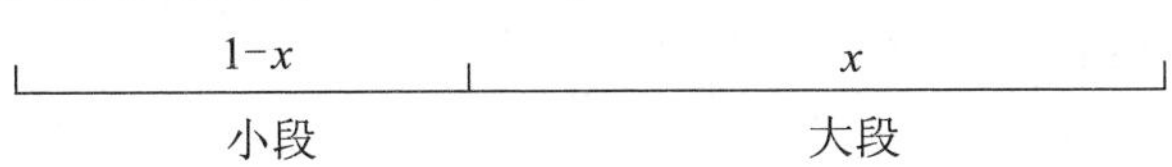

图 4.3－1 黄金分割

2. 计算黄金比

方法 1 如图 4.3－1 所示，假如全段长为 1，不妨设黄金比为 x，则大段 $=x$，小段 $=1-x$。故有 $\frac{x}{1}=\frac{1-x}{x}$，所以 $x^2+x-1=0$，解得 $x=\frac{-1\pm\sqrt{5}}{2}$，其正根

$x=\frac{\sqrt{5}-1}{2}\approx 0.6180339\approx 0.618$。

方法2 一个矩形，如果从中裁去一个最大的正方形，剩下的矩形的宽与长之比，与原矩形的一样（即剩下的矩形与原矩形相似），则称具有这种宽与长之比的矩形为黄金矩形。黄金矩形可以用上述方法无限地分割下去（见图4.3－2）。求黄金矩形的宽（b）与长（a）之比，即求黄金比。假如设黄金比为x，则有：

$$x=\frac{b}{a}=\frac{a-b}{b}=\frac{\frac{a-b}{a}}{\frac{b}{a}}=\frac{1-\frac{b}{a}}{\frac{b}{a}}=\frac{1-x}{x}。$$

将$x=\frac{1-x}{x}$变形为$x^2+x-1=0$，解得$x=\frac{-1\pm\sqrt{5}}{2}$，

其正根$x=\frac{\sqrt{5}-1}{2}\approx 0.6180339\approx 0.618$。

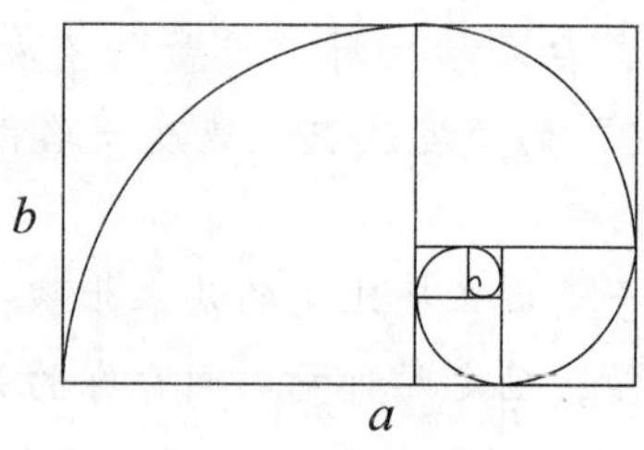

图4.3－2 黄金分割线

3. 黄金分割的尺规作图

设线段为AB，作$DB\perp AB$，且$DB=\frac{1}{2}AB$，连AD。作⊙D（DB）交AD于E，再作⊙A（AE）交AB于C，则$\frac{|AC|}{|AB|}=\frac{\sqrt{5}-1}{2}$，即$C$为$AB$的黄金分割点。

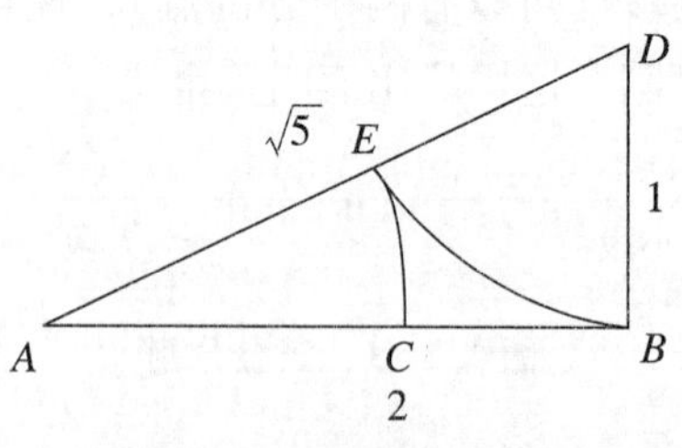

图4.3－3 黄金分割作图

证明 不妨令$|BD|=1$，则$|AB|=2$，$|AD|=\sqrt{2^2+1}=\sqrt{5}$，

$\because\ |AE| = |AD| - |ED| = \sqrt{5} - 1,\ |AC| = |AE| = \sqrt{5} - 1,$

$\therefore \dfrac{|AC|}{|AB|} = \dfrac{\sqrt{5} - 1}{2}$。

电子图书馆

汪承宗.0.618 与六龄牙［M］//赵之，黄天祥.科学夜谭.北京：中国青年出版社，1988：135－136.

4. 黄金分割的美

黄金分割之所以称为“黄金”分割，是比喻这一“分割”如黄金一样珍贵。黄金比，是工艺美术、建筑、摄影等许多艺术门类中审美的因素之一，它表现了恰到好处的“和谐”。

例如，埃及金字塔，高（137 米）与底边长（227 米）之比为 0.629；古希腊巴特农神殿，塔高与工作厅高之比为 340∶553≈0.615。

图 4.3－4　金字塔

图 4.3－5　巴特农神殿

再如，美观矩形的宽长比，像五星红旗和其他用到矩形的地方（建筑、家具）；正五角星中的比，$\dfrac{AB'}{AD} \approx 0.618$，$\dfrac{AB}{AC} \approx 0.618$。

图 4.3－6　五星红旗

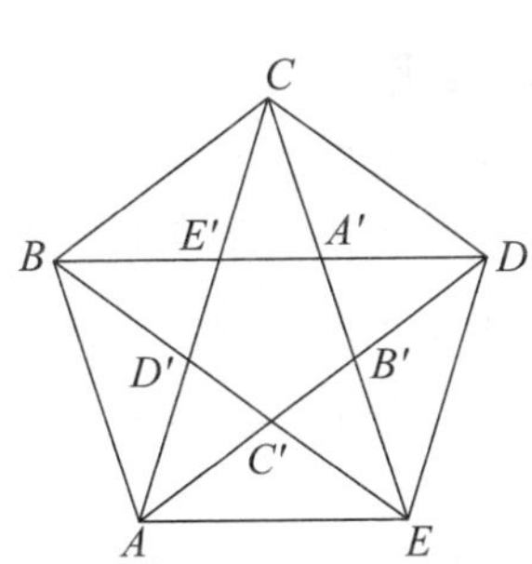

图 4.3－7　五角星

除此之外，风景照片中，地平线位置的安排等；舞台报幕者的最佳站位在整个舞台宽度的 0.618 处较美。

拓展阅读 优选法

20 世纪 60 年代，华罗庚创造并证明了优选法，还用很大的精力去推广优选法。“优选法”（“0.618 法”），即对某类单因素问题，用最少的试验次数找到“最佳点”的方法。

例如，炼钢时要掺入某种化学元素加大钢的强度，掺入多少最合适？假定已经知道每吨钢加入该化学元素的数量应在 1000～2000 克，现求最佳加入量，误差不得超过 1 克。最“笨”的方法是分别加入 1001 克，1002 克，……，2000 克，做 1000 次试验，就能发现最佳方案。

一种办法是二分法，取 1000 克和 2000 克的中点 1500 克。再取进一步二分法的中点 1250 克与 1750 克，分别做两次试验。如果 1750 克处效果较差，就删去 1750 克到 2000 克的一段，如果 1250 克处效果较差，就删去 1000 克到 1250 克的一段。再在剩下的一段中取中点做试验，比较效果决定下一次的取舍，这种“二分法”会不断接近最好点，而且所用的试验次数与上法相比，大大减少。

表面上看来，似乎这就是最好的方法，但华罗庚证明了每次取中点的试验方法并不是最好的方法；每次取试验区间的 0.618 处去做试验的方法，才是最好的，称之为“优选法”或“0.618 法”。华罗庚证明了，这可以用较少的试验次数，较快地逼近最佳方案。

4.4 函数与数列

◉学习目标

1. 理解函数的定义形式和小学数学中的函数思想；
2. 掌握初等函数的基本性质，掌握常见数列的求和公式；
3. 理解斐波那契数列通项公式的推导过程、基本性质和运用案例；
4. 了解函数概念的发展历程与斐波那契数列的文化价值。

函数，数学中的重要概念，微积分学研究的主要对象。1692 年，德国数学家莱布尼茨首先使用了“function”一词，我国清代数学家李善兰把它翻译成“函数”。

4.4.1　函数的定义形式

统观函数的发展历程，函数概念主要有以下三种定义形式。

1. 变量定义

在某个运动变化过程中，有两个有联系的变量，当第一个变量变化时，第二个也随之变化，把第二个变量（因变量）叫作第一个变量（自变量）的函数。

这种定义形式有许多好处。首先，在日常生活和生产实践中，各变量之间多半大致已经“天然地”建立了相互联系或相互制约的依赖关系，人们根据这种依赖关系确定了函数。成正（反）比例的两个量之间的正（反）比例关系是一种最简单但用途很广泛的函数关系，这种函数关系就是正（反）比例函数。其次，从物理意义上看，如匀速运动的路程和时间的变化规律，“变量定义”刻画得自然、形象直观、通俗易懂。

但“变量定义”把因变量看作自变量的函数，有其缺陷的一面，不能很好地凸显函数的本质——对应的思想，即函数是因变量和自变量总体之间的对应关系。

2. 映射定义

设 A，B 是两个集合，如果按照某中对应法则 f，对于集合 A 中的任何一个元素，在集合 B 中都有唯一元素与之对应，这样的对应叫作从集合 A 到集合 B 的映射，记作 f：$A \to B$。如果 A，B 是数集，称之为函数。

根据这一定义，函数就是一种对应。建立在集合论基础上的“映射定义”虽然比建立在变量基础上的“变量定义”稍微抽象，却抓住了函数的本质所在。另外“映射定义”拓展了“把因变量 y 看作自变量 x 的函数”说法，反过来也可以认为 x 是 y 的函数，因此就有了反函数的概念。

反函数　如果函数 $y=f(x)$ 是从定义域 A 到值域 B 上的一一映射，那么它的逆映射 f^{-1}：$B \to A$ 所确定的函数 $x=f^{-1}(y)$ 叫作 $y=f(x)$ 的反函数。通常，将 $x=f^{-1}(y)$ 表示为 $y=f^{-1}(x)$。在直角坐标系中，函数 $y=f(x)$ 和它的反函数 $y=f^{-1}(x)$ 的图像关于直线 $y=x$ 对称。

3. 序偶定义

设 A，B 是两个非空集合，f 是 $A \times B$ 的一个非空子集，如果 f 满足：对于任意的 $a \in A$ 都存在唯一的 $b \in B$，使得 $(a, b) \in f$，则称 f 为从集合 A 到集合 B 的一个函数。虽然这一定义形式在初等数学中没有出现，但是它是近现代数学的重要内容，可以把实数范围的函数意义扩展到复数范围，因此有了新的数学分支——复变函数，进一步发展到泛函分析。

值得指出的是，函数的表示形式一般有三种：解析式形式、表格形式和图像形式。

4.4.2 初等函数

初等数学涉及五类最基本的初等函数：

(1) 幂函数 $y=x^{\mu}$（μ 为实数）；

(2) 指数函数 $y=a^{x}$（$a>0$，$a\neq1$）；

(3) 对数函数 $y=\log_{a}x$（$a>0$，$a\neq1$）；

(4) 三角函数 $y=\sin x$，$y=\cos x$，$y=\tan x$，$y=\cot x$；

(5) 反三角函数 $y=\arcsin x$，$y=\arccos x$，$y=\arctan x$，$y=\operatorname{arccot} x$。

由常数和基本初等函数经过有限次四则运算，或经过有限次复合所构成的复合函数，并且可由一个解析式表示的函数称为初等函数。与小学数学关系密切的初等函数有正比例函数、反比例函数、一次函数，下面主要介绍这几种函数的图像和性质。

1. 正比例函数

两个变量 x，y 之间的关系式可以表示成形如 $y=kx$（k 为常数，且 $k\neq0$）的函数叫作正比例函数（变量 x 与 y 成正比例），其中 k 是正比例系数，x 是自变量，y 是自变量 x 的函数。其定义域和值域都是 $\mathbf{R}$，属于奇函数，图像是关于原点成中心对称的直线，不具有周期性。

在直角坐标系中，当 $k>0$ 时，其图像经过第一、三象限；k 越大，图像与 y 轴的距离越近；函数值 y 随着自变量 x 的增大而增大，是增函数。当 $k<0$ 时，其图像经过第二、四象限；k 越小，图像与 y 轴的距离越近；自变量 x 的值增大时，y 的值则逐渐减小，是减函数。

2. 反比例函数

两个变量 x，y 之间的关系式可以表示成形如 $y=\frac{k}{x}$（k 为常数且 $k\neq0$）的函数叫作反比例函数（变量 x 与 y 成反比例），其中 k 是反比例系数，表示 x 与 y 的坐标形成的矩形的面积，x 是自变量，y 是自变量 x 的函数。x 的取值范围是不等于 0 的一切实数，且 y 的取值也不能等于 0。属于奇函数，图像是关于原点成中心对称的双曲线，不具有周期性。

在直角坐标系中，当 $k>0$ 时，其图像经过第一、三象限；每一象限的函数

值 y 随着自变量 x 的增大而减小，是减函数。当 $k<0$ 时，其图像经过第二、四象限；每一象限的函数值 y 随着自变量 x 的增大而增大，是增函数。反比例函数图像中每一象限的每一支曲线会无限接近 x 轴、y 轴，但不会与坐标轴相交（$y\neq0$）。

3. 一次函数

在某一个变化过程中，两个变量 x，y 之间的关系式可以表示成形如 $y=kx+b$（k 为一次项系数，$k\neq0$，b 为常数）的函数叫作一次函数，其中 x 是自变量，y 是因变量。其定义域和值域都是 **R**，当 $k>0$ 时，函数值 y 随着自变量 x 的增大而增大，是增函数。当 $k<0$ 时，自变量 x 的值增大时，y 的值则逐渐减小，是减函数。

一次函数 $y=kx+b$（$k\neq0$）中，若 $b\neq0$，既不是奇函数也不是偶函数，不具有周期性；若 $b=0$，即所谓"y 轴上的截距"为零，则为正比例函数。正比例函数是一次函数的特殊形式，属于一次函数，但一次函数却不一定是正比例函数。

在直角坐标系中，一次函数 $y=kx+b$（$k\neq0$）具有以下性质：

当 $k>0$，$b>0$，图像经过第一、二、三象限；

当 $k>0$，$b<0$，图像经过第一、三、四象限；

当 $k>0$，$b=0$，图像过原点 O（0，0），经过第一、三象限；

当 $k<0$，$b>0$，图像经过第一、二、四象限；

当 $k<0$，$b<0$，图像经过第二、三、四象限；

当 $k<0$，$b=0$，图像过原点 O（0，0），经过第二、四象限；

当 $b>0$ 时，直线必经过第一、二象限；

当 $b<0$ 时，直线必经过第三、四象限。

4.4.3　小学数学中的函数思想

"函数"已经成为中学数学的核心内容，并逐渐地渗入小学数学，成为小学数学教学不可回避的内容。具体内容主要体现在以下几个方面。

（1）10 以内数的大小比较，渗透着对应思想，例如，比较 4 个杯子和 3 个杯盖的多少，把一个杯子和一个杯盖一一对应，发现多出一个杯子，所以杯子的数量大于杯盖的数量，即 $4>3$。

（2）加法运算中"一个加数不变，和随着另一个加数的变化而变化"的规律，可以表示为 $y=x+b$，渗透着一次函数的思想。

（3）1 ~9 的乘法口诀，乘法运算中“一个因数不变，积随着另一个因数的变化而变化”的规律；除法运算的商不变规律，成正比例的量或者正比例关系，都可表示为 $y = kx$，渗透着正比例函数的思想。

（4）成反比例的量或者反比例关系，除法运算中“被除数不变，商会随着除数的变化而变化”的规律，都可以表示为 $y = \frac{k}{x}$，渗透着反比例函数的思想。

（5）几何图形的周长、面积、体积计算公式，有多元函数思想的渗透其中。例如，平行四边形的面积计算公式 $S = ah$，面积 S 会随着底 a 和高 h 的变化而变化，其中 a 和 h 是二元变量。

（6）统计图和统计表渗透着函数思想。例如，折线统计图反映的某一数据的变化趋势类似于函数的图像表示形式，统计表的数据变化类似于函数的表格表示形式。

（7）数量关系渗透着函数思想，类似于函数的解析式的表示形式。例如，$s = vt$，工作总量 = 工作时间×工作效率。

除此之外，小学数学中很多具体内容渗透着函数思想，教学中应该潜移默化地向学生渗透。

电子图书馆

[1] 史宁中，濮安山．中学数学课程与教学中的函数及其思想 [J]．课程·教材·教法，2007（4）．

[2] 曾小平．函数概念的发展历程 [J]．中学数学研究，2007（4）．

4.4.4　数列

1. 数列——特殊的函数

传说古希腊毕达哥拉斯（约前 570—约前 500）学派的数学家经常在沙滩上研究数学问题，他们在沙滩上画点或用小石子来表示数。比如，他们研究过 1，3，6，10，15，21，28，36，45，55，66，78，91，…。由于这些数可以用“三角形点阵”表示，就将其称为三角形数，如图 4.4－1 所示。

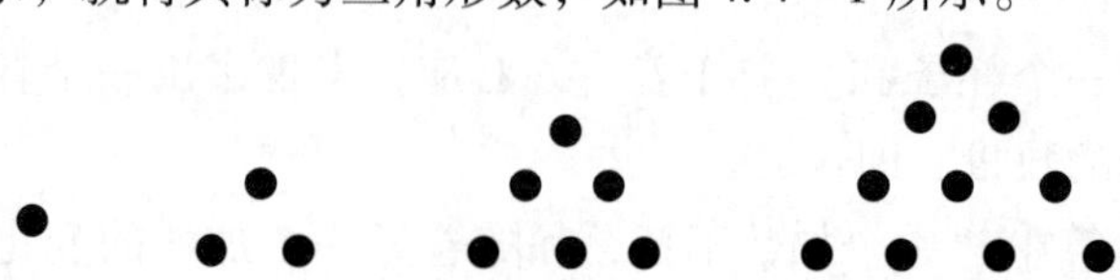

图 4.4－1

类似地，1，4，9，16，25，36，49，64，81，100，121，144，169，…被称为正方形数，因为这些数能够表示成“正方形点阵”。

因此，按照一定顺序排列的一列数成为数列。数列的一般形式可以写成 a_1，a_2，a_3，…，a_n，a_{n+1}，…，简记为 $\{a_n\}$。

数列是一种特殊的函数，其特殊性主要表现在其定义域和值域上。数列可以看作一个定义域为正整数集 $\mathbf{N}*$ 或其有限子集 $\{1, 2, 3, \cdots, n\}$ 的函数 $a_n=f(n)$，其中的 $\{1, 2, 3, \cdots, n\}$ 不能省略。当自变量 n 依次取 1，2，3，…一切正整数时，对应的函数值就排成数列 $\{a_n\}$。

用函数的观点认识数列是重要的思想方法，一般情况下函数有三种表示方法，数列也不例外，通常也有三种表示方法：列表法、图像法、解析式法。其中，解析式法包括以通项公式给出数列和以递推公式给出数列。函数不一定有解析式，同样数列也并非都有通项公式。

2. 常见数列的通项公式与求和公式

下面主要介绍和小学关系密切的自然数列、奇数列、偶数列、等差数列、平方数列和立方数列的求和公式。

自然数列的通项公式 $a_n=n$，前 n 项和公式 $1+2+3+\cdots+n=\frac{n(n+1)}{2}$；

奇数列的通项公式 $a_n=2n-1$，前 n 项和公式 $1+3+5+\cdots+(2n-1)=n^2$；

偶数列的通项公式 $a_n=2n$，前 n 项和公式 $2+4+6+\cdots+2n=n^2+n$；

平方数列的通项公式 $a_n=n^2$，前 n 项和公式 $1^2+2^2+3^2+\cdots+n^2=\frac{n(n+1)(2n+1)}{6}$；

立方数列的通项公式 $a_n=n^3$，前 n 项和公式 $1^3+2^3+3^3+\cdots+n^3=\left[\frac{n(n+1)}{2}\right]^2$；

等差数列的通项公式 $a_n=a_1+(n-1)d$，前 n 项和公式

$$a+(a+d)+(a+2d)+\cdots+[a+(n-1)d]=na+\frac{n(n-1)d}{2}$$；

等比数列的通项公式 $a_n=a_1\cdot q^{n-1}$，前 n 项和公式 $a+aq+aq^2+\cdots+aq^{n-1}=\frac{a(1-q^n)}{1-q}\ (q\neq1)$。

电子图书馆

谈祥柏．聚宝盆数列［J］．科学，2002（4）．

3. 斐波那契数列

斐波那契（L. Fibonacci，1175—1250）出生于意大利的比萨。他小时候就对算术很感兴趣。后来，他父亲带他旅行到埃及、叙利亚、希腊（拜占庭）、西西里和普罗旺斯，他又接触到东方国家的数学。斐波那契确信印度—阿拉伯计算方法在实用上的优越性。

1202 年，在回到家里不久，他发表了著名的《算盘书》。他的才能受到弗里德里希二世的重视，因而被邀请到宫廷参加数学竞赛。他还曾向官吏和市民讲授计算方法。他的最重要的成果在不定分析和数论方面，除了《算盘书》外，保存下来的还有《实用几何》等四部著作。

例 1　兔子问题：假设一对初生兔子要一个月才到成熟期，而一对成熟兔子每月会生一对兔子，那么，由一对初生兔子开始，12 个月后会有多少对兔子呢？

可以将结果以列表形式给出：

月份	1	2	3	4	5	6	7	8	9	10	11	12
兔子数（对）	1	1	2	3	5	8	13	21	34	55	89	144

因此，12 个月后的兔子数是 144 对。

数列 1，1，2，3，5，8，13，21，34，55，89，144，…被称为“斐波那契数列”。

如果用 F_n 表示第 n 个月兔子的对数，则有二阶递推公式

$$\begin{cases} F_1 = F_2 = 1 \\ F_n = F_{n-1} + F_{n-2}, \ n = 3, 4, 5, \cdots \end{cases}$$

要求它的通项公式，联想到等比数列，设

$$F_n + xF_{n-1} = (1+x)F_{n-1} + F_{n-2} = (1+x)\left(F_{n-1} + \frac{1}{1+x}F_{n-2}\right),$$

则有 $x = \frac{1}{1+x}$，解得 $x = \frac{-1 \pm \sqrt{5}}{2}$。

当 $x = \frac{-1+\sqrt{5}}{2}$ 时，$F_n + \frac{-1+\sqrt{5}}{2}F_{n-1} = \frac{1+\sqrt{5}}{2}\left(F_{n-1} + \frac{-1+\sqrt{5}}{2}F_{n-2}\right) = \left(\frac{1+\sqrt{5}}{2}\right)^{n-1}$；

当 $x = \frac{-1-\sqrt{5}}{2}$ 时，$F_n + \frac{-1-\sqrt{5}}{2}F_{n-1} = \frac{1-\sqrt{5}}{2}\left(F_{n-1} + \frac{-1-\sqrt{5}}{2}F_{n-2}\right) = \left(\frac{1-\sqrt{5}}{2}\right)^{n-1}$；

$F_{n-1} = \frac{1}{\sqrt{5}}\left[\left(\frac{1+\sqrt{5}}{2}\right)^{n-1} - \left(\frac{1-\sqrt{5}}{2}\right)^{n-1}\right]$，$F_n = \frac{1}{\sqrt{5}}\left[\left(\frac{1+\sqrt{5}}{2}\right)^{n} - \left(\frac{1-\sqrt{5}}{2}\right)^{n}\right]$。

斐波那契数列是从兔子问题中抽象出来的，如果它在其他方面还有应用，

它就会有强大的生命力。发人深省的是，斐波那契数列确实在许多问题中出现。

例 2　梯子格问题：一个人站在“梯子格”的起点处向上跳，从格外只能进入第 1 格，从格中，每次可向上跳一格或两格，问：可以用多少种方法，跳到第 n 格？

解　设跳到第 n 格的方法有 T_n 种。跳入第 1 格，只有一种方法；跳入第 2 格，必须先跳入第 1 格，所以也只有一种方法，从而 $T_1=T_2=1$。

而能一次跳入第 n 格的，只有第 $n-1$ 和第 $n-2$ 两格，因此，跳入第 n 格的方法数，是跳入第 $n-1$ 格的方法数 T_{n-1}，加上跳入第 $n-2$ 格的方法数 T_{n-2} 之和。即 $T_n=T_{n-1}+T_{n-2}$。

综合得到递推公式 $\begin{cases} T_1=T_2=1 \\ T_n=T_{n-1}+T_{n-2} \quad (n=3,\ 4,\ 5,\ \cdots) \end{cases}$，

容易算出，跳格数列 $\{T_n\}$ 就是斐波那契数列

1，1，2，3，5，8，13，21，34，…。

除此之外，数学家发现了许多斐波那契数列的特性。例如，1，1，2，3，5，8，13，21，34，55，89，144，…，其中，第 3、6、9、12 等项的数字能被 2 整除；第 4、8、12 等项的数字能被 3 整除；第 5、10 等项的数字能被 5 整除；其余依此类推。

拓展阅读　自然界中的斐波那契数

①花瓣数中的斐波那契数：大多数植物的花，其花瓣数都恰是斐波那契数。例如，兰花、茉莉花、百合花有 3 个花瓣，毛茛属的植物有 5 个花瓣，翠雀属植物有 8 个花瓣，万寿菊属植物有 13 个花瓣，紫菀属植物有 21 个花瓣，雏菊属植物有 34、55 或 89 个花瓣。

②向日葵花盘内葵花子排列的螺线数：向日葵花盘内，种子是按对数螺线排列的，有顺时针转和逆时针转的两组对数螺线。两组螺线的条数往往成相继的两个斐波那契数，一般是 34 和 55，大向日葵是 89 和 144，还曾发现过一个更大的向日葵有 144 和 233 条螺线，它们都是相继的两个斐波那契数。

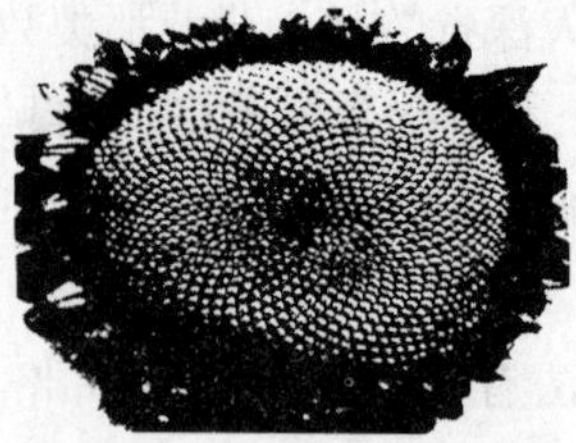

图 4.4－2　葵花子排列的螺线数

③松果种子的排列：

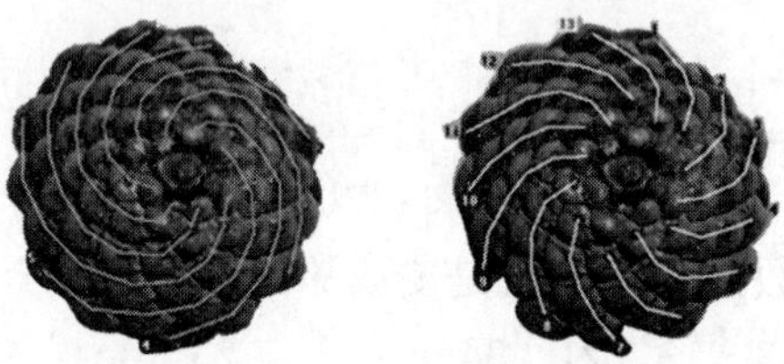

图 4.4－3　松果种子的排列

这一模式几个世纪前已被注意到，此后曾被广泛研究，但真正满意的解释直到 1993 年才给出。这种解释是：这是植物生长的动力学特性造成的，相邻器官原基之间的夹角是黄金角——137.50776 度，这使种子的堆集效率达到最高。

练　习　四

1. 求证：如果一元三次方程 $ax^3+bx^2+cx+d=0$ 有两个根互为相反数，那么 $ad=bc$；反之也成立。
2. 记 $\omega=\frac{-1+\sqrt{3}i}{2}$，求证：（1）$\omega^2=\frac{-1-\sqrt{3}i}{2}$；（2）$\omega^3=1$。
3. 如果 α 是方程 $x^3=c$ 的一个根，求证：$\alpha\omega$，$a\omega^2$ 也是方程 $x^3=c$ 的根。
4. 解下列方程。

   （1）$x^3+6x+2=0$；　　（2）$x^3-3x^2-3x+11=0$。
5. 小学的列方程解应用题与列算式解应用题有何区别？
6. 小学数学中的函数思想如何体现？举例说明。
7. 用数学归纳法证明斐波那契数列的通项公式。
8. 证明函数 $f(x)=x\sin x$ 不是周期函数。

9. 已知数列$\{a_n\}$（$n\geqslant 0$）满足 $a_0=0$，$a_1=1$，对于所有正整数 n，有 $a_{n+1}=2a_n+2007a_{n-1}$，求使得 $2008\mid a_n$ 成立的最小正整数 n。

10. 已知数列$\{a_n\}$的前 n 项和为 S_n，且 $a_1=1$，$a_{n+1}=\frac{n+2}{n}S_n$（$n=1$，2，3，…）。求证：数列$\left\{\frac{S_n}{n}\right\}$为等比数列。

11. 在数列$\{a_n\}$中，$a_0=2$，$a_1=10$，且 $a_{n+2}=6a_{n+1}-a_n$，求证：a_n 能表示成两个自然数的平方和。

第5章 图形与几何

◉情境引入

在六年级“图形的认识与测量”的复习课上，教师用投影展示了常见的平面图形，让学生写出各种图形的周长和面积公式（用字母表示），并说一说这些公式是怎样推导的。学生在写公式时，进展很顺利；可是在说“公式是怎样推导的”时，问题出现了。

有些学生提出疑问：我们在小学三年级学习长方形的面积公式时，是看长方形里面包含了几个面积单位；也就是长方形里面能不重叠地放几个单位正方形；长表示一排能放几个，宽表示能放几排，这样长方形中能放单位正方形的个数就是长乘宽的数值，从而得到“长方形的面积 = 长 × 宽”。在那个时候长和宽为整数，后来我们学了小数和分数，可是每一排能放单位正方形的个数和能放几排的排数不会是小数和分数呀，为什么长方形的面积还是长乘宽呢？

面对这个问题，有的教师茫然不知所措，只好说“我们书上就把长方形的面积公式写成长乘宽”。可是学生却继续追问“为什么呀？”“其中的道理在哪里呢？”学生们开始讨论起来，可是讨论了大半节课也没有结果。导致此结局的原因在于：该问题确实有些复杂，课本（包括教学参考书）又没有给出解答，教师也不明白。如果教师明白其中的道理，给学生讲一讲，既可以解决学生的疑惑，拓展学生的视野，又可以培养学生的逻辑推理能力。

在小学数学教学中，类似的问题还有很多。比如，直线、射线和线段之间有什么关系？角是怎样定义的，它的本质是什么？三角形可以怎样分类？三角形的内角和为什么是 180°？为什么三角形的两边之和大于第三边？平行四边形是特殊的梯形吗？如何根据三边长度求出三角形的面积？圆的面积公式是怎么推导的？为什么周长相等的图形中圆的面积最大？如何计算球的表面积和体积？为什么圆锥的体积是等底等高圆柱体积的三分之一？

这些问题都是图形与几何领域的基本问题，我们通过这一章的学习，将要解决这些问题。本章讲述图形与几何的基础知识，从长度、面积、体积等度量角度分析线段、角、长方形、三角形、圆、球、圆柱和圆锥的基本性质，并在此基础上引发对圆周率、等周定理等问题的讨论与研究。此外，我们还将介绍初等几何变换的概念、性质和运用。

5.1　线段与角

◉学习目标

1. 理解直线、射线和线段的意义和表示方法；
2. 了解线段度量的基本常识和长度的含义；
3. 理解角的数学含义和表示方法；
4. 理解角的度量方法，能比较熟练地进行角度与弧度的换算。

5.1.1　直线、射线和线段

一个点在空间中沿着指定的方向和它的相反方向运动，形成的图形就是直线。直线可以向两个方向无限延伸，它没有端点，不可以度量长度。直线可以用它上面的任意两个点的大写字母表示，也可以用一个小写字母表示。比如，图 5.1－1 中的直线可以表示为：直线 AB，或者直线 BA，或者直线 l。

图 5.1－1

直线的基本性质是：空间中，两个平面相交于一条直线；平面上，经过两点，有且仅有一条直线，也就是说，两点确定一条直线；在平面上，如果两条直线相交，则只有一个交点（相应的结论是：在平面上，如果两条直线平行，则没有交点）。

在直线上，从一指定点起某一侧的部分就是射线。射线也可以看作空间中某一点从指定位置开始沿某一方向运动形成的图形。该指定点叫作射线的端点，或者原点。射线用端点和其上另一点的两个大写字母表示，并且端点字母写在前面，比如射线 AB（见图 5.1－2）。射线是向一个方向无限延伸的，不可以度量长度。

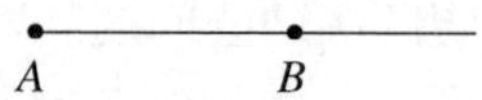

图 5.1－2

在几何学中，将直线上任意两点间的部分叫作线段（图 5.1－3 所表示的就是线段）。这两个点叫作线段的端点，常用大写字母表示，比如端点 A。线段常用两个端点的大写字母表示，比如线段 AB；也可以用小写字母表示，比如线段 l。线段有长短，可以度量长度。

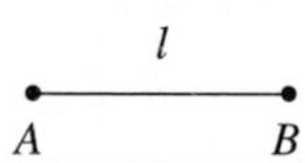

图 5.1－3

5.1.2 线段的度量

线段有长短，可以度量。度量的方法是：选出一条线段 e，令 $l(e)=1$，那么可以将线段 e 作为度量其他线段的工具。也就是说，一条线段的长度，就是用单位线段去量的倍数。

如果单位线段 e 刚好能量尽线段 AB，也就是 $l(AB)=nl(e)$，那么线段 AB 的长度就是 n。

如果线段 e 不能量尽线段 AB，那么存在一个自然数 a，使得 $ae<AB<(a+1)e$，其中 ae 对应的点为 A_1，那么就得到线段 AB 长度的不足近似值 a 和剩余近似值 $a+1$。

然后将单位线段 e 平均分为 10 等份，用每一份 $\frac{e}{10}$ 去度量 A_1B，存在一个自然数 b_1，使得 $b_1\frac{e}{10}\leqslant AB<(b_1+1)\frac{e}{10}$。如果等号成立，那么线段 AB 的长度为

$a.b_1$；如果等号不成立，就得到其中 $b_1\frac{e}{10}$ 对应的点为 A_2，那么就得到线段 AB 长度的不足近似值 $a.b_1$ 和剩余近似值 $a.(b_1+1)$。

然后将单位线段 $\frac{e}{10}$ 平均分为 10 等份，用每一份 $\frac{e}{100}$ 去度量 A_2B，……。重复这样的过程，会出现两种结果：

（1）经过有限步，得到线段 AB 的长度为 $a.b_1b_2\cdots b_n$；

（2）无论经过多少步，只能得到线段 AB 长度的不足近似值 $a.b_1b_2\cdots b_n$ 和剩余近似值 $a.b_1b_2\cdots(b_n+1)$。

前者说明线段 AB 的长度为有理数，而后者说明线段 AB 的长度为无理数。

更一般地讲，对任意两条线段 AB，CD，如果存在正整数 m，使得将线段 AB m 等分后所得的线段能够量尽 CD，设量尽的倍数为 n，那么有 $CD=n\times\frac{AB}{m}$，也就是 $\frac{CD}{AB}=\frac{n}{m}$，我们就说线段 AB，CD 可以公度。如果不存在这样的正整数，就称线段 AB，CD 不可公度。

比如，用正方形的边长为单位，就不可以公度对角线，这就产生了无理数。要使边长和对角线能够公度，就需要求得能同时度量它们的最长线段。这就相当于求它们的最大公约数，下面采用辗转相除法进行求解。

如图 5.1－4 所示，在正方形 $ABCD$ 的对角线 AC 上截取 $AE=AB$，余下 $CE<CB$，就要用 CE 来度量 CB。过点 E 作 $EF\perp AC$ 交 CB 于 F，易知 $CE=FE=FB$，这样只要能用 CE 度量 CF 就行。以 CE，FE 为邻边，CF 为对角线，向外作正方形 $CEFG$，问题就转化为用边长 EF 去度量对角线 CF。这同用 AB 度量 AC 是一样的，类似地进行。不难发现，这个过程可以无止境地重复下去，最终找不到能够度量 AB 和 AC 的线段。这就说明 AB 和 AC 不可公度。

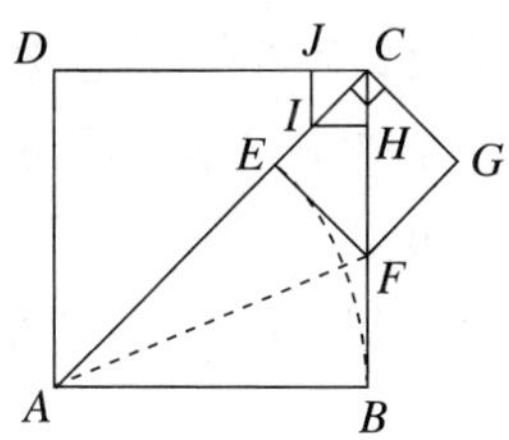

图 5.1－4

拓展阅读 不可公度

如果借助勾股定理，可以给出另一种证明，这种方法可以抛开图形，借助前面讲述的整数性质来完成，具体如下。

证明 假设正方形的边长（不妨设为1）与对角线可以公度，那么存在两个互质的整数 p，q，使得$\frac{对角线}{边长}=\frac{对角线}{1}=\frac{q}{p}$，那么$\left(\frac{对角线}{1}\right)^2=\left(\frac{q}{p}\right)^2$。

根据勾股定理（又称毕达哥拉斯定理），有$\left(\frac{对角线}{1}\right)^2=2$。这样就得到$\left(\frac{q}{p}\right)^2=2$，即 $q^2=2p^2$。

由于 $2p^2$ 含有因数 2，那么 q^2 也必然含有因数 2，进而得到 q 中必含因数 2，不妨设 $q=2r$（其中 r 为整数）。

这样就得到 $2p^2=q^2=(2r)^2=4r^2$，化简得 $p^2=2r^2$。由于 $2r^2$ 含有因数 2，那么 p^2 也必然含有因数 2，进而得到 p 中必含因数 2。

这样推得 p，q 都含有因数 2，与假设 p，q 互质矛盾。由此可知，正方形的边长和对角线不可公度。

线段公理 两点之间，线段最短。

用通俗的话说，线段公理的意思是，在连接两点的所有线中，线段最短，也就是长度最小。两点之间形成线段的长度叫作两点之间的距离。可见距离是两点之间所连线长度的最小值。

距离是平面几何学的基本概念。用距离可以定义平行、平行四边形、长方形等概念。比如，平行线可以定义为，“两条直线之间的距离如果处处相等，那么这两条直线就互为平行线”。

拓展阅读 长度的公理化定义

长度实质上是从线段集合到非负实数集合的一个映射 l，这个映射满足以下条件：

（1）等长性：能够重合的线段对应着同一个数，即如果线段 AB 和线段 $A'B'$ 能够重合，那么 $l(AB)=l(A'B')$；

（2）可加性：如果 A，B，C 三点共线，且 B 在 A，C 之间，那么 $l(AB)+l(BC)=l(AC)$；

（3）长度单位：可以选出一条线段 e，令 $l(e)=1$，那么可以将线段 e 作为度量其他线段的工具，这样表示长度的映射便确定了。也就是说，一条线段的长度就是用单位线段去量的倍数。

电子图书馆

张奠宙．深入浅出，平易近人：怎样测量长度、面积和体积［J］．小学教学（数学版），2014（9）．

阿基米德公理　对于任何两个正实数 a，b，一定存在正整数 n，使得（$n-1$）$b \leqslant a < nb$。对任意两条线段 AB，CD，一定存在正整数 n，使得（$n-1$）$CD \leqslant AB < nCD$。

直观的解释：在射线 $\overrightarrow{AB}$ 上，一定存在 n 个点 A_1，A_2，…，A_n，满足 AA_1，A_1A_2，…，$A_{n-1}A_n$ 都与线段 CD 合同，且 B 在 A_{n-1}，A_n 之间。

教学链接｜长度单位

在小学数学中，长度的法定单位有千米、米、分米、厘米和毫米。教学要求是：让学生了解这些长度单位表示的实际长度；理解单位之间的进率；掌握单位之间的换算。教学时，一般先认识比较常见的长度单位，比如米、分米和厘米，再认识比较抽象的单位，比如千米。

教学时，要让学生经历一把尺子的形成过程，下面以“认识厘米”为例进行说明。

第一步，意识到需要统一长度单位。让学生用各自方法测量课本的长，有的用手指，有的用铅笔，有的用橡皮，再进行汇报交流，发现数值差异很大，分析原因在于选择标准不同。

第二步，认识到仅用一个单位进行测量比较困难。让学生用一块橡皮来测量课本的长度，学生会在课本边上一次又一次地重复进行，画出很多小痕迹，再数具体的痕迹数，进而得到课本长度（本质上是橡皮长度的倍数）。

第三步，自制一把尺子进行测量。由于上述测量比较麻烦，而且污染了课本的表面，为此，取出一张纸条，在上面依次画出橡皮的长度，用它来测量课本的长度，这就形成了原始的尺子。

第四步，引入标准单位厘米。每个同学的橡皮长短不一，测量的结果也会不一样，为此，将 1 分米平均分成 10 份，把一份叫作 1 厘米，用厘米作为标准单位，来制作一把尺子，再来测量课本和其他物体的长度。

5.1.3 角

角的本义是指动物头上表皮和真皮特化的产物。一般动物的角具有坚硬和尖锐的特点，因此数学上借用“角”来描述具有尖锐特性的简单几何图形。关于角的定义，数学中尚未有统一的定论，目前比较有代表性的有两种。

角的静态定义：具有公共端点的两条不重合的射线组成的平面图形叫作角(angle)。这个公共端点叫作角的顶点，这两条射线叫作角的边。

角的动态定义：一条射线绕着它的端点从一个位置旋转到另一个位置所形成的平面图形叫作角。所旋转射线的端点叫作角的顶点，开始位置的射线叫作角的始边，终止位置的射线叫作角的终边。

当角的始边和终边在同一条直线上但不重合时，形成的角叫作平角；当角的始边和终边重合时，形成的角叫作周角。数学上规定：平角为180°；周角为360°。

如图5.1－5所示，角可以记作$\angle AOB$（读作：角AOB)，或者$\angle BOA$，在不引起混淆时，也记作$\angle O$。还可以在角的顶点处标记数字或者字母，记作相应的数字或者字母。

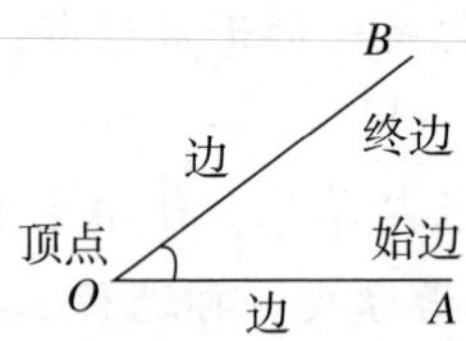

图5.1－5

但在大多数情况下，特别是在特定几何图形中，角的两条边都是线段，而不是直线。也就是说，我们常把有公共端点的两条线段构成的平面图形也叫作角。只不过两条线段在非公共端点的一端可以无限延伸，这样可以看作射线。

在小学数学中，常常将角形象地描述为，“小小角，真可爱，一个顶点，两条直边”。

教学链接 | 计数角

在小学数学教学中，常常有“角的计数”的练习题，对小学生来讲具有一定的挑战性。这样的问题，有两种解决方式，我们以问题“数一数图5.1－6中有多少个角”为例，来加以说明。

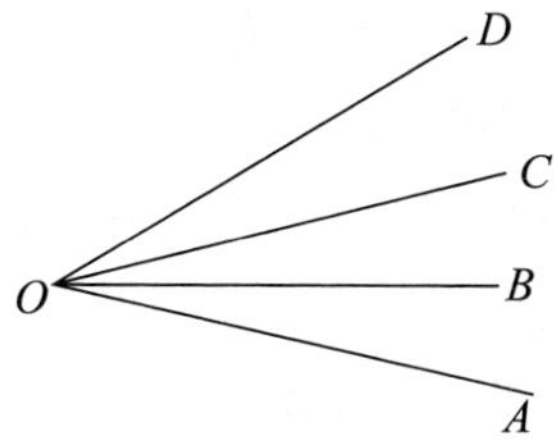

图 5.1－6

方法一：按始边为序计数，分别是 $\angle AOB$、$\angle AOC$、$\angle AOD$、$\angle BOC$、$\angle BOD$、$\angle COD$，共计 6 个角。

方法二：按构成单位计数，由一个角构成的，有 $\angle AOB$、$\angle BOC$、$\angle COD$，由两个角构成的 $\angle AOC$、$\angle BOD$，由三个角构成的，有 $\angle AOD$，共计 6 个角。

其实，这两种方法的本质，都是让学生领悟按顺序计数。

5.1.4　角的度量

因为角的两端可以无限延伸，所以角的大小不是按照角所占面积来衡量大小的，而是用张开的程度来衡量大小。

角的度量单位有两种，一种是角度制，一种是弧度制。

所谓角度制，就是把一个周角平均分成 360 个小角，也称 360 份，每一个小角的大小定义为 $1°$；再把 $1°$平均分成 60 份，一份叫作一分（记作 $1'$）；再把 $1'$ 平均分成 60 份，一份叫作一秒（记作 $1''$）。比如一个角是 12 度 32 分 15 秒，记作 $12°32'15''$。

所谓弧度制，就是把弧长等于半径的弧所对的圆心角定义为 1 弧度。如图 5.1－7 所示，劣弧 AB 的长度等于圆的半径 r，把它对的圆心角 $\angle AOB$ 的大小定义为 1 弧度，记作 1rad。

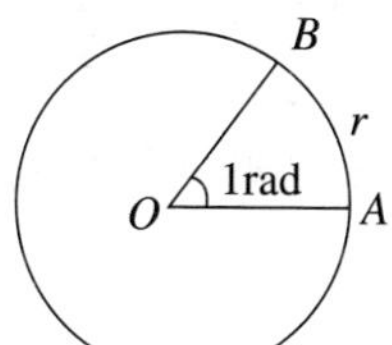

图 5.1－7

因为半径为 r 的圆的周长为 $2\pi r$，所以周角的弧度数是 2π（$=2\pi r \div r$）。

弧度和角度的换算　1 弧度 $=57°17'44.8''$；$1° = \pi/180$ 弧度 ≈ 0.017453 弧度。

一般说来，比较角的大小有两种常用方法：一种方法是把两个角的顶点和一条边重合，利用另一条边的位置来比较大小；另一种方法是分别度量这两个角，然后进行比较，而把度量采用的工具叫作量角器。

量角器，又叫半圆仪，它的形状多数是半圆形的，如图 5.1－8 所示。它把半圆平均分成 180 份，每一份的中心角是 1°。量角器的刻度呈两个半圆状排列，按逆时针方向，内圈刻度由 0 到 180，外圈刻度由 180 到 0。用量角器测量角的大小时，将量角器的中心放在角的顶点上，零线放在一条边上，另一边看度数。为了好记，常念成“中心对顶点，两线对一边，另一边读数”。

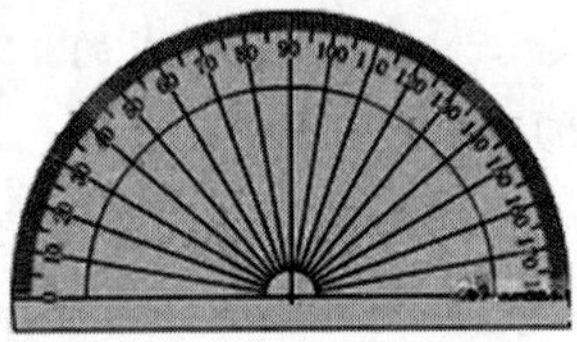

图 5.1－8

电子图书馆

[1] 张静．“认识角”教学 [J]．小学教学设计（数学），2009（5）．

[2] 朱乐平．“角的大小比较”的教学过程与设计意图 [J]．小学青年教师（数学版），2006（3）．

5.2　四边形

◉学习目标

1. 理解多边形的定义与内角和公式；
2. 理解平行四边形、长方形和正方形的定义与基本性质；
3. 理解和运用平行四边形、长方形和正方形的面积公式；
4. 了解面积的公理化定义和长方形面积公式的产生过程；
5. 掌握格点多边形面积的计算方法。

5.2.1　多边形

在平面上，由不在一条直线上的几条线段顺次首尾相接所组成的图形叫作折线。如果一条折线的首尾两个端点重合，那么这条折线叫作封闭折线。

互不相交的封闭折线所围成的图形叫作多边形。组成多边形的各条线段，叫作多边形的边。两条相邻边的交点，叫作多边形的顶点。多边形各条边的长度的和叫作多边形的周长。

相邻两边所构成的角叫作多边形的内角，简称角。多边形一条边和相邻一条边的反向延长线所构成的角，叫作多边形的外角。

如果把多边形的任意一条边两端延长得到直线，多边形都在这条直线的一侧，那么这样的多边形叫作凸多边形（图 5.2－1 中 $ABCD$ 是凸多边形），否则叫作凹多边形（图 5.2－2 中 $MNPQ$ 是凹多边形）。

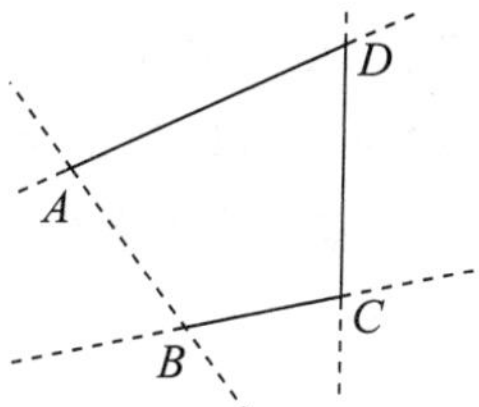

图 5.2－1

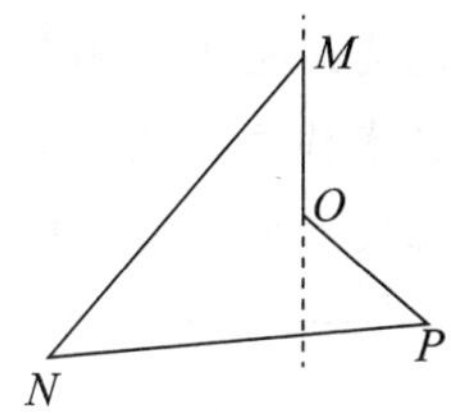

图 5.2－2

凸多边形至少有三条边，只有三条边的凸多边形叫作三角形（在我国台湾地区的教材中，叫作三边形），四条边的凸多边形叫作四边形，五条边的凸多边形叫作五边形，依次类推。

定理　多边形的内角和为 $(n-2)\times180°$。

5.2.2　平行四边形、长方形和正方形

四边形的基本性质：（1）四边形的内角和为 360°；（2）顺次连接四边形各边中点形成平行四边形。

特殊的四边形有：（1）筝形，两组邻边相等的四边形；（2）梯形，仅有一组对边平行的四边形；（3）平行四边形，两组对边分别平行的四边形。

平行四边形的基本性质：（1）对边平行，对边相等；（2）对角相等，邻角互补；（3）对角线相互平分；（4）一条对角线将平行四边形分成两个全等三角形。

特殊的平行四边形有：（1）菱形，四边都相等的平行四边形；（2）长方形（又称为矩形），有一个直角的平行四边形（有时为了便于小学生理解，将长方形定义为，四个角都是直角的四边形）。

长方形的基本性质：（1）四个内角为直角；（2）对边相等；（3）对角线相

等且相互平分；（4）长方形是中心对称图形，对角线交点为对称中心；（5）长方形为轴对称图形，共有两条对称轴。

其中，四边相等的长方形叫作正方形，正方形也可以定义为有一个直角的菱形。正方形具备长方形和菱形的基本性质。

教学链接｜平行的视角

由平行四边形的基本性质（1）和（2）出发，我们可以定义平行线，即如果两条直线之间的距离处处相等，那么这两条线不会相交，把这样的两条直线叫作相互平行的直线，简称平行线。

按照这样的定义，也比较容易判定平行线。具体方法是：在一条直线上任取两点，向另一直线作垂线段，如果垂线段相等，则这两条直线是平行线。这样的平行线视角比较直观，判定具有可操作性，容易被小学生认可和接受。

5.2.3　长方形的面积

一般情况下，我们把长方形较长的一条边叫作长，较短的一条边叫作宽。那么有：①长方形的周长等于长与宽之和的两倍，即周长 = （长 + 宽） ×2；②长方形的面积等于长与宽的乘积，即面积 = 长 × 宽。

“长方形的面积 = 长 × 宽”，并非人为规定的计算公式，而是蕴含了丰富的数学逻辑的算理。长方形的面积公式是基于数学推理来完成的，下面就长方形的长和宽的长度为整数、有限小数和无限小数的情形分别介绍如下：

1. 长和宽的长度为整数

如果长方形的长和宽的长度为整数，可以通过密铺的方式，将长方形的面积对应为能密铺的单位正方形（面积单位）的个数。例如，长为 4 厘米、宽为 3 厘米的长方形就可以被 12 个 1 平方厘米的单位正方形密铺（见图 5.2 -3），因此，其面积为 12 平方厘米。

一般地，在长度单位与面积单位对应的情况下（比如厘米对应平方厘米，毫米对应平方毫米），可以得到：

长方形的面积 = 密铺的单位正方形面积的个数 = 每行的个数 × 行数（或者每列的个数 × 列数） = 长的数值 × 宽的数值 = 长 × 宽。

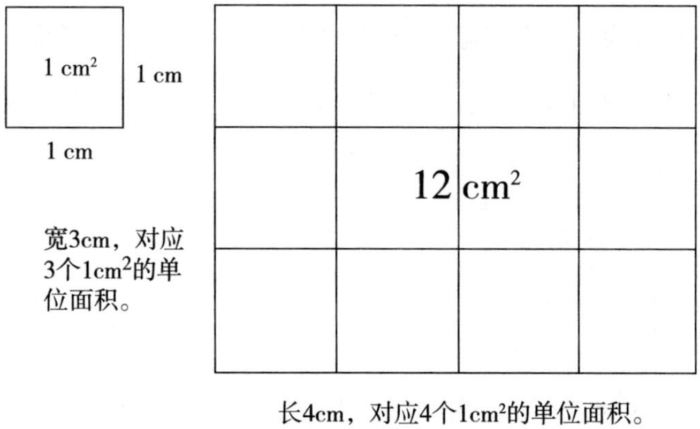

图 5.2－3

2. 长和宽的长度为有限小数

如果长方形的长和宽的数值为有限小数，就可以通过单位换算，将长和宽的单位转化成更小的长度单位，使得长和宽的数值转化为整数，进而求出长方形的面积。从而得到，当长和宽的长度为有限小数时，长方形的面积仍然是长 × 宽。

比如，对于长为 2.5 厘米、宽为 1.6 厘米的长方形，可以转化为长为 25 毫米、宽为 16 毫米的长方形，这样沿着长可以放 25 个、宽可以放 16 个 1 平方毫米的正方形，这个长方形的面积为 25 × 16 等于 400 平方毫米，即 4 平方厘米，此时 4 = 2.5 × 1.6。

3. 长和宽的长度为无限小数

不难发现，长方形的长和宽是整数和有限小数时，我们采用密铺的方法来衡量长方形的面积，用计算密铺的单位正方形的个数来计算长方形的面积，其本质是数密铺单位正方形的个数。显然，当长方形的长和宽不是整数和有限小数时，这种方法就不适用了。因为不管我们怎样换算单位，都不能把长方形划分为整数个面积单位，无法数出密铺的正方形的个数。

这个问题困扰了人们很久，当实数理论建立后，人们才用无限逼近的方法解决了它。根据实数理论，对于任何两个无限小数（包括无限循环小数和无限不循环小数），都可以用两串有限小数列以不足近似值和剩余近似值的方法从左右两侧无限逼近它。

这样，对于长和宽不是整数和有限小数的长方形，我们可以用长和宽是有限小数的两串长方形无限逼近它，这两串长方形面积的极限是相等的，这个相等的数值就是要求的长方形的面积，它仍然等于长 × 宽。

比如，对于长为 $a=\sqrt{3}$、宽为 $b=\frac{1}{3}$ 的长方形，用 S 表示其面积。因为 $\sqrt{3}=1.73205\cdots$ 的不足近似值依次为 $\underline{a}_1=1.7$，$\underline{a}_2=1.73$，$\underline{a}_3=1.732$，…，剩余近似值依次为 $\overline{a}_1=1.8$，$\overline{a}_2=1.74$，$\overline{a}_3=1.733$，…，易知 $\underline{a}_1\leqslant\underline{a}_2\leqslant\cdots\leqslant a=\sqrt{3}\leqslant\cdots\leqslant\overline{a}_2\leqslant\overline{a}_1$；而 $\frac{1}{3}$ 的不足近似值依次为 $\underline{b}_1=0.3$，$\underline{b}_2=0.33$，$b_3=0.333$，…，剩余近似值依次为 $\overline{b}_1=0.4$，$\overline{b}_2=0.34$，$\overline{b}_3=0.334$，…，易知 $\underline{b}_1\leqslant\underline{b}_2\leqslant\cdots\leqslant b=\frac{1}{3}\leqslant\cdots\leqslant\overline{b}_2\leqslant\overline{b}_1$；该长方形的面积可以近似表示为 $\underline{S}_n=\underline{a}_n\times\underline{b}_n$ 和 $\overline{S}_n=\overline{a}_n\times\overline{b}_n$（其中 $n=1,2,3,\cdots$），显然有 $\underline{S}_1\leqslant\underline{S}_2\leqslant\cdots\leqslant S\leqslant\cdots\leqslant\overline{S}_2\leqslant\overline{S}_1$。当 $n\to\infty$ 时，$\underline{a}_n\to a\leftarrow\overline{a}_n$，$\underline{b}_n\to b\leftarrow\overline{b}_n$，则 $\underline{S}_n\to S=ab\leftarrow\overline{S}_n$。

有了长方形的面积公式，我们就可以求出正方形和平行四边形的面积公式。在长方形的面积公式中，长和宽相等时，就得到正方形的面积公式，即正方形的面积 = 边长 × 边长。

电子图书馆

曾小平，韩龙淑．长方形面积公式的由来与教学［J］．教学月刊（小学版·数学），2011（10）．

5.2.4 平行四边形和梯形的面积

在平行四边形 $ABCD$ 中，如图 5.2－4 所示，$\angle B$ 为锐角，那么过 A 作 $AE\perp BC$ 于 E，再过 D 作 $DF\perp BC$ 的延长线于 F，那么 $\triangle ABE\cong\triangle DCF$。这样平行四边形的面积就等于长方形 $AEFD$ 的面积，从而得到平行四边形的面积 = 底 × 高。

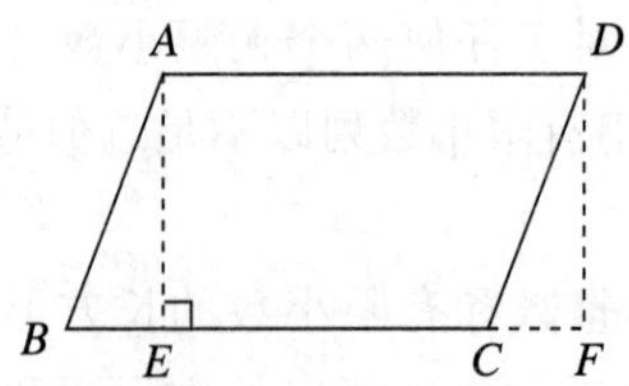

图 5.2－4

梯形的面积公式可以通过图形变换得出，变换的方式很多，变换成平行四边形、三角形、长方形等。梯形的面积等于它的两底和与高的乘积的一半，计算公式是：

$$S_{梯形}=\frac{（上底+下底）\times 高}{2}=\frac{1}{2}(a+b)h。$$

拓展阅读 面积的公理化定义

长度是一维图形线段的量，它在二维（平面）中的推广，就是面积。因此，面积和长度一样，可以看作映射。

面积是封闭平面图形的集合到非负实数集合之间的一个映射 S，它满足三个条件：

（1）等积性：凡是全等的两个平面图形对应着同一个数，即如果 $F\cong F'$，那么 $S(F)\cong S(F')$。其中 F，F'代表两个平面图形，≅代表全等，即两个图形经过平移、旋转和反射之后可以重合。

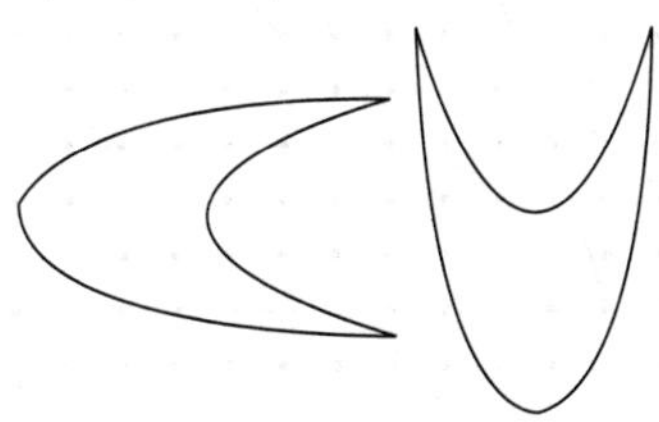

图 5.2－5

（2）可加性：若果 $F_1+F_2=F$，那么 $S(F_1)+S(F_2)=S(F)$。其中 F_1，F_2 是相邻的图形，仅有一个公共边界，此外无任何公共内点。也可以将大图形 F 切割成两部分 F_1，F_2，切割前后面积不变。我们通常利用割补法计算不规则图形的面积，正是基于这个原理。

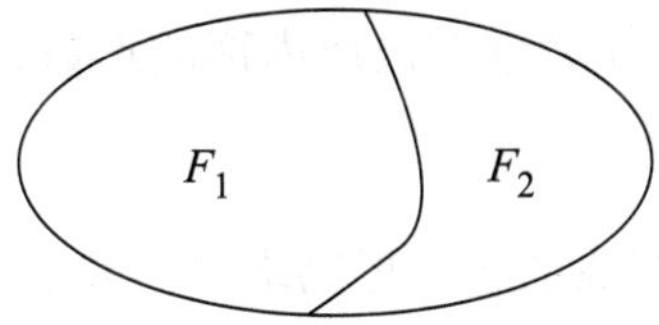

图 5.2－6

（3）面积单位：与长度保持协调，通常将单位长度的正方形的面积作为面积单位，用它来度量其他图形的面积。

电子图书馆

[1] 朱乐平．谈小学空间与图形教学内容的动态处理 [J]．江苏教育研究，2009 (11)．

[2] 张奠宙，唐彩斌．关于小学"数学本质"的对话 [J]．人民教育，2009 (2)．

[3] 史宁中，孔凡哲．"数学教师的素养"对话录 [J]．人民教育，2008 (21)．

5.2.5 格点多边形的面积

一张方格纸上，上面画着纵横两组平行线，相邻平行线之间的距离都相等，这样两组平行线的交点，就是所谓格点。如果一个多边形的顶点全是格点，这个多边形就叫作格点多边形（见图 5.2－7）。

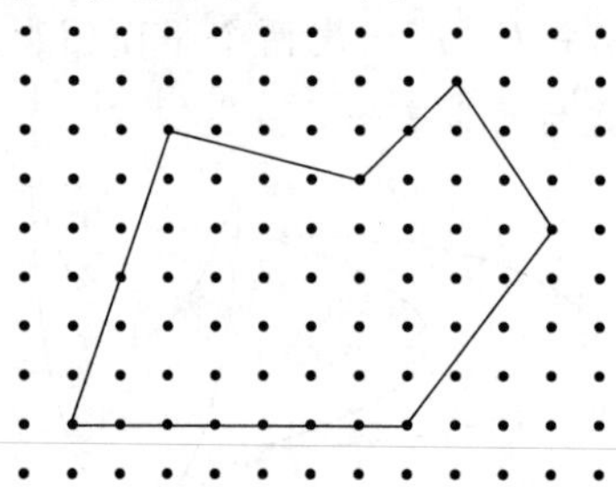

图 5.2－7

有趣的是，这种格点多边形的面积计算起来很方便，只要数一下图形边线上的点的数目及图内的点的数目，就可用公式算出。这个公式是皮克（Pick）在 1899 年给出的，被称为"皮克定理"。

定理 （皮克定理）如果两个相邻格点的距离是 1，那么格点多边形的面积公式为 $S = a + \frac{b}{2} - 1$，其中 a 表示多边形内部的点数，b 表示多边形边界上的点数，S 表示多边形的面积。

例 1 在 4×4 的格点组成的正方形网络中，最小正方形的面积是 4，那么阴影部分的面积是多少？

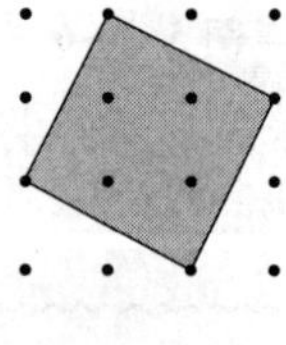

图 5.2－8

解　根据皮克定理，阴影部分的面积是

$$\left(4+\frac{4}{2}-1\right)\times 4=20。$$

例 2　图 5.2 - 9 中共有 21 个点，每相邻三个点∵或者∴所围成图形的面积为 1，求图中$\triangle ABC$的面积。

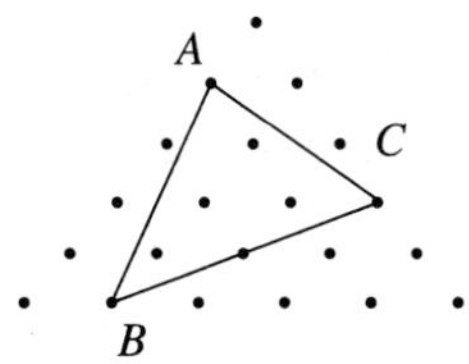

图 5.2 - 9

解　将图∵或∴看作平行四边形的一半，将平行四边形与正方形进行类比，仅仅是角度偏移，面积不变。

因此，每个小平行四边形的面积为 2。

根据皮克定理，得到$\triangle ABC$的面积为

$$(4+4\div 2-1)\times 2=10。$$

拓展阅读　方形模式①

“在周长等值的四边形中，以正方形的面积为最大。”这个几何法则，给我们的生命以一种“方形模式”智慧的启迪。

拿破仑将此应用于军事家身上，称其智与勇犹如长与宽，必须等量地向前发展，组成一个完美的正方形。如此，他就能无往而不胜。

可以推论：一名科学家，其专业知识与钻研精神应该等量发展；一名工人，其文化水平与技能素质应该等量发展；一名教师，其基本功夫与道德修养应该等量发展……文艺界标榜的“德艺双馨”就是完美的方形模式。

一个完美的社会，其物质文明同精神文明是并列增长的。如果物欲泛滥，就会道德滑坡，形成强烈的反差。就企业而言，产品的效益决定于产量与质量，这两条边必须等量发展，缺一不可，方形模式能使企业立于不败之地。

人生亦如此，当人在满足感官享受的同时，绝不可以忘却心智的开拓。面对灯红酒绿的都市，岂能做行尸走肉？生产与消费，创造与娱乐，忙碌与休闲，都相辅相成，这才是和谐生活的方形模式。

这种“方形模式”的智慧，引导人们去成长，去成才，去走向成功。

① 那秋生．几何法则与生命智慧［J］．知识就是力量，2011（2）：77.

5.3 三角形

◉**学习目标**

1. 理解三角形的定义与基本性质；
2. 理解三角形的面积公式与内角和公式；
3. 掌握面积定理，并能运用面积定理解决简单问题。

5.3.1 定义与性质

三条线段首尾连接形成的图形叫作三角形。三角形常用三个顶点的大写字母表示，比如$\triangle ABC$。组成三角形的各条线段叫作三角形的边。相邻两边的公共点叫作三角形的顶点。

三角形的分类有两种：按边分为等腰三角形和非等腰三角形，前者至少有两边相等，后者各边不等，其中前者又可分为一般等腰三角形和等边三角形（三边相等，三个内角为60°）；按最大内角来分，可分为钝角三角形、直角三角形和锐角三角形。

三角形也是基本的平面图形，关于三角形的基本结论有：

结论1 三角形的内角和为180°。

已知：$\angle A$、$\angle B$、$\angle C$为$\triangle ABC$的三个内角。

求证：$\angle A+\angle B+\angle C=180°$。

证明 如图5.3－1所示，过A作$EF /\!/ BC$，

$\therefore \angle B=\angle EAB$，$\angle C=\angle FAC$。（两直线平行，内错角相等）

又$\because \angle EAB+\angle FAC+\angle BAC=180°$，（平角的定义）

$\therefore \angle B+\angle C+\angle BAC=180°$。（等量代换）

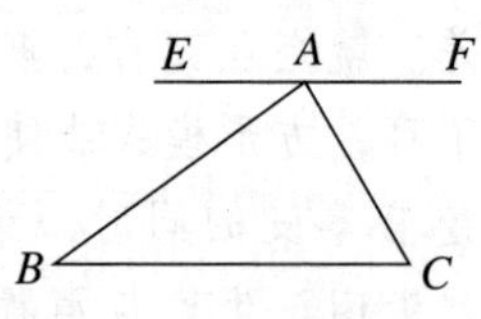

图5.3－1

教学链接 | 三角形的内角和

在小学数学的范围内，不可能进行如此严密的证明，但可以以长方形的性

质（四个角为直角，内角和为90×4=360°）为基础，借助逻辑推理的力量，进行演绎证明。

如图5.3-2所示，对于直角三角形，可以用两个完全一样的直角三角形拼成一个长方形，其内角和为360°，这样每个直角三角形的内角和为180°；对于非直角三角形，可以在内部作一条高，将其分成两个直角三角形，这样两个直角三角形的内角和为360°，减去高与底边所成的两个直角的度数，就得到所求的非直角三角形的内角和为180°。

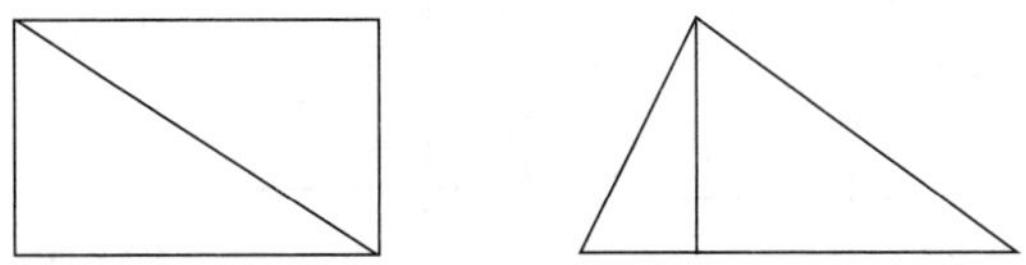

图5.3-2

但是，有人认为这种证明方法并不是特别严密，犯了“循环论证”的错误。因为证明的基础是“长方形的内角和为360°”，而这要以三角形内角和为前提，否则就难以保证长方形的四个角为直角。然而，证明是否真正严密，既与评价严密的标准有关，又与推理的基础有关，即推理所依据的已有定义、公理、公设、定理等。

在小学数学中，将有一个角是直角的平行四边形定义为长方形，长方形的性质（比如四个角都是直角，既是轴对称图形，又是中心对称图形等）是默认为正确的而不加以证明，相当于平面几何中的公理；再结合直角的定义，就可以得到“长方形的内角和为360°”。因而，在小学阶段，可以认为这种方法是比较严密的。

结论2 三角形的任意两边之和大于第三边。

已知：$\triangle ABC$ 的三边为 AB、BC 和 CA。

求证：$AB+BC>CA$。

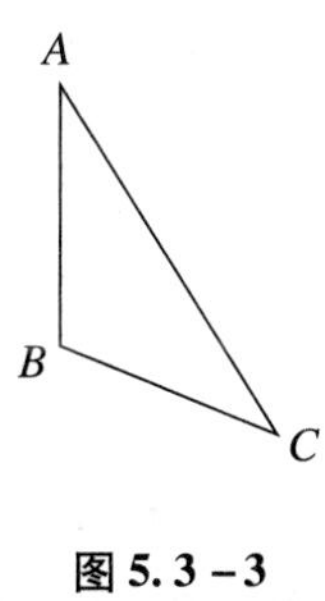

图5.3-3

证明 将 A、B 看作平面中的两点，AC 为连接两点的线段，ABC 为连接两点间的折线。根据线段公理，在连接两点之间的所有连线中，线段最短，所以 $AB+BC>CA$。

结论 3 三角形的面积 = 底 × 高 ÷2。

这个结论可以通过转化的方法得到，转化的方法有两种，一种是转化为长方形（见图 5.3－4），另一种是转化为平行四边形（见图 5.3－5）。证明由读者自行完成。

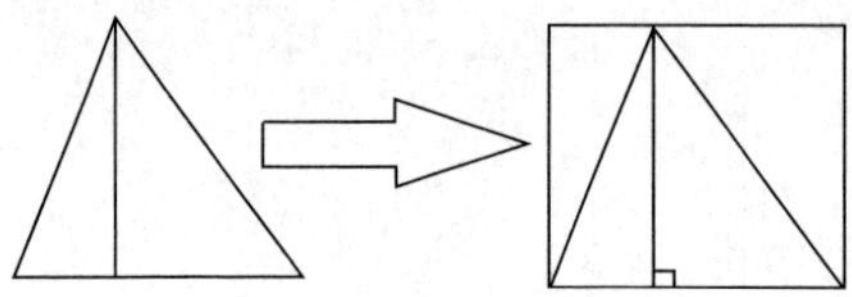

图 5.3－4

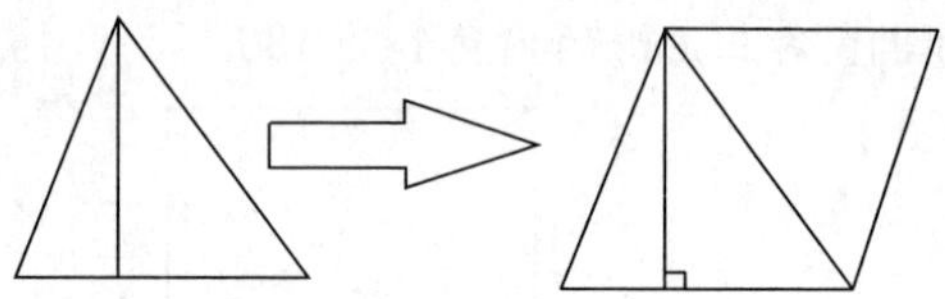

图 5.3－5

电子图书馆

［1］曾小平，韩龙淑．三角形内角和的证明与教学［J］．小学教学（数学版），2011（12）．

［2］朱乐平．“三角形的内角和”教学设计和意图［J］．小学青年教师（数学版），2006（3）．

5.3.2 海伦—秦九韶公式

对于一个三角形，如果三边长度确定，那么这个三角形的形状和大小就确定了，它的高和面积就是确定的。下面我们来研究，在三边确定的条件下，如何求三角形的高和面积。鉴于篇幅，我们只讨论锐角三角形，读者可以自行研究钝角三角形。

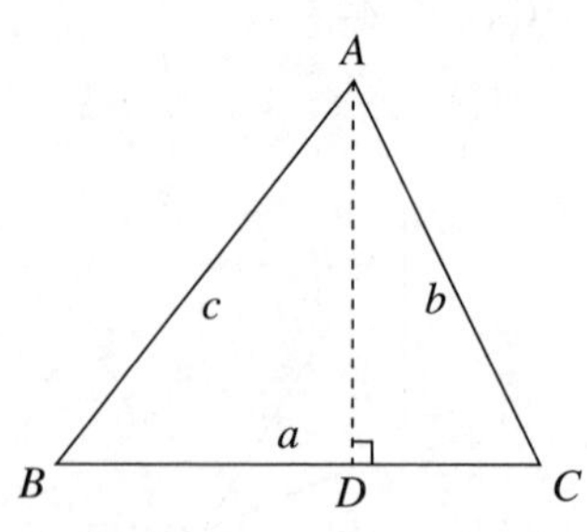

图 5.3－6

如图 5.3－6 所示，在锐角 $\triangle ABC$ 中，作 $AD\perp BC$ 于 D，设 $AD=h$，由勾股定理，有

$$\sqrt{AB^2-AD^2}+\sqrt{AC^2-AD^2}=BC,$$

也就是

$$\sqrt{c^2-h^2}+\sqrt{b^2-h^2}=a。$$

两端平方可得

$$c^2-h^2+b^2-h^2+2\sqrt{(c^2-h^2)(b^2-h^2)}=a^2,$$

即

$$2\sqrt{(c^2-h^2)(b^2-h^2)}=a^2-c^2+2h^2-b^2。$$

再平方，可得

$$4(c^2-h^2)(b^2-h^2)=[2h^2+(a^2-c^2-b^2)]^2,$$

整理为

$$4b^2c^2-4h^2(b^2+c^2)=(a^2-b^2-c^2)^2+4h^2(a^2-b^2-c^2),$$

再整理为

$$4a^2h^2=(2bc)^2-(a^2-b^2-c^2)^2。$$

右边因式分解可得

$$4a^2h^2=(2bc-a^2+b^2+c^2)(2bc+a^2-b^2-c^2),$$

再次分解可得

$$4a^2h^2=(a+b+c)(a+b-c)(a-b+c)(-a+b+c)。$$

令 $p=\frac{a+b+c}{2}$ 为 $\triangle ABC$ 的半周长，可以得到

$$4a^2h^2=16p(p-a)(p-b)(p-c),$$

那么

$$h=\frac{2}{a}\sqrt{p(p-a)(p-b)(p-c)}。$$

为了区分不同底边上的高，我们将高与底边对应记作

$$h_a=\frac{2}{a}\sqrt{p(p-a)(p-b)(p-c)},$$

$$h_b=\frac{2}{b}\sqrt{p(p-a)(p-b)(p-c)},$$

$$h_c=\frac{2}{c}\sqrt{p(p-a)(p-b)(p-c)}。$$

再将高代入三角形的面积公式 $S=\frac{a\times h_a}{2}$ 中，可以求出三角形的面积为

$$S_{\triangle ABC}=\sqrt{p(p-a)(p-b)(p-c)}。$$

这就是海伦公式，也叫作秦九韶公式，传说是古代的叙拉古国王海伦

(Heron，也称海龙）二世发现的，记载在大约公元50年出版的《度量论》一书中。但根据 Morris Kline 在1908年出版的著作考证，这条公式其实是由阿基米德所发现，以托海伦二世的名发表的。我国南宋数学家秦九韶在1247年出版的名著《数书九章》的第5卷《田域类》的第2题“三斜求积”的算法，实质上就相当于给出了这个公式。

拓展阅读 三角结构①

三角形是一种最稳定的几何结构，新兴的人才学用它来说明一个人成功的“三角结构”原理。三角形有三条边，人的天赋好比底边，社会环境和主观努力就是两边。一般来说，底边是确定的，故两边越长，成功的面积也就越大。

天赋的重要如同种子一样，但若无阳光、水分、土肥，就不能发芽生长，这就是环境的作用。同时，种子自身还须顽强，经得起日晒雨淋，不然也只能“泯然众人”矣。要是缺少一边，连三角形也构不成，何谈面积？何谈成功？所以，欲取成功者，一要善于利用自己的天赋，二要把握客观的机遇，三要努力奋斗、百折不挠，三者缺一不可。

诺贝尔物理学奖获得者兰道分析过所有的著名物理学家，提出了一种最好的人才结构模式——等边的锐角三角形。他以爱因斯坦、海森堡等为例：其知识基础宽厚，内涵十分丰富，这是底边；其大脑思维尖锐，方法极其灵活，形成锐角。他还说，其他如斜角或钝角的三角形结构，都是不容易成功的。

著名学者于光远在论述“现代人的生活方式”中，也主张建立完美的正三角形结构：三分之一关注物质，三分之一关注精神，三分之一关注自然。这样“三角结构”的生活，才是真正具有现代意义的。

5.3.3 面积定理

平面图形的面积，是初等数学的重要内容，其中有很多的技巧，也隐藏了很多常用的性质和定理。下面我们逐一介绍它们，并简要说明它们的价值。根据三角形的面积公式，可以得到以下常用结论。

定理1 等底等高的三角形，面积相等。

（证明略）

---

① 那秋生．几何法则与生命智慧［J］．知识就是力量，2011（2）：77.

定理2　等高的三角形，面积之比等于底之比。

（证明略）

定理3　等底的三角形，面积之比等于高之比。

（证明略）

定理4　（等角定理）如果两个三角形有一个公共角，那么这两个三角形的面积比，等于等角两边的乘积之比。

已知：在$\triangle ABC$中，D、E是AB、AC上的点①。

求证：$\frac{S_{\triangle ADE}}{S_{\triangle ABC}}=\frac{AD\times AE}{AB\times AC}$。

证明　如图5.3－7所示，连接BE，由定理2可知，$\frac{S_{\triangle ADE}}{S_{\triangle ABE}}=\frac{AD}{AB}$，$\frac{S_{\triangle ABE}}{S_{\triangle ABC}}=\frac{AE}{AC}$。

那么$\frac{S_{\triangle ADE}}{S_{\triangle ABC}}=\frac{S_{\triangle ADE}}{S_{\triangle ABE}}\times\frac{S_{\triangle ABE}}{S_{\triangle ABC}}=\frac{AD\times AE}{AB\times AC}$。

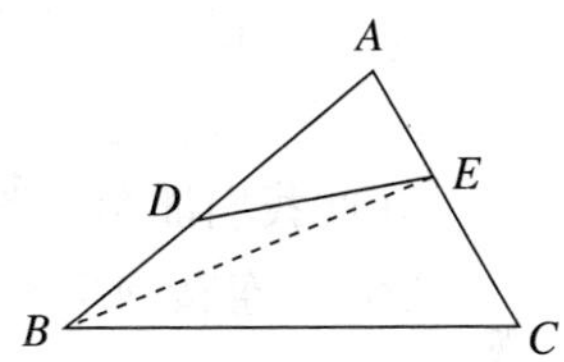

图5.3－7

定理5　（共边定理）如果两个三角形有一条公共边，那么这两个三角形的面积比，等于该边所在直线分其顶点连线的线段比。

已知：在$\triangle ABC$中，D是BC边上一点，点E在AD（或者其延长线）上。

求证：$\frac{S_{\triangle ABE}}{S_{\triangle ACE}}=\frac{BD}{CD}$。

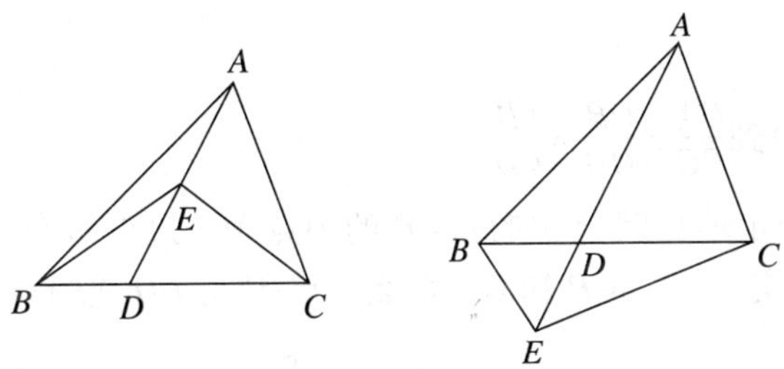

图5.3－8

证明　由定理2可知，$\frac{S_{\triangle ABD}}{S_{\triangle ACD}}=\frac{S_{\triangle EBD}}{S_{\triangle ECD}}=\frac{BD}{CD}$。

那么

$$\frac{S_{\triangle ABD}}{S_{\triangle ACD}}=\frac{S_{\triangle EBD}}{S_{\triangle ECD}}=\frac{S_{\triangle ABE}}{S_{\triangle ACE}}=\frac{S_{\triangle ABD}\pm S_{\triangle EBD}}{S_{\triangle ACD}\pm S_{\triangle ECD}}=\frac{BD}{CD}。$$

① 如果D在BA的延长线上，结果会怎样？请读者思考并证明。

下面，我们看看这几个定理的应用。

例1 （平行线等分线段定理）如图5.3－9所示，已知$AB//CD$，那么$\frac{OA}{OC}=\frac{OB}{OD}=\frac{AB}{CD}$。

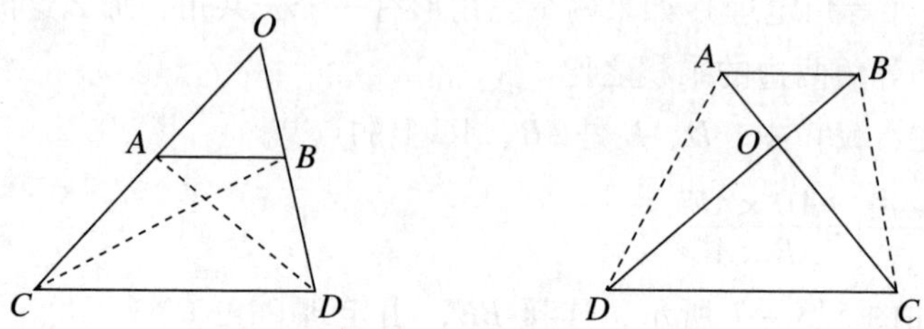

图5.3－9

（在此我们证明左图，右图类似证明由读者完成。）

证明 连接AD和BC，因为$AB\parallel CD$，所以$S_{\triangle ABC}=S_{\triangle ABD}$，进而$S_{\triangle OBC}=S_{\triangle OAD}$。

又因为$\frac{S_{\triangle OAB}}{S_{\triangle OCB}}=\frac{OA}{OC}$，$\frac{S_{\triangle OAB}}{S_{\triangle OAD}}=\frac{OB}{OD}$，所以$\frac{OA}{OC}=\frac{OB}{OD}$。

又因为$\frac{S_{\triangle OCB}}{S_{\triangle OCD}}=\frac{OB}{OD}$，所以$\frac{S_{\triangle OAB}}{S_{\triangle OCD}}=\frac{OA\times OB}{OC\times OD}$。

因为$AB\parallel CD$，所以$\angle OAB=\angle OCD$。根据定理4可得：$\frac{S_{\triangle OAB}}{S_{\triangle OCD}}=\frac{OA\times AB}{OC\times CD}$，因此，$\frac{AB}{CD}=\frac{OB}{OD}$。

综合上述，得到$\frac{OA}{OC}=\frac{OB}{OD}=\frac{AB}{CD}$。

例2 （蝴蝶定理）圆O中的弦AB的中点M，过点M任作两弦CD和EF，弦CF与DE分别交AB于点P和Q，那么，点M为PQ之中点。

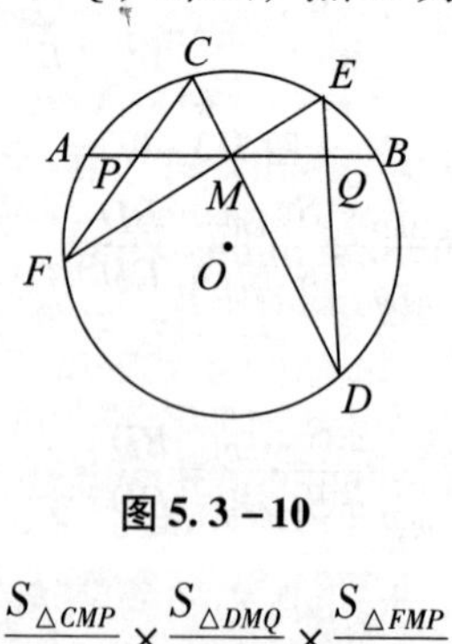

图5.3－10

证明 $\frac{CP\times CM}{EQ\times EM}=\frac{S_{\triangle CMP}}{S_{\triangle EMQ}}=\frac{S_{\triangle CMP}}{S_{\triangle DMQ}}\times\frac{S_{\triangle DMQ}}{S_{\triangle FMP}}\times\frac{S_{\triangle FMP}}{S_{\triangle EMQ}}$

$$=\frac{MP\times CM}{MQ\times DM}\times\frac{DQ\times DM}{FM\times FP}\times\frac{FM\times MP}{MQ\times EM},$$

即

$$\frac{CP}{EQ}=\frac{MP^2}{MQ^2}\times\frac{DQ}{FP}。$$

整理得

$$\frac{MQ^2}{EQ\times DQ}=\frac{MP^2}{CP\times FP}\Rightarrow\frac{MQ^2}{AQ\times BQ}=\frac{MP^2}{AP\times BP}。$$

注意到 $AM=BM$，有

$$\frac{MQ^2}{(AM+MQ)(AM-MQ)}=\frac{MP^2}{(AM+MP)(AM-MP)},$$

可以得到

$MP=MQ$。

拓展阅读 梯形蝴蝶定理

在小学数学的面积计算中，常常涉及“梯形中的蝴蝶定理”，具体如下：

梯形 $ABCD$ 的上底为 a，下底为 b，面积记作 S；对角线 AC、BD 交于点 O，且将梯形 $ABCD$ 分成四个区域，每个区域的面积分别记作 S_1，S_2，S_3，S_4。求证：

（1）$S_1:S_3=a^2:b^2$；

（2）$S_1:S_3:S_2:S_4=a^2:b^2:ab:ab$；

（3）S 的对应份数为$(a+b)^2$。

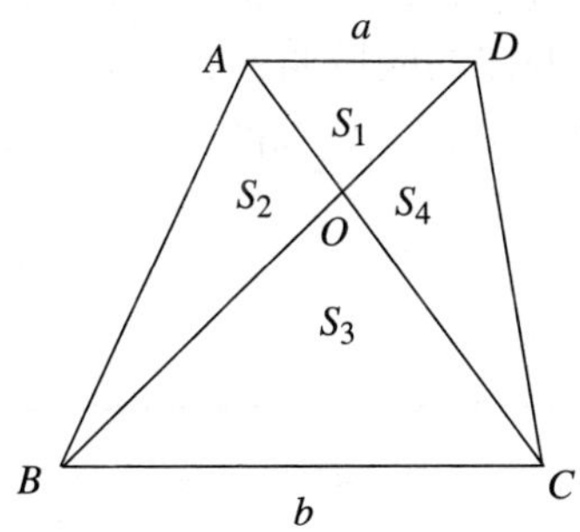

图 5.3－11

证明：（1）根据平行线等分线段定理，有 $OA:OC=OD:OB=a:b$。

再由等角定理，可以得到

$S_1:S_3=OA\times OD:OB\times OC=a^2:b^2$。

（2）根据共边定理，有

$S_1 : S_2 = OD : OB = a : b = a^2 : ab$。

类似地，$S_3 : S_2 = OA : OC = a : b = ab : b^2$，容易得到 $S_2 = S_4$。

综合上述，可以得到

$S_1 : S_3 : S_2 : S_4 = a^2 : b^2 : ab : ab$。

（3）设比的每一份为 1，那么 S_1，S_3，S_2，S_4 的对应份数为 a^2，b^2，ab，ab，那么

$S = S_1 + S_2 + S_3 + S_4 = a^2 + b^2 + ab + ab = (a+b)^2$。

5.4 圆与球

◉学习目标

1. 理解圆的定义和圆周长与面积的计算公式；
2. 理解球的定义和球表面积与体积之间的关系，会计算球的体积；
3. 了解圆与圆周率的相关历史，了解等周定理的研究进展。

5.4.1 圆

平面内与一个定点的距离等于定长的点的集合叫作圆。这个定点叫作圆心，通常用字母 O 表示；定长叫作圆的半径，通常用字母 r 表示；圆心为 O 的圆通常记作⊙O。连接圆上任意两点的线段叫作弦，以 A、B 为端点的弦记作弦 AB。过圆心的弦叫作直径，圆上任意两点之间的部分叫作圆弧，圆上 A、B 两点确定的圆弧记作$\overset{\frown}{AB}$。

拓展阅读 圆的历史

圆是自然界最古老的图形之一，也是最美的图形之一。有人认为，圆是数学中最美的图形，它的特性引发人们进行孜孜不倦的探究。古代人最早是从太阳，从阴历十五的月亮得到圆的概念的，那么是什么人做出第一个圆的呢？

18000 年前的山顶洞人用一种尖状的石器来钻孔，一面钻不透，再从另一面钻。石器的尖是圆心，它的宽度的一半就是半径，这样以同一个半径和圆心一圈圈地转就可以钻出一个圆的孔。到了陶器时代，许多陶器都是圆的，圆的陶

器是将泥土放在一个转盘上制成的。

6000 年前，半坡人就已经会造圆形的房顶了。古代人还发现圆的木头滚着走比较省劲。后来他们在搬运重物时，就把几段圆木垫在重物的下面滚着走，这样就比扛着走省劲得多。

大约在 6000 年前，美索不达米亚人做出了世界上第一个轮子——圆的木轮。约在 4000 年前，人们将圆的木轮固定在木架上，这就成了最初的车子。

会作圆并且真正了解圆的性质是在 2000 多年前，由我国的墨子给出圆的概念，“圆，一中同长也”。意思是说，圆有一个圆心，圆心到圆周的长都相等。这个定义比希腊数学家欧几里得给圆下定义要早 100 年。

古希腊数学家欧几里得在《几何原本》中给出了圆的相关定义：圆，由一条线包围着的平面图形，其内有一点与这条线上任何一个点所连成的线段都相等；这个点叫作圆心；圆的直径是任意一条经过圆心的直线在两个方向被圆截得的线段，且把圆两等分；半圆是直径与被它切割的圆弧所围成的图形，半圆的圆心与原圆心相同。

平面上，任意不共线的三个点确定一个圆。一般来讲，圆心确定圆的位置，半径确定圆的大小。

圆的基本特性　圆周上任意一点到圆心的距离都等于半径；同圆（或者等圆）的半径相等，同圆（或者等圆）的直径相等；圆是轴对称图形，任何一条直径都是它的对称轴；圆是中心对称图形，圆心是它的对称中心。

电子图书馆

[1] 朱乐平．“圆的认识教学研究”校本教研活动方案［J］．教学月刊（小学版·数学），2011（Z2）．

[2] 张三齐．啊，你优美和谐的圆［M］//赵之，黄天祥．科学夜谭．北京：中国青年出版社，1988：65－66.

圆的周长和直径的比值是一个常数，叫作圆周率，通常用希腊字母 π（读作 pai）表示。在高等数学里，可以证明 π 是一个无限不循环小数。

拓展阅读　我国古代的圆周率

如果圆的直径为 1，并把圆的内接正六边形的周长（$p_6=3$）看作圆周长的近似值，那么圆周率的近似值为 3，这就是我们古代早期使用的圆周率（$\pi=3$）“周三径一”，被称为“古率”。

把圆的内接正六边形的边数加倍，得到圆内接十二边形，再加倍，可以得到圆内接二十四边形，……。这样一些内接多边形边数增加时，它的周长p_n也不断增加，越来越接近于圆的周长，因此，p_n与直径的比值越来越接近于圆周率的准确值。

这种求圆周率的方法叫作割圆术，魏晋时期的数学家刘徽用“割圆术”求圆周率，得到$3.141024 < \pi < 3.142704$。南北朝时期的数学家祖冲之沿用这种方法，得到$3.1415926 < \pi < 3.1415927$，把圆周率精确到小数点后七位，这比欧洲的相应结果早一千多年。为了便于计算，我国古代把$\pi \approx \frac{22}{7}$叫作约率，把$\pi \approx \frac{355}{113}$叫作密率。

电子图书馆

[1] 茅以升．漫画圆周率［J］．少年科学，1978（1）．

[2] 王振东．祖冲之与圆周率日：建议设立祖冲之纪念日［J］．自然杂志，2010（2）．

[3] 王方汉．圆周率π趣闻［J］．数学通讯，2000（2）．

[4] 朱根逸．古往今来话π值［J］．知识就是力量，1995（5）．

[5] 道奇．浅谈π与化圆为方［J］．知识就是力量，1994（11）．

根据圆周率，我可以得到圆的周长为$C = 2\pi r$，进而可以得到圆的面积为$S = \pi r^2$。下面我们用“分割—求和—取极限”的方法①，借助$C = 2\pi r$来推导$S = \pi r^2$。

将圆的半径r作n等分，得到n条小线段，它们围绕圆心转动一周，把圆分成n个圆环。

如图5.4－1所示，设第i个扇环的内半径为$\frac{i-1}{n}r$，内周长为$2\pi\frac{i-1}{n}r$，外半径为$\frac{i}{n}r$，外周长为$2\pi\frac{i}{n}r$。那么扇环的面积$2\pi\frac{i-1}{n}r \times \frac{r}{n} < S_i < 2\pi\frac{i}{n}r \times \frac{r}{n}$，即$2\pi r^2\frac{i-1}{n^2} < S_i < 2\pi r^2\frac{i}{n^2}$。

① 注：分割—求和—取极限是微积分中的基本方法。

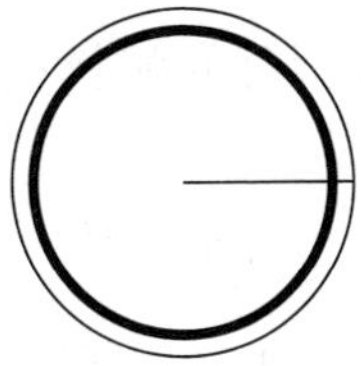

图 5.4－1

这 n 个圆环的面积之和 $\sum_{i=1}^{n} S_i$ 就是圆的面积 S，也就是 $\sum_{i=1}^{n} 2\pi r^2 \frac{i-1}{n^2} < S < \sum_{i=1}^{n} 2\pi r^2 \frac{i}{n^2}$，即 $2\pi r^2 \frac{\frac{n(n-1)}{2}}{n^2} < S < 2\pi r^2 \frac{\frac{n(n+1)}{2}}{n^2}$。

当 n 趋近于无穷大时，S 左右两端趋近于 πr^2。这就得到圆的面积 $S=\pi r^2$。

教学链接｜圆的面积

在小学数学教材中，一般通过割补法，将圆转化为长方形来计算面积。如图 5.4－2 所示，圆经过割补之后，成为近似长方形。长方形的长近似等于圆周长的一半，宽近似等于圆的半径。

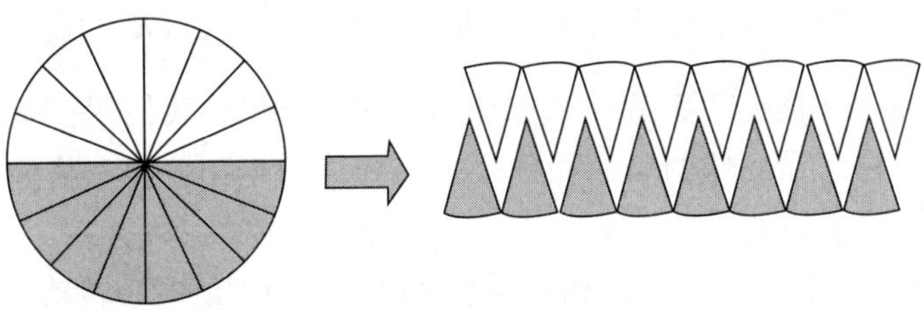

图 5.4－2

在教学时，教师首先要启发学生思考，如何将圆剪拼转化为已经学过的图形，然后通过学具的直观操作，理解转化的过程。在得到圆的面积之后，要让学生理解，面积公式是圆面积的精确公式，而不是一个近似计算公式。

5.4.2　扇形

圆的两条半径和半径之间的弧所围成的封闭图形叫作扇形。当圆的半径确定时，扇形的面积由圆心角（即半径所夹的角）来决定。当圆心角为 180°时，扇形是个半圆。当圆心角增大到 360°时，扇形就转化为圆。

当扇形的角度为 $n°$ 时，扇形所对的弧长相当于同半径圆周长的 $\frac{n}{360}$，弧长 $l=\frac{n}{360}\times 2\pi r=\frac{n\pi r}{180}$，扇形的周长 $C=\frac{n\pi r}{180}+2r$。当扇形的角度为 $n°$ 时，扇形的面积相当于同半径圆面积的 $\frac{n}{360}$，面积为 $S=\frac{n\pi r^2}{360}$。

当扇形的角度数 α 为弧度数时，由弧度的定义可知，扇形的弧长 $l=\alpha r$，扇形的周长为 $C=\alpha r+2r$，面积为 $S=\frac{lr}{2}=\frac{\alpha}{2}r^2$。

5.4.3　球

半圆以它的直径为轴旋转一周所成的曲面叫作球面，球面围成的几何体叫作球体，简称球。半圆的圆心叫作球心，连接球心和球面上任意一点的线段叫作球的半径，连接球面上任意两点并且经过球心的线段叫作球的直径。

在空间中，球面也可以看作与顶点（球心）距离等于定长（半径）的所有点的集合。

半径为 R 的球，球表面积为 $S=4\pi R^2$，体积为 $V=\frac{4}{3}\pi R^3$。在中学，我们学习过用祖暅原理（详见 5.5 节）来求球的体积。这里，我们用“分割—求和—取极限”的方法，借助球的表面积公式来推导球的体积公式，基本思路和圆面积公式的推导是类似的。

将球的半径 r 作 n 等分，得到 n 条小线段，它们围绕球心转动一周，把球分成 n 个空心球壳。

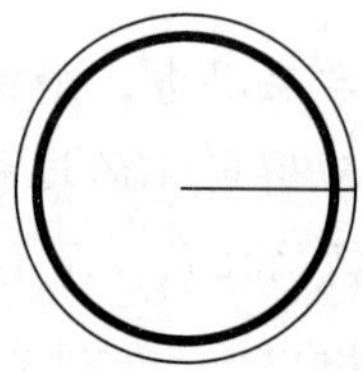

图 5.4－3

如图 5.4－3 所示，设第 i 个空心球壳的内半径为 $\frac{i-1}{n}R$，内面积为 $4\pi\left(\frac{i-1}{n}R\right)^2=4\pi R^2\left(\frac{i-1}{n}\right)^2$，外半径为 $\frac{i}{n}R$，外面积为 $4\pi R^2\left(\frac{i}{n}\right)^2$。那么球壳的体

积 $4\pi R^2\left(\frac{i-1}{n}\right)^2\times\frac{R}{n}<V_i<4\pi R^2\left(\frac{i}{n}\right)^2\times\frac{R}{n}$，即 $4\pi R^3\times\frac{(i-1)^2}{n^3}<V_i<4\pi R^3\times\frac{i^2}{n^3}$。

这 n 个球壳的体积之和 $\sum_{i=1}^{n}V_i$ 就是球的体积 V，也就是 $\sum 4\pi R^3\times\frac{(i-1)^2}{n^3}<V<\sum 4\pi R^3\times\frac{i^2}{n^3}$，

即

$$4\pi R^3\times\frac{(n-1)n(2n-1)}{6n^3}<V<4\pi R^3\times\frac{n(n+1)(2n+1)}{6n^3}。$$

当 n 趋近于无穷大时，V 左右两端趋近于 $\frac{4}{3}\pi R^3$。这就得到球的体积 $V=\frac{4}{3}\pi R^3$。

拓展阅读　阿基米德巧算球体积

阿基米德对球体积公式的推导方法比较奇妙：设 R 为一个球的半径，把这个球的两极沿水平线放置，使北极 N 与原点重合（见图 5.4－4）。画出 $2R\times R$ 的矩形 $NABS$ 和 $\triangle NCS$ 绕 x 轴旋转而得到的圆柱和圆锥。

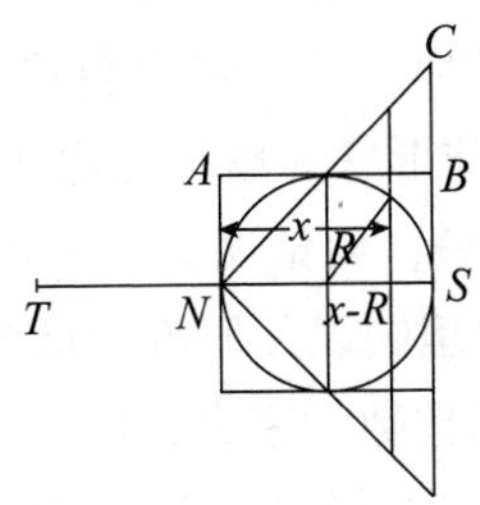

图 5.4－4

现在从这三个几何体中割出与 N 距离为 x、厚度为 Δx 的三个竖直薄片（假设它们都是扁平圆柱），这些薄片的体积分别近似于：

球：$\pi x(2R-x)\Delta x$［设球片半径 r，则 $r^2=R^2-(S-R)^2=2xR-x^2=x(2R-x)$］，

圆锥：$\pi x^2\Delta x$，

圆柱：$\pi R^2\Delta x$。

取由球和圆锥割出的两个薄片，将它们的中心吊在点 T，使 $TN=2R$。这两个薄片绕 N 的合成力矩为 $[\pi x(2R-x)\Delta x+\pi x^2\Delta x]2R=4\pi R^2x\Delta x$。

容易看出这等于圆柱割出的薄片处于原来位置时绕 N 的力矩的 4 倍。再把

所有这些薄片绕 N 的力矩加在一起便得到

$$2R（球体积+圆锥体积）=4R圆柱体积，$$

$$2R\left(球体积+\frac{8\pi R^3}{3}\right)=8\pi R^4，$$

可得，球体积 $=\frac{4}{3}\pi R^3$，等于其外切圆柱体积的 $\frac{2}{3}$。

5.4.4 等周定理

等周定理 平面上，周长一定的曲线，圆的面积最大；空间中，表面积一定的曲面，球的体积最大。

平面上的等周问题是等周问题最经典的形式，它的出现可以追溯到很早以前。这个问题可以被表述为：在平面上所有周长一定的封闭曲线中，是否有一个围成的面积最大？如果有的话，是什么形状？另一种等价的表述是：当平面上的封闭曲线围成的面积一定时，怎样的曲线周长最小？

在物理中，等周问题与最小作用量原理有关。一个直观的表现就是水珠的形状。在没有外力的情况下（如失重的太空舱里），水珠的形状是完全对称的球体。这是因为当水珠体积一定时，表面张力会迫使水珠的表面积达到最小值。根据等周定理，最小值是在水珠形状为球状时达到。

这个定理看起来似乎很容易，但证明此定理其实不易。首个接近答案的步骤出现在 1838 年——雅各·史坦纳以几何方法证明“若答案存在，答案必然是圆形”，不久之后他的证明被其他数学家完善。

1901 年，赫尔维茨利用傅里叶级数和格林定理给出一个纯解析的证明。

到目前为止，人们还只能证明前半部分。这里，我们提供一个不很严密的证明，感兴趣的读者可阅读相关文献。

证明 设周长一定的曲线为 c，我们的目标是证明 c 是一个圆，具体过程分三步进行：

首先证明，曲线 c 一定是凸曲线。否则，在曲线 c 上一定能找到两个点 O 和 P，使得 OP 在曲线 c 的外面（见图 5.4－5）。这时，将 OP 为对称轴，作出弧 OQP 关于直线 OP 的对称弧 OSP。那么曲线 $ROQSP$ 的面积大于曲线 $ROQP$ 的面积，但两者周长相同。这与假设“曲线 c 是周长一定面积最大的封闭曲线”发生矛盾。

其次证明，半周长必然固定半面积。即曲线 c 上一半周长的两点 A 和 B 构

成的直线 AB，将曲线划分为面积相等的两部分。将面积大的部分 ACB 沿直线 AB 作对称曲线 AEB（见图 5.4－6）。这样曲线 $ACBE$ 的面积大于曲线 $ACBD$ 的面积，但两者周长相同。这与假设“曲线 c 是周长一定面积最大的封闭曲线”发生矛盾。

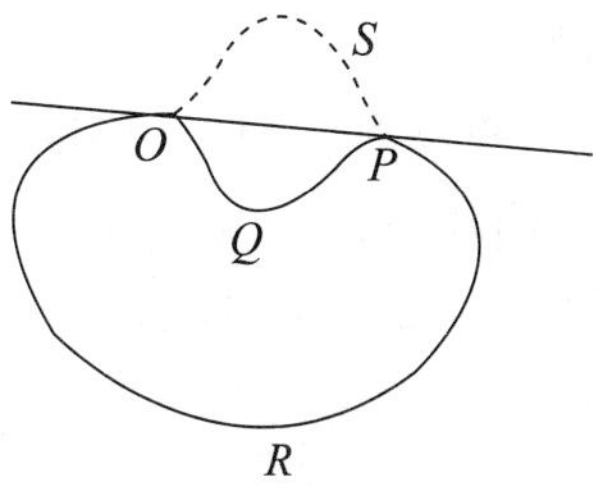

图 5.4－5

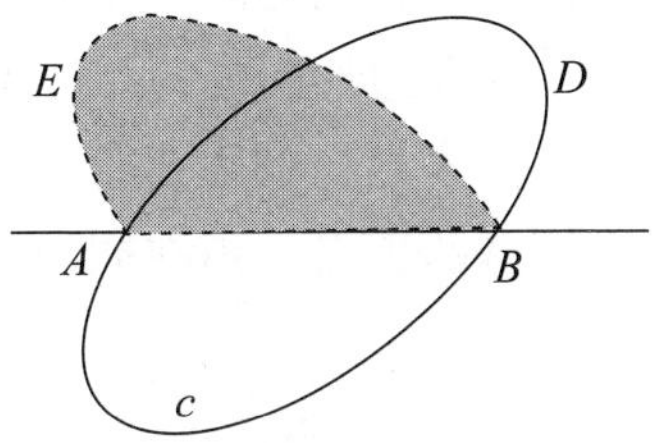

图 5.4－6

最后证明，曲线 c 为圆周。只要证明半曲线 ACB 上任意一点 T 与 A 和 B 两点的张角为直角就行了。如果 $\angle ATB$ 不是直角，可以构造出一个新图形使得 $\angle ATB$ 是直角来代替原图形 ATB（见图 5.4－7）。在这个新图形中，阴影部分的面积和弧 ACB 的长度都没有改变，但是面积比原来的图形大。这与假设“曲线 c 是周长一定面积最大的封闭曲线”发生矛盾。

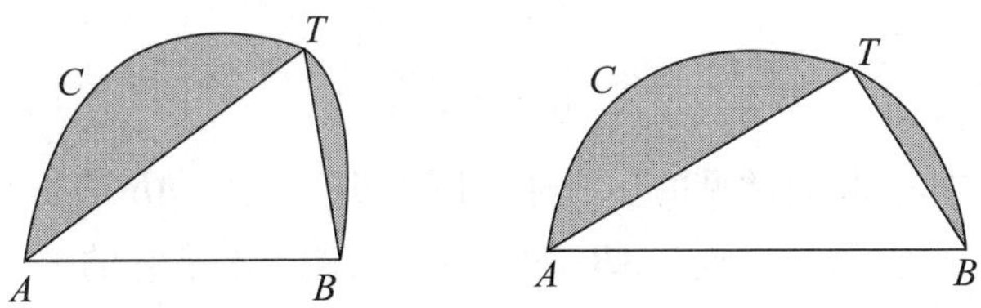

图 5.4－7

5.5 长方体、圆柱和圆锥

◉学习目标

1. 了解多面体的定义和简单多面体的欧拉公式；
2. 掌握棱柱、长方体和正方体的特征和表面积、体积的计算公式；
3. 理解圆柱与圆锥的基本性质，掌握圆柱与圆锥表面积与体积的计算公式；
4. 了解体积的公理化定义和祖暅原理，了解锥体的定义与基本性质。

5.5.1 多面体

一个物体只研究其形状和大小，而不考虑其他性质，称之为几何体，简称体，面是体的界限，线是面的界限，点是线的界限。

由几个平面多边形围成的几何体叫作多面体（见图5.5－1）。围成多面体的各个多边形叫作多面体的面，各相邻面的公共边叫作多面体的棱。棱与棱的公共点叫作多面体的顶点。不在同一个平面内的两个顶点的连结线段叫作多面体的对角线。

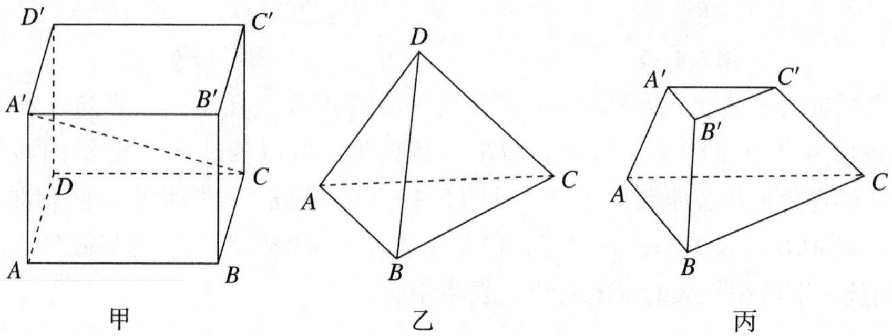

图5.5－1

例如，正方体是我们常见的多面体，图5.5－1中，$ABCD-A'B'C'D'$是一个正方体，$ABB'A'$是它的一个面，AB是它的一条棱，A是它的一个顶点，$A'C$是它的一条对角线。

多面体的面数至少是四，多面体依照它的面数分别叫作四面体、五面体等。

拓展阅读 简单多面体的欧拉公式

简单多面体的顶点数V、面数F和棱数E之间有关系：

$$V+F-E=2$$

这个公式叫欧拉公式。它描述了简单多面体顶点数、面数、棱数特有的规律。

证明 先以简单的四面体$ABCD$为例加以说明。

首先，去掉一个面，再将它压缩为平面图形。四面体顶点数V、棱数E与剩下的面数F_1变形后都没有变。因此，要研究V、E和F关系，只需去掉一个面变为平面图形，证明$V+F_1-E=1$。

其次，将所得的平面图形外围的线段逐一去掉。每去掉一条线段，就减少一个面，$V+F_1-E$ 不变。依次去掉所有的外围线段，变为“树枝形”。

再次，从剩下的树枝形中，逐一去掉线段，直至只剩一条线段。每去掉一条线段，就减少一个顶点，$V+F_1-E$ 不变，最后只剩下一条线段，此时 $V+F_1-E=2+0-1=1$。

最后，以上过程 $V+F_1-E$ 不变，$V+F_1-E=1$。所以加上去掉的一个面，$V+F-E=2$。

对任意的简单多面体，运用这样的方法，都是只剩下一条线段。因此公式对任意简单多面体都是正确的。

5.5.2　棱柱、长方体和正方体

1. 棱柱

有两个面互相平行，其余各面都是四边形，并且每相邻两个四边形的公共边都互相平行，由这些面所围成的多面体叫作棱柱。棱柱中，两个互相平行的面叫作棱柱的底面，简称底；其余各个面叫作棱柱的侧面，相邻侧面的公共边叫作棱柱的侧棱，侧面与底面的公共顶点叫作棱柱的顶点，两个底面间的距离叫作棱柱的高。

如图 5.5－2 所示棱柱中，五边形 $ABCDE$ 和 $A'B'C'D'E'$ 是底面。四边形 $ABB'A'$、$BCC'B'$ 等是侧面，AA'、BB' 等是侧棱，A、A'、B、B' 等是顶点，HH' 是高。

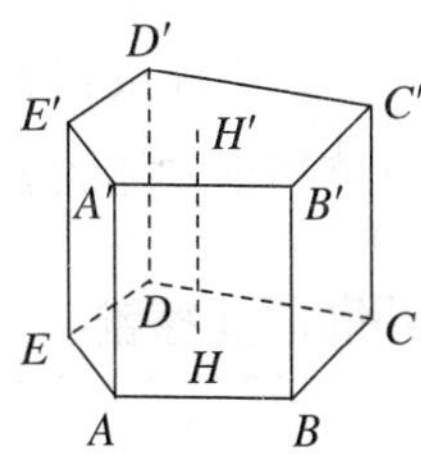

图 5.5－2

棱柱有以下性质：（1）两个底面是全等的多边形；（2）各侧棱平行且相等；（3）侧面都是平行四边形。

侧棱不垂直于底面的棱柱叫作斜棱柱，侧棱垂直于底面的棱柱叫作直棱柱。底面是正多边形的直棱柱叫作正棱柱。

直棱柱的侧棱和高相等，侧面都是矩形；正棱柱所有的侧面都是全等的矩形。

棱柱的底面有三角形、四边形等，因此棱柱又可以分为三棱柱、四棱柱等。

2. 平行六面体

底面是平行四边形的棱柱叫作平行六面体，其中侧棱和底面斜交的叫作斜平行六面体（见图 5.5－3 左图），侧棱和底面垂直的叫作直平行六面体（见图 5.5－3 右图）。

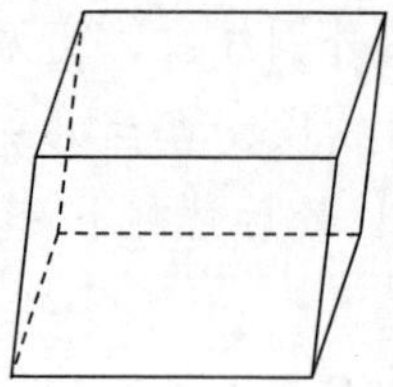

图 5.5-3

平行六面体的六个面都是平行四边形，相对的两个面平行并且全等。直平行六面体的四个侧面都是矩形。

3. 长方体和正方体

底面是矩形的直平行六面体叫作长方体。长方体的六个面都是矩形。在长方体中，交于一个顶点的三条棱的长叫作长方体的三度，就是长方体的长、宽、高。三度相等的长方体叫作正方体。正方体的六个面是全等的正方形。

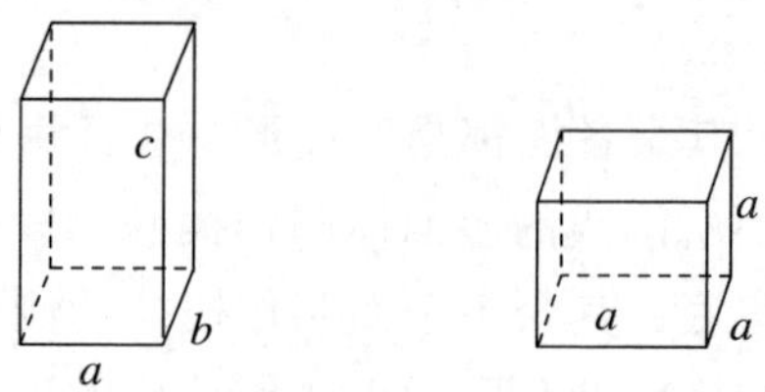

图 5.5-4

长方体或正方体的六个面的面积之和叫作它的表面积，也叫作全面积。长方体和正方体的表面积计算公式是：$S_{长方体}=2\ (ab+ac+bc)$，$S_{正方体}=6a^2$。

拓展阅读 棱锥

有一个面是多边形，其余各面是有一个公共顶点的三角形的多面体，叫作棱锥。这个多边形叫作棱锥的底面。有公共顶点的三角形叫作棱锥的侧面。相邻两个侧面的公共边叫作棱锥的侧棱。各侧棱的公共端点叫作棱锥的顶点。顶点到底面的距离叫作棱锥的高。

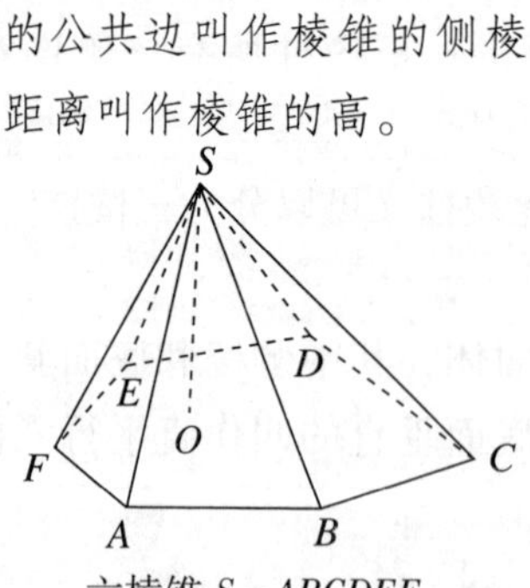

六棱锥 $S-ABCDEF$

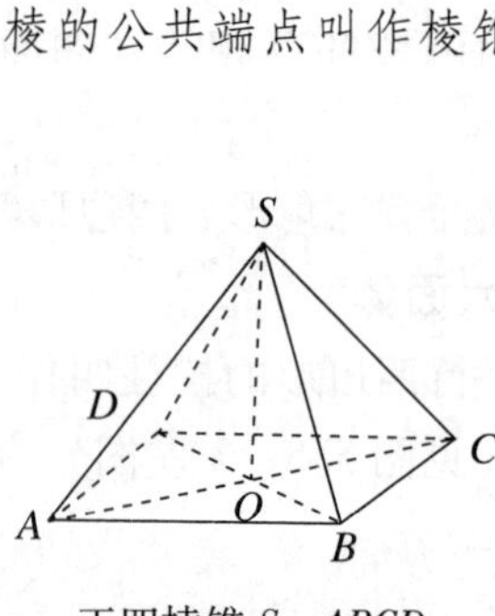

正四棱锥 $S-ABCD$

图 5.5-5

棱锥的底面有三角形、四边形、五边形等，相应的棱锥就叫作三棱锥、四棱锥、五棱锥等（见图 5.5－5）。如果一个棱锥的底面是正多边形，而且从顶点到底面的垂线足是底面正多边形的中心，这样的棱锥叫作正棱锥。

5.5.3　圆柱和圆锥

1. 圆柱

以矩形的一边所在直线为旋转轴，其余三边旋转形成的面所围成的旋转体叫作圆柱。旋转轴叫作圆柱的轴，垂直于轴的边旋转而成的圆面叫作圆柱的底面，两底面间的距离叫作圆柱的高；平行轴的边旋转而成的面叫作圆柱的侧面；无论旋转到什么位置，不垂直于轴的边都叫作圆柱的母线。如图 5.5－6 所示，⊙O 和⊙O'是圆柱的两个底面，OO'是圆柱的高，AA'、BB'是圆柱的母线。

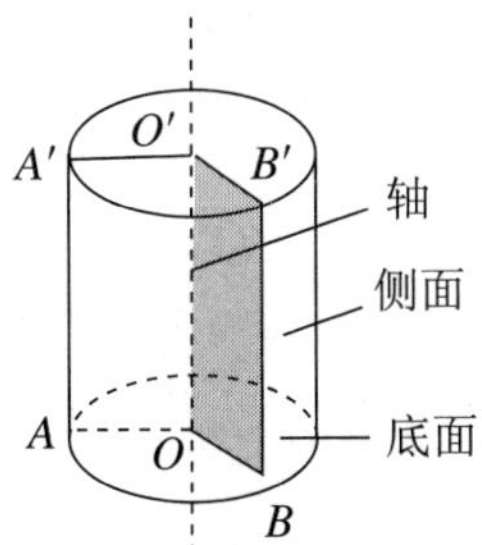

图 5.5－6

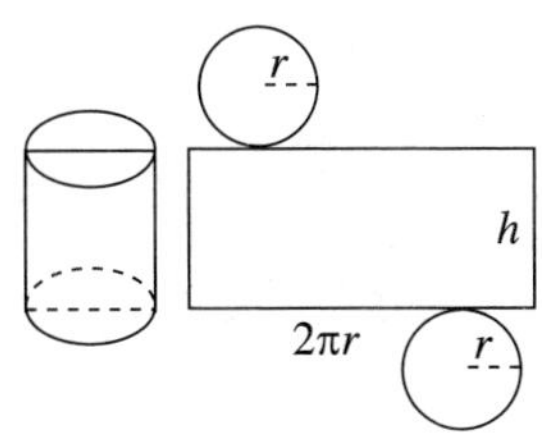

图 5.5－7

圆柱有以下性质：

（1）圆柱的两个底面是相等的圆，它们所在的平面相互平行。

（2）圆柱的轴经过两个底面的圆心，并且垂直于两个底面，连接两个底面圆心的线段等于圆柱的高。

（3）圆柱的母线平行且相等，它们垂直于两个底面，母线的长等于圆柱的高。

圆柱的展开图：将圆柱侧面沿一条母线剪开，可以展开成一个矩形（见图 5.5－7）。矩形的一边等于圆柱底面周长，另一边等于圆柱的高。

设圆柱的底面半径为 r，高为 h，因此 $S_{圆柱侧}=2\pi rh$，$S_{圆柱全}=2\pi r(h+r)$。

2. 圆锥

以直角三角形的一条直角边为旋转轴，其余两边旋转形成的面所围成的旋转体叫作圆锥。例如，图 5.5－8 就是直角三角形 SOB 绕轴 SO 旋转而成的圆锥。

由直角三角形垂直于轴的一边旋转而成的圆面叫作圆锥的底面；直角三角形的斜边旋转而成的曲面叫作圆锥的侧面；斜边在侧面上的任何位置都叫作圆锥的母线；母线的公共点叫作圆锥的顶点；顶点到底面的距离叫作圆锥的高。

图 5.5－8 中，$\odot O$ 是底面，SO 是圆锥的高，SA、SB 是母线。

圆锥有下面的性质：

（1）圆锥的底面是圆面，它垂直于圆锥的轴。

（2）圆锥的轴经过顶点和底面的圆心，顶点和底面圆心的连线等于圆锥的高。

（3）圆锥的母线都相等，各条母线与轴的夹角都相等。

圆锥的侧面展开图：圆锥的侧面沿一条母线剪开，可以展开成一个扇形（见图 5.5－9）。设圆锥的底面半径为 r，母线长为 l，表面积为 S，展开后扇形的圆心角为 θ，那么有

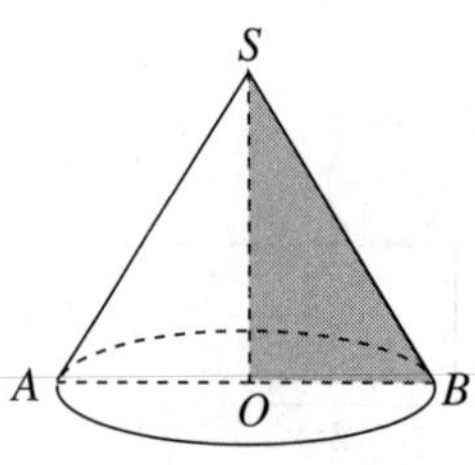

图 5.5－8

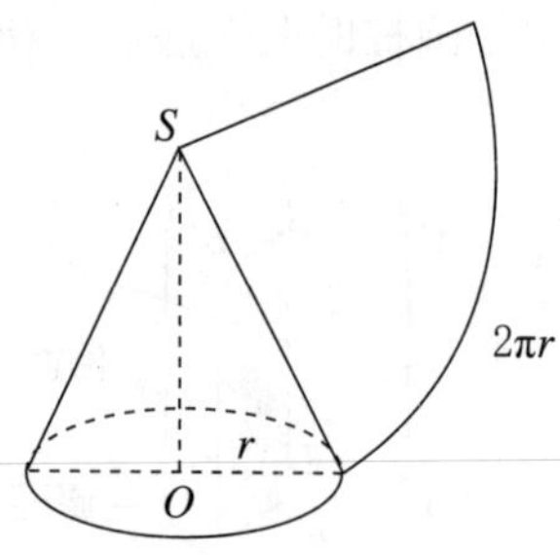

图 5.5－9

$$S=\pi r^2+\pi rl=\pi r\ (r+l),$$

$$\theta=\frac{r}{l}\times 360°。$$

5.5.4 体积

1. 体积的概念

关于体积的概念，一般地说，几何体所占有的空间的大小，叫作它的体积。要表示一个几何体的体积，必须取定一个标准，即体积单位，然后看一个几何体所占有空间部分的大小是这个单位的多少倍，这个倍数就是它的体积。

我们通常是选取棱长等于一个单位的正方体（也可以是其他几何体）体积，如以棱长为 1m 或 1cm 的正方体体积作为体积单位。

如果几何体恰好能分成若干个单位正方体，那么就容易得到这个几何体的

体积。如果几何体不能分成若干个单位正方体，这时，根据体积的一般概念，就不容易求出它的体积。为了求出任意几何体的体积，需要将体积的概念更精确化，体积的精确定义，可以叙述如下：

几何体的体积是一个正名数，满足下面两个条件。

（1）如果两个几何体全等，那么它们的体积相等。

（2）如果一个几何体分成若干部分，那么这个几何体的体积等于各部分体积之和。

体积的这样定义，叫作公理法定义，这样定义在数学里占重要地位，这个定义并没有限定计算几何体体积的方法，而只是提出无论用什么方法求出的几何体体积必须满足这两个条件的要求。

第一个条件叫作几何体体积的不变性。因为与一个几何体全等的几何体，可以看作从这个几何体移动得到的，也就是说几何体移动后体积不变。

第二个条件叫作几何体体积的可加性。因为一个几何体分为若干部分，显然，这个几何体可以看作这些部分的和，这就是说若干个几何体的和的体积等于这些几何体的体积的和。而且根据这两个条件，很容易证明下面事实：

如果几何体 P 是几何体 Q 的一部分，那么几何体 Q 的体积大于几何体 P 的体积。

体积的这个定义和体积的一般概念是一致的，它不过是几何体体积的一般概念的一种精确的数学抽象形式。根据几何体体积的这样定义，我们不但可以求出任意几何体的体积，而且可以把几何体体积的计算转化为线段长度的计算问题。

2. 长方体的体积

定理　长方体的体积等于它的三度的积。

我们应当把这个定理理解为：长方体的体积所含体积单位（如立方米、立方厘米）的数目，等于它的三度所含相应的长度单位（如米、厘米）的数目的积。如果用 V 表示长方体所含体积单位的数目，a、b、c 分别表示这个长方体的三度所含相应的长度单位的数目，那么这个定理就可以用下面的式子来表示：$V=abc$。

已知：长方体的底面边长是 au、bu，高是 cu（u 表示长度单位，如 m）。

求证：长方体的体积是：$V=abcu^3$。

证明　分下面三种情况：

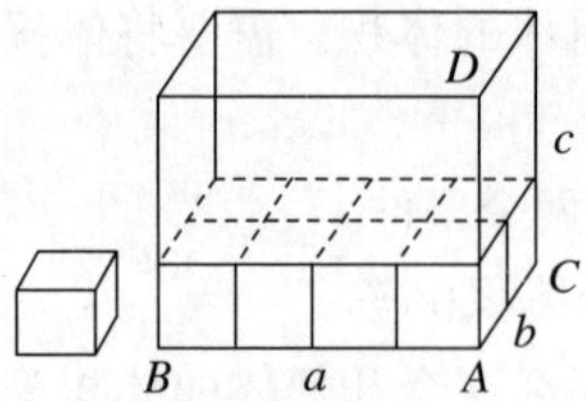

图 5.5-10

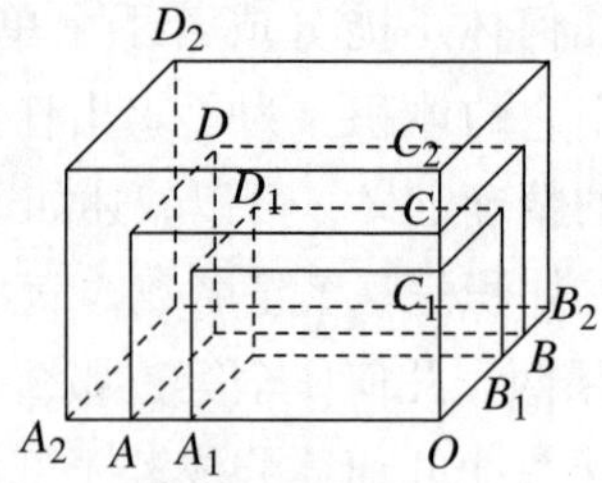

图 5.5-11

（1）设 a、b、c 都是正整数（如图 5.5-10 所示，$a=4$，$b=2$，$c=3$）。

长方体的底面共有 ab 个单位正方形，每一个单位正方形上放一个单位正方体，底层一共可以放 ab 个单位正方体。

因为长方体的高是 cu，所以沿着高线一共可以放 c 层。因此，整个长方体内一共恰好放 abc 个单位正方体。所以

$$V=abcu^3。$$

（2）设 a、b、c 中有一个或两个是正有限小数，其余是正整数（如 $a=4.701$，$b=2.42$，$c=3$），或者全部是正有限小数。

如果有限小数中小数位数最多的有 l 位小数，那么 a、b、c 可以分别写成：$a=\frac{a_1}{10^l}$，$b=\frac{b_1}{10^l}$，$c=\frac{c_1}{10^l}$，这里 a_1、b_1、c_1 都是正整数。（$4.701=\frac{4701}{10^3}$，$2.42=\frac{2420}{10^3}$，$3=\frac{3000}{10^3}$）

取较小的单位 u_1，使 $u=10^l u_1$（如 $1\text{m}=10^3\text{mm}$），那么 $au=\frac{a_1}{10^l}u=\frac{a_1}{10^l}10^l u_1=a_1u_1$。

同样，$bu=b_1u_1$，$cu=c_1u_1$（如 $4.701\text{m}=4701\text{mm}$，$2.42\text{m}=2420\text{mm}$，$3\text{m}=3000\text{mm}$），

$\because$ a_1、b_1、c_1 都是正整数，　$\therefore V=a_1b_1c_1{u_1}^3$。

$\because 1u=10^l u_1$，所以棱长等于长度单位 u 的正方体的体积是

$$1u^3=10^l\times10^l\times10^l\times{u_1}^3=10^{3l}{u_1}^3。$$

因此，$1{u_1}^3=\frac{1}{10^{3l}}u^3$，

可见 $V=a_1b_1c_1\frac{1}{10^{3l}}u^3=\frac{a_1}{10^l}\cdot\frac{b_1}{10^l}\cdot\frac{c_1}{10^l}u^3=abcu^3$。

（如 $4701\times2420\times3000\text{mm}^3=4.701\times2.42\times3\text{m}^3$）

（3）设 a、b、c 中有一个或两个是正无限小数（循环小数或无限不循环小

数），其余是正整数或正有限小数，或者全部是正无限小数。

如图5.5－11所示，长方体OD的长、宽、高分别是$OA=a$，$OB=b$，$OC=c$。

取a、b、c的有限小数的不足近似值a_1、b_1、c_1，有限小数的过剩近似值a_2、b_2、c_2，因此，$a_1\leqslant a\leqslant a_2$，$b_1\leqslant b\leqslant b_2$，$c_1\leqslant c\leqslant c_2$。

在OA、OB、OC上和它们的延长线上分别取$OA_1=a_1$，$OA_2=a_2$，$OB_1=b_1$，$OB_2=b_2$，$OC_1=c_1$，$OC_2=c_2$。

以OA_1、OB_1、OC_1为长、宽、高做成长方体OD_1，以OA_2、OB_2、OC_2为长、宽、高做成长方体OD_2。这样，长方体OD就夹在长方体OD_1和OD_2之间。如果V_1、V、V_2分别表示长方体OD_1、OD、OD_2的体积，那么$V_1<V<V_2$。

因为a_1、b_1、c_1、a_2、b_2、c_2都是有限小数，所以$V_1=a_1b_1c_1$，$V_2=a_2b_2c_2$。

因此，$a_1b_1c_1<V<a_2b_2c_2$。

当a、b、c的不足近似值和过剩近似值（有限小数）的小数位数无限增加时，a_1和a_2，b_1和b_2，c_1和c_2的值就分别趋近于a、b、c，$a_1b_1c_1$和$a_2b_2c_2$的值就趋近于abc。这时长方体OD_1和OD_2的体积V_1和V_2趋近于V。

综合上述，得到，$V=abc$。

推论1　长方体的体积等于它的底面积和高的积。

推论2　正方体的体积等于它的棱长的立方。

拓展阅读　祖暅原理

为了使计算各种几何体的体积更简单，我们将采用我国创造的求积法。为此，引入祖暅原理。

祖暅原理：夹在两个平行平面间的两个几何体，如果被平行于这两个平面的任意平面所截得的两个截面的面积都相等，那么这两个几何体的体积相等。

例如，如图5.5－12所示，夹在两个平行平面α和β间的两个几何体，如果它们被平面α和β的任意平行平面γ截得的截面P和Q的面积总相等，则这两个几何体的体积相等。早在5世纪，我国古代数学家祖暅就应用这个事实解决了球体的体积问题。所以我们把它叫作祖暅原理，外国直到17世纪才有意大利数学家卡瓦列里提出这个事实。

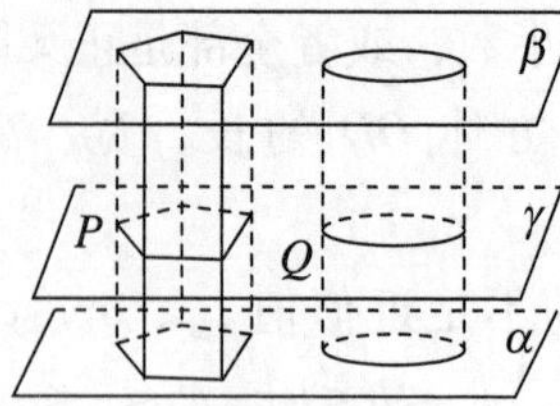

图 5.5－12

根据长方体的体积和祖暅原理，我们就可以求出许多多面体和旋转体的体积公式。

3. 柱体的体积

前面我们求出长方体的体积，并引入了祖暅原理。现在我们在这个基础上来研究柱体的体积。

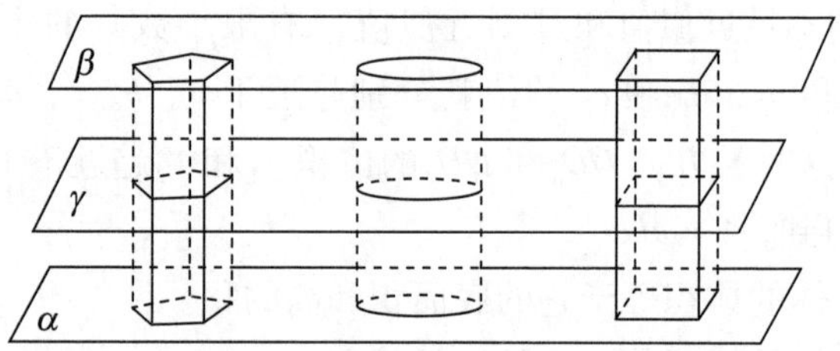

图 5.5－13

设有底面积都等于 S，高都等于 h 的任意棱柱和圆柱。取一个与它们底面积相等，高也相等的长方体。将棱柱、圆柱、长方体的下底放在同一个平面 α 上，因为它们的上底和下底平行，并且高相等，所以它们的上底在和平面 α 平行的平面 β 上（见图5.5－13），用和平面 α、β 平行的任意平面去截它们时，所得的截面都和它们的底面相等，因而这些截面的面积都等于 S。根据祖暅原理，它们的体积相等，由于长方体的体积等于底面积乘高，于是我们得到下面的定理：

定理 柱体的体积等于它的底面积 S 和高 h 的积，即 $V_{柱体}=Sh$。

由这个定理可以直接得到下面推论。

推论 如果圆柱的底面半径是 r，高是 h，那么它的体积是 $V_{圆柱}=\pi r^2h$。

4. 锥体的体积

在求锥体的体积之前，首先看底面积相等高也相等的任意两个锥体（棱锥或圆锥）的体积之间有什么关系。

设有任意两个锥体，它们的底面积都是 S，高都是 h（见图5.5－14）。把这两个锥体放在同一平面 α 上，这时它们的顶点都在和平面 α 相距 h 的平行平面上，用任意平行于平面 α 的平面 β 去截它们，截面分别与底面相似，设截面面积是 S_1、S_2，截面和锥顶的距离为 h'，则 $\frac{S_1}{S}=\frac{h'^2}{h^2}$，$\frac{S_2}{S}=\frac{h'^2}{h^2}$，因此，$\frac{S_1}{S}=\frac{S_2}{S}$，所以 $S_1=S_2$。

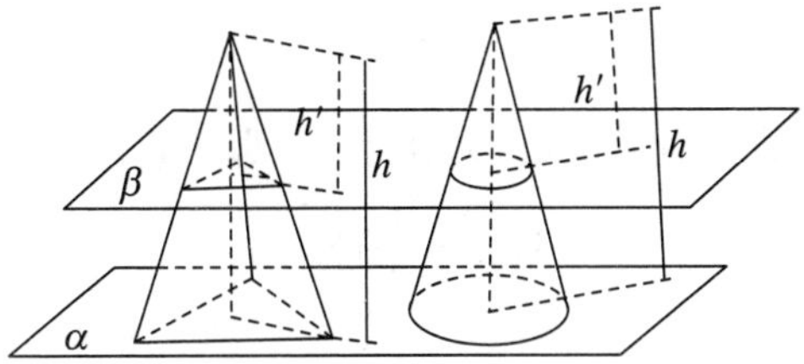

图 5.5－14

根据祖暅原理，这两个锥体体积相等，于是得到下面的定理。

定理　底面积相等高也相等的任意两个锥体的体积相等。

现在研究锥体和柱体的关系，我们证明下面定理。

定理　如果三棱锥的底面积是 S，高是 h，那么它的体积是

$$V_{三棱锥}=\frac{1}{3}Sh。$$

证明　已知三棱锥Ⅰ（$A-BCD$），底面积是 S，高是 h，把它补成一个三棱柱，然后再分割成三个三棱锥，就是三棱锥Ⅰ和另两个三棱锥Ⅱ和Ⅲ（见图 5.5－15）。

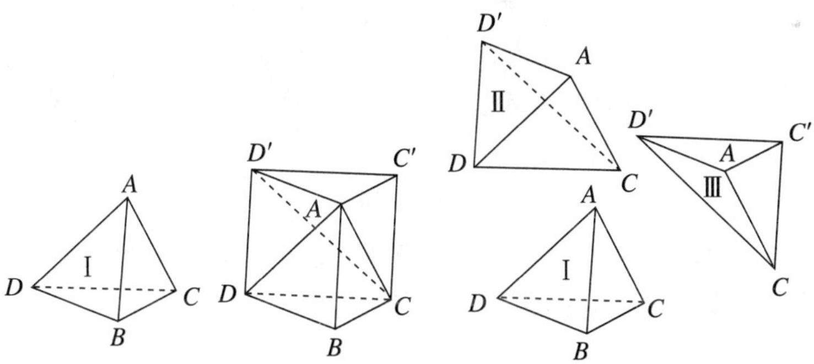

图 5.5－15

把 C 看作三棱锥Ⅰ、Ⅱ的公共顶点，因为它们有等底△DBA、△$AD'D$ 和等高，由此 $V_1=V_2$。再把 A 看作三棱锥Ⅱ、Ⅲ的公共顶点，它们有等底△DCD'、△$C'D'C$ 和等高，所以 $V_2=V_3$。因此，$V_1=V_2=V_3=\frac{1}{3}V_{三棱柱}$。

因为 $V_{三棱柱}=Sh$，所以 $V_{三棱锥}=\frac{1}{3}Sh$。根据这个定理，我们立刻得到下面定理。

定理 如果任意锥体的底面积是 S，高是 h，那么它的体积是

$$V_{锥体}=\frac{1}{3}Sh。$$

推论 如果圆锥的底面半径是 r，高是 h，那么它的体积是

$$V_{圆锥}=\frac{1}{3}\pi r^2 h。$$

拓展阅读 圆柱与圆锥的体积

根据“面动成体”的基本观点，一个平面图形的面积与其垂直运动的距离之积为该平面图形运动过程中所形成的空间图形的体积。那么，很容易得到长方体和圆柱体的体积等于底面积乘高。

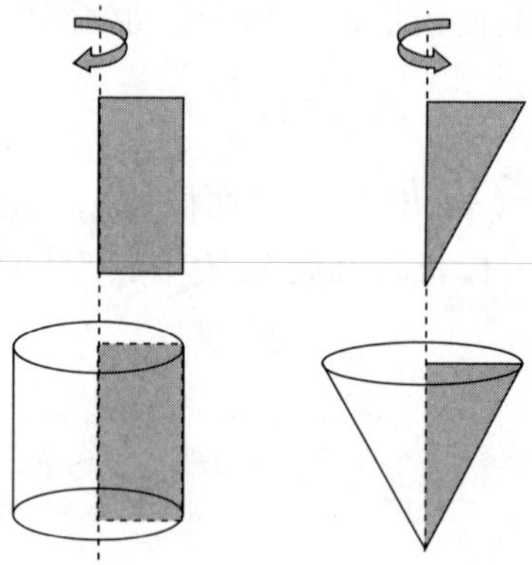

图 5.5－16

从旋转体的角度来考虑，长方形围绕其一条边旋转一周形成圆柱，那么圆柱的体积等于长方形的面积乘运动距离，即

$$V=rh\times 2\pi\left(\frac{r}{2}\right)=r\pi^2 h。$$

类似地，圆锥可以看作直角三角形围绕其一条直角边旋转一周形成的图形。那么圆锥的体积等于直角三角形的面积乘运动距离，即

$$V=\frac{1}{2}rh\times 2\pi\left(\frac{r}{3}\right)=\frac{1}{3}r\pi^2 h。$$

其中，$\frac{r}{3}$为直角三角形的重心 G 到旋转轴的距离，它是直角三角形重心旋

转所形成的圆的半径。（为什么？请读者自行思考）

电子图书馆

［1］郜舒竹．为“长方体的六个面都是长方形”正名［J］．教学月刊（小学版·数学），2011（1）．

［2］郜舒竹，徐春华．对旋转体体积的再认识［J］．数学通报，2005（1）．

［3］张奠宙．从体积的定义说起［J］．教学月刊（小学版·数学），2008（11）．

5.6　初等几何变换

◉学习目标

1. 了解图形相等与合同的概念与基本性质；
2. 理解合同变换、平移变换、旋转变换、轴反射变换的理论与方法；
3. 理解位似变换与相似变换的概念与基本性质。

5.6.1　图形的相等或合同

如果两个图形 M 和 M' 的点之间具有一一对应关系，并且 M 上任意两点所确定的线段与 M' 上与之对应的两点所确定的线段总相等，那么图形 M 和图形 M' 称为相等或合同。

定理 1　图形的相等具有反身性、对称性和传递性。

定理 2　在相等的图形中，与共线点对应的仍是共线点。

推论　直线的相等图形是直线。

证明　设 M 和 M' 是相等图形，设 M 的共线点 A、B、C 对应于 M' 上的点 A'、B'、C'，并设 B 介于 A、C 之间。则由图形相等的定义有：

$$AB = A'B',\ BC = B'C',\ AC = A'C',$$

所以，$A'C' = AC = AB + BC = A'B' + B'C'$。

这表明三点 A'、B'、C' 非共线不可（否则 A'、B'、C' 构成三角形，就有 $A'B' + B'C' > A'C'$ 了），并且 B' 介于 A' 与 C' 之间。

可见，直线的相等图形仍是直线，而且，如果点 M 在直线 a 上，则 M 的对应点 M' 在 a 的对应线 a' 上。

定理3 相等图形的对应角相等。

证明 设M和M'是相等图形。

若M中两直线a和b相交于点O，则由以上结论，a和b对应于F'中两直线a'和b'，并且O的对应点既在a'上又在b'上，即a'和b'的交点O'。

在a和b上各取一点A和B，它们的对应点A'、B'分别在a'、b'上。由于对应的距离相等，所以，$\triangle OAB$和$\triangle O'A'B'$因三边对应相等而合同，

故$\angle AOB=\angle A'O'B'$。

图形的相等有两种情况。

在平面几何中，两个相等图形M和M'，对于M上不共线的任意三点A、B、C和M'上三个对应点A'、B'、C'，如果有两对对应点重合。如A和A'重合，B和B'重合，则第三对对应点C和C'或者重合，或者对称于重合直线AB。如果C和C'重合，两图形M和M'称为全（相）等，这时两图形转向相同；如果C和C'对称于重合直线AB，则称M和M'为镜照相等，这时两图形的方向相反，这时对应的角的转向相反。

两个全相等的平面图形，只要有两对对应点重合，便完全重合了。两个镜照相等的平面图形，不将其中一个离开平面，再也无法重合。

5.6.2 平移和旋转变换

1. 运动

设有两个相等且转向相同的图形，即两个全等图形，可以利用运动从其中一个得出另一个。也就是说，两全等图形可用运动而重合。

所谓运动，就是一个变换，把图形M的点变换为图形M'的点，使任意两点间的距离（从而使角度）总保持不变，转向也保持不变。

将一图形变换为其自身，使其每一点都不动的运动称为恒等变换，记作I。

设图形M经运动f变换为图形M'，则记作$f(M)=M'$。将M'变回为M的变换仍然保持距离，保持角度及转向，因而也是一个运动，称为f的逆（运动），记作$M=f^{-1}(M')$。

每一运动的逆存在，并且f^{-1}的逆就是f，即$(f^{-1})^{-1}=f$。

设运动f_1将图形M变换为与之全等的图形M'，而运动f_2变换M'为M''，由于全等图形有传递性，从M到M''的变换也是一个运动f_3，称f_3为两运动f_1和f_2按这顺序的乘积。由于

$$f_1(M)=M',\ f_2(M')=M'',\ f_3(M)=M'',$$

所以，$f_2[f_1(M)]=f_2(M')=M''=f_3(M)$，

我们写作$f_3=f_2\cdot f_1$或$f_3=f_2f_1$。

注意　做运动的先后顺序跟书写乘积的先后顺序相反。

经过一个变换，没有变动位置的点和直线，称为这个变换的不变点和不变直线。

2. 平移变换

如果原图形中任意一点到变换后的图形中对应点的连线同向平行，长度相等，或者说经过平移某个向量得到的变换，这样的全等变换称为平移变换，简称平移。

也就是说，平移的基本特征是，图形平移前后“每一个点与它对应点之间的连线互相平行并且相等”。显然，确定平移变换需要两个要素：一是方向，二是距离。

由定义可知，一个向量决定一个平移，相等的向量决定相同的平移。恒等变换可以看成平移变换，其平移向量是零向量。

平移变换具有下列性质：

性质1　平移变换是运动。

事实上，设A和A'、B和B'是任意两对对应点，则$ABB'A'$是平行四边形，所以$AB=A'B'$。距离保持不变，且图形的转向相同。

性质2　两平移变换的乘积仍是一个平移变换。

证明　设两个平移$\overrightarrow{PQ}$和$\overrightarrow{QR}$有一公共端点Q。图形M上一点A经过平移$\overrightarrow{PQ}$到达图形M'上点A'，点A'经过平移$\overrightarrow{QR}$到达图形M''上点A''。显然有$\triangle AA'A''\equiv\triangle PQR$。所以$A''$可以由点$A$直接经过平移$\overrightarrow{PR}$得到。

我们同时证明了平移的乘积合于力的平行四边形法则，亦即向量的加法法则。

性质3　平移变换的逆变换是平移变换。

性质4　非恒等的平移变换没有不变点，但有无数条不变直线，它们都平行于平移方向。

例1　以与$\triangle ABC$三中线相等的三条线段为边构成$\triangle A'B'C'$，又以$\triangle A'B'C'$三中线为边构成$\triangle A''B''C''$。

求证：$\triangle ABC$与$\triangle A''B''C''$相似，且相似比是$4:3$。

证明　设G为$\triangle ABC$的重心，D为BC边中点。

将GD延长一倍到E，或者说将GB平移到CE。那么$\triangle CGE$的三边等于

$\triangle ABC$ 各中线的$\frac{2}{3}$，即$\triangle CGE \sim \triangle A'B'C'$，相似比是2∶3。

由于$\triangle CGE$的中线$CD=\frac{1}{2}BC$，可见$\triangle A'B'C'$的一条中线等于$\frac{3}{2}\cdot\frac{1}{2}BC=\frac{3}{4}BC$。即$\triangle A''B''C''$的边长分别是$\frac{3}{4}BC$、$\frac{3}{4}CA$、$\frac{3}{4}AB$，

所以$\triangle ABC$与$\triangle A''B''C''$相似，且相似比是4∶3。

3. 旋转变换

将一图形M上各点绕一定点O转动同一角度θ，称为旋转，所得图形M'与M有相同转向，对应的距离相等。所以M'与M全等。O称为旋转中心，θ称为旋转角或转幅。

旋转由旋转中心和转幅所决定。

旋转中心相同，旋转角相差360°的整数倍的旋转变换被认为是相同的，即$f(O,\ \theta)=f(O,\ \theta+360°n)$，$n\in\mathbf{Z}$。

旋转角为0°的旋转变换是恒等变换。

旋转角为180°的旋转变换称为中心对称变换或中心反射，其旋转中心叫作对称中心。

旋转变换具有下列性质：

性质1　当旋转角$\theta\neq180°$时，直线与其对应直线的交角等于θ。

性质2　关于同一旋转中心的两个旋转变换的乘积仍是一个旋转变换。

性质3　旋转变换的逆变换仍是旋转变换。

性质4　非恒等的旋转变换只有一个不变点——旋转中心，当旋转角$\theta\neq180°$时，旋转变换没有不变直线。

例2　在$\triangle ABC$两边AB和AC上向外作正方形$ABDE$和$ACFG$，设H、K、M各为BE、CG、BC的中点。

求证：$MH\perp MK$，$MH=MK$。

证明　若将$\triangle CAE$绕点A逆时针方向旋转90°，则A仍为A，C变到G，E变到B，$\triangle CAE$旋转90°成为$\triangle GAB$。

从此断定$CE=GB$，$CE\perp GB$，所以$MH\perp MK$；且$MH=\frac{1}{2}CE=\frac{1}{2}BG=MK$。

综上可知，平移、旋转以及它们的乘积都是平面上的运动。

5.6.3　轴反射或轴对称变换

在平面上给了一定直线l及一图形M，作出M上每一点关于l的对称点以形

成 M 的一个对称形 M' 的过程，称为轴反射或轴对称变换，l 称为反射轴。

轴反射变换由反射轴和一对对应点唯一确定。

轴反射变换具有下列性质：

性质 1　具有同一条反射轴的两个轴反射的乘积是恒等变换。

注意　具有不同反射轴的两个轴反射的乘积不一定是轴反射变换。

性质 2　设直线 $a_1 /\!/ a_2$，则关于 a_1、a_2 的两个轴反射的乘积是一个平移。平移方向是 a_1 和 a_2 的法线方向，平移距离是 a_1 和 a_2 间距离的两倍。

证明　设 A 为任一原象点，由 A 作直线垂直于 a_1 和 a_2，交 a_1 于 A_1，交 a_2 于 A_2。以 A' 表示 A 关于 a_1 的对称点，以 A'' 表示 A' 关于 a_2 的对称点。

不论 A 在平面上何处，应用有向线段的加法总有

$$\overrightarrow{AA''}=\overrightarrow{AA'}+\overrightarrow{A'A''}=2\left(\overrightarrow{A_1A'}+\overrightarrow{A'A_2}\right)=2\,\overrightarrow{A_1A_2}。$$

注意　A 可以画在 a_1 上方，也可以把 A 画在两线之间或 a_2 下方，请加以验证，以加深对有向线段效用的认识。

所以，关于两平行线 a_1 和 a_2 的两个反射之积等于平移 $2\,\overrightarrow{A_1A_2}$。平移方向是 a_1 和 a_2 的法线方向，平移距离是 a_1 和 a_2 间距离的两倍。

每个平移可看作两个轴反射之积，两反射轴互相平行且垂直于平移的方向，并且其中第一条轴可任意选取，第二条轴便随之而定。

性质 3　设直线 a_1 与 a_2 相交于一点 O，则关于 a_1 和 a_2 的两个轴反射之积是一个旋转。

此性质，由请读者自己证明，要求仿照上面构作一个系，并予以证明。

5.6.4　合同变换

如果图形经过变换后与原来的图形是重合的，这个变换就叫作合同变换或全等变换。

合同变换也就是图形的形状、大小不发生变化，它本质上是两点之间的距离不发生变化。换句话说，在原来的图形中，任意两点的距离假设是 L，经过变换后的两点之间的距离仍是 L。所以，全等变换是一个保距变换，保持两点之间距离不变的一种变换。

距离保持了以后，图形的形状、大小，都可以证明仍然是保持的。它们是保持距离和角度的。在平面几何中，合同变换是由运动跟轴反射组成的。合同变换是图形变换中的一个重要变换。

电子图书馆

[1] 张奠宙，从科学守恒到数学不变量：一种数学文化的视角［J］. 科学，2004 (2).

[2] 冯端. 从雪花到C60：有限图形的对称性［M］//冯端，冯步云. 晶态面面观. 长沙：湖南教育出版社，1998.

5.6.5 相似变换

1. 相似变换

一个平面图形到自身的变换 H，如果对于任意两点 A、B，以及对应点 A'、B'，总有 $A'B'=k\cdot AB$（k 为正实数），那么这个变换叫作相似变换，实数 k 叫作相似比，相似比为 k 的相似变换记为 $H(k)$。

显然，当 $k=1$ 时，相似变换就是合同变换。

在相似变换下，图形 M 变为图形 M'，则 M 和 M' 是相似图形，记为 $M\backsim M'$。

与合同图形类似，如果在两个相似图形上，每两个对应三角形沿周界环绕方向相同，则称这两个图形真正相似。如果每两个对应三角形沿周界环绕方向相反，则称这两个图形镜像相似。

相似变换具有下列性质：

性质1 相似变换的乘积是仍然是相似变换。

性质2 相似变换的逆变换仍然是相似变换。

性质3 相似变换保持点与直线的结合关系，以及点在直线上的顺序关系不变。

由性质3可推知，相似变换把直线变为直线，线段变为线段，射线变为射线，换句话说，相似变换具有同素性。

性质4 在相似变换下，对应线段之比保持不变。

相似变换的其他不变量还有：两直线间夹角的大小，两平面图形的面积比等。

例 以 $\triangle ABC$ 的三边为底，作三个转向相同的相似等腰 $\triangle C'AB$、$\triangle A'CB$、$\triangle B'AC$。求证：$A'CB'C'$ 是平行四边形。

证明 由 $\triangle C'AB\sim\triangle A'CB$，可得 $\angle ABC'=\angle CBA'$。

两端同加 $\angle C'BC$，得 $\angle ABC=\angle C'BA'$。

并由上面两个三角形的相似，又有 $AB:BC=C'B:BA'$。

可见$\triangle ABC$跟$\triangle C'BA'$有一角相等且夹边成比例，所以

$\triangle ABC \sim \triangle C'BA'$。

同理$\triangle ABC \sim \triangle AC'B'$。

由此推出$\triangle C'BA' \sim \triangle AC'B'$。

最后，在这一对相似三角形中，按假设还有一对对应边相等：$C'B = AC'$，

因此　$\triangle C'BA' \equiv \triangle AC'B'$。

所以有　$C'A' = AB' = B'C$，$C'B' = BA' = A'C$。

四边形$A'CB'C'$的两组对边各相等，就是平行四边形。

2. 位似变换

位似变换是最简单、最基本的相似变换。

O是平面上一定点，H是平面上的变换，若对于任意一对对应点A、A'，都有$\overrightarrow{OA'} = k\,\overrightarrow{OA}$，则称这个变换为位似变换，记为$H(O,k)$，定点$O$叫作位似中心，$k$叫作位似比，$A'$是$A$的位似点。

当$k>0$，A、A'在点O同侧（此时，O叫作外位似中心）；当$k<0$，M、M'在点O异侧（此时，O叫作内位似中心）。

显然，位似变换$H(O,1)$就是恒等变换，而位似变换$H(O,-1)$是以点O为中心的中心对称变换.

位似变换由位似中心与位似比所确定，也可以由一对对应点和位似中心（或位似比）确定。

平移变换可以看作位似变换的一种极端情况，它的位似中心不存在，或者说，是一个无穷远点，位似比$k=1$。

由于位似变换是相似变换，所以位似变换具有相似变换的所有性质。此外，位似变换还具有下列性质：

性质 1　具有相同位似中心的两个位似变换的乘积，仍为位似变换。

性质 2　位似变换的逆变换仍是位似变换。

性质 3　在位似变换下，位似中心是不变点，过位似中心的直线是不变直线。

性质 4　在位似变换下，对应线段之比相等，对应角相等且转向相同。

性质 5　两个不同中心的位似变换的乘积，或者是位似变换（此时三个位似中心共线），或者是平移变换（平移方向平行于两中心所在直线）。

相似变换就是将一图形放大或缩小，再改变它在平面上的位置。若两多边形相似，则对应的角相等，对应边成比例。位似变换是相似变换的一种特殊情况，特殊在任意一对对应点的连线总通过同一定点。

定理 图形的位似具有反身性，对称性和传递性。

教学链接 | **图形运动的教学**

小学课程中的图形运动，实质上是图形变换。小学数学教师应教给学生应用初等几何变换的观点、思想与方法来处理小学图形与几何的相关内容，可以通过动手操作，认识图形、欣赏图形、设计图形等活动来进行。

例如，教师在让学生认识圆的过程中，让学生动手操作，通过折叠体会轴对称外，还应鼓励学生去旋转。把两个一样大小的圆重合在一起沿圆心钉住，旋转上面的圆，总是和下面的圆重合，这实际上就是旋转对称的一个想法。

圆关于任意一个角度都是旋转对称的，所以圆是最完满的图形，它有无数条对称轴。教学中不必介绍旋转对称、中心对称这样的词，但是可以设计一些活动，使学生从运动的角度认识图形。

另外，教师还应引导学生运用数学的眼光分析生活中随处可见的美丽图案的组成，比如，是否运用了变换；欣赏这些各具特色的图案，发现其中蕴含的对称美、和谐美、简洁美，以此为启发，发挥小学生自己的个性和创造力，亲自动手设计图案以灵活运用所学知识和技能，并从中体会创造的乐趣。

练 习 五

1. 在 4×4 的格点中，最多能画出多少个正方形？
2. 三根长度均为 l 的绳子，分别围成等边三角形、正方形和圆，求这三个图形的面积。
3. 如图 5－1 所示，在 $\triangle ABC$ 中，D 在 BA 的延长线上，E 在 AC 上，求证：$\dfrac{S_{\triangle ADE}}{S_{\triangle ABC}}=\dfrac{AD\cdot AE}{AB\cdot AC}$。

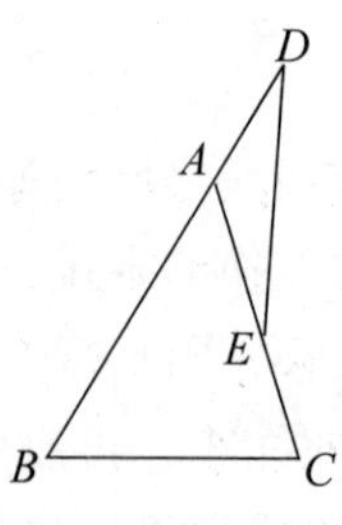

图 5－1

4. 图 5 – 2 中每个小平行四边形的面积为 1，求图中多边形的面积。

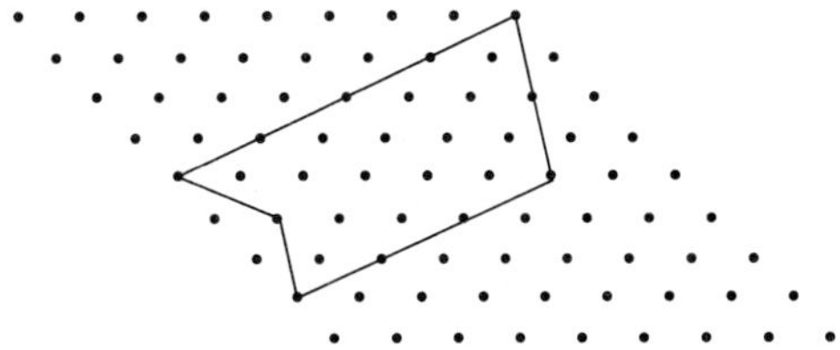

图 5 – 2

5. 证明下列常用结论：

梅涅劳斯（Menelans）定理：在△ABC 中，点 X、Y、Z 分别位于 BC、CA、AB 或其延长线上，那么 X、Y、Z 三点共线的充要条件是$\frac{BX}{XC}\cdot\frac{CY}{YA}\cdot\frac{AZ}{ZB}=-1$。

西瓦（Gera）定理：在△ABC 中，点 X、Y、Z 分别位于 BC、CA、AB 或其延长线上，那么 AX、BY、CZ 三线共点或者平行的充要条件是$\frac{BX}{XC}\cdot\frac{CY}{YA}\cdot\frac{AZ}{ZB}=1$。

角平分线定理：在△ABC 中，AD 平分∠BAC，D 在 BC 上，那么$\frac{DB}{DC}=\frac{AB}{AC}$。

角平分线定理的推广：在△ABC 中，D 在 BC 上，那么$\frac{DB}{DC}=\frac{AB\sin\angle BAD}{AC\sin\angle CAD}$。

6. 如图 5 – 3 所示，在矩形 $ABCD$ 中，$AB=6$，$AD=15$，E、F 分别是 BC、CD 中点，连接 AE、AF，与 BD 分别交与点 Q、H。求阴影部分的面积。

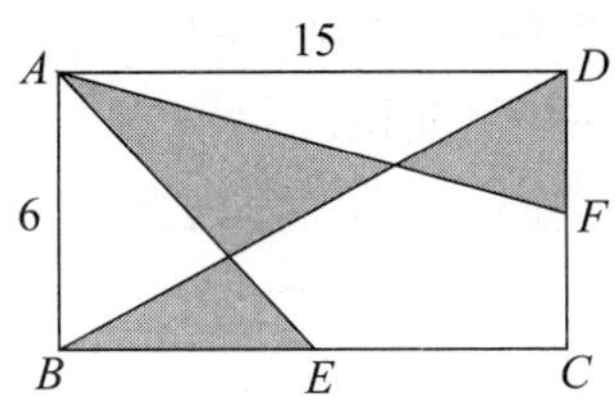

图 5 – 3

7. 如图 5 – 4 所示，$ABCD$ 是梯形，△ADE 的面积是 1.8，△ABF 的面积是 9，△BCF 的面积是 27，那么△AEC 的面积是多少？

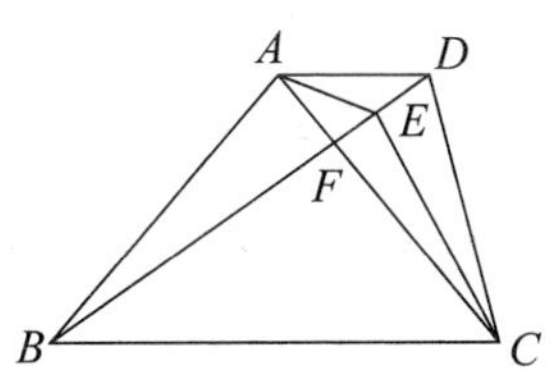

图 5 – 4

8. 如图5-5所示，已知平行四边形$ABCD$的面积为70，E为BC上接近B的三等分点，求$\triangle AOE$的面积。

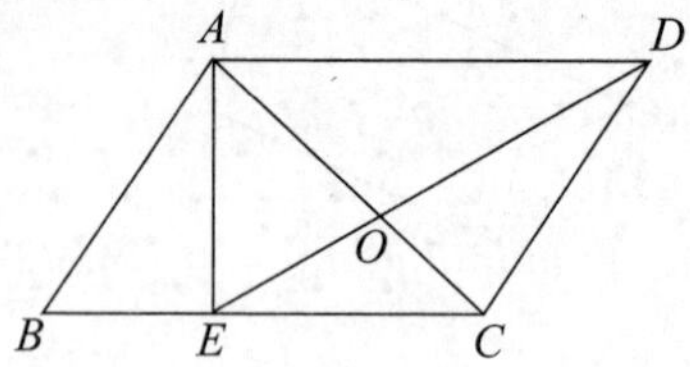

图5-5

9. 求证：直角三角形的中心到一条直角边的距离等于另一直角边长度的三分之一。

10. 利用“分割—求和—取极限”的方法推导圆锥的体积公式。

11. 用一根铁丝将两根直径为20厘米的木头捆在一起，铁丝至少需要多长？如果一根木头的直径为20厘米，另一根木头的直径为10厘米，那么铁丝至少要多长？

12. 老木匠用卷尺量一个木桶的底，量得周长为4尺。老木匠说：底面半径约等于6寸4。老木匠算得的圆周率是多少？老木匠的计算结果准确吗？他计算圆周率的秘密在哪里？

13. 长度为1的铁丝，围成一个扇形，如何围？并求出最大扇形的面积。

14. 用半径为1的60°扇形纸片，剪成一个长方形，如何剪？并求出最大长方形的面积。

15. 如图5-6所示，圆柱的底面直径与高都等于球的直径。求证：

（1）球的表面积等于圆柱的侧面积；

（2）球的表面积等于圆柱全面积的三分之二。

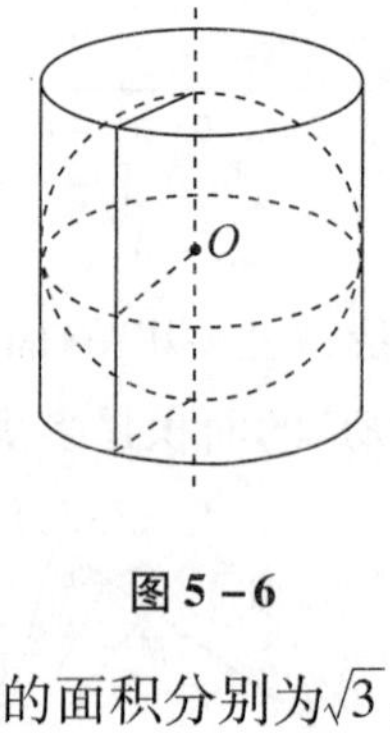

图5-6

16. 长方体一个顶点的三个侧面的面积分别为$\sqrt{3}$、$\sqrt{5}$、$\sqrt{15}$。求下列问题：

（1）该长方体的体积；

（2）该长方体的对角线的长度；

（3）该长方体外接球的表面积。

17. 在长方台上打弹子，能不能让弹子顺次撞击四侧边弹回原地？如果可能，弹子的初始点受不受什么限制？它的轨道有没有什么特点？

18. 平面上给定相等但不平行的两线段 AB 和 $A'B'$。求一个旋转中心 O，使绕它旋转，AB 能与 $A'B'$重合。

19. 点 C 是直角$\triangle ABC$ 的直角顶点，以 AB 为边作正方形 $ABDE$，以 AC 为边作正方形 $ACFG$，它们都包含$\triangle ABC$。求证：$CE \perp BG$。

20. 圆内接四边形中，有 $BC = CD$。求证：$AB \cdot AD + BC^2 = AC^2$。

第6章 统计与概率

◉**情境引入**

小学生在三年级下学期学习“平均数”之前，已经学习了“除数是一位数的笔算除法”和“简单的数据分析”。新授课“平均数”的主要目标是让学生理解平均数的统计含义和计算方法。

教师用投影展示了两支篮球队的比赛场面，而观众想知道哪支球队的队员水平更高。为了解决这个问题，教师用投影给出了两支球队队员的身高情况（见图6－1）。

欢乐队

单位：厘米

王强	谢明	李雷	王小飞	刘思
148	142	139	141	140

开心队

单位：厘米

杨洋	周小杰	陶晓	卢浩	蔡志
144	146	142	145	143

图6－1

然后教师让学生计算两支球队的平均身高，其中欢乐队平均身高为（148＋142＋139＋141＋140）÷5＝142（厘米），开心队平均身高为（144＋146＋142＋145＋143）÷5＝144（厘米）。最后，教师引导学生得出结论，“开心队高一些”。

此时，有学生提出疑问，“要比较两个球队的身高，只要比较身高的总数就可以了。而且比较总数还更简单一些。因此，没有必要比较平均数，用平均数反而复杂了”。

教师没有立即回答这个问题，而是问其他同学：“你们怎么看?”有学生说：“要是队员超过10人，我们就没办法计算了，我们只学过除数是一位数的除法。算总数只用加法，我们都会算。”也有学生说：“要是最后除不尽，怎么比较呢？所以算平均数不好。”

不难发现，学生并不理解平均数的统计意义。对于平均数的统计意义，现行课程标准和各版本教科书都没有明确说明。类似的问题还很多，比如，平均数、众数和中位数在什么条件下使用？统计的意义是什么？常用统计图表有哪些？有哪些统计分析的基本量？数据分析的含义、价值和基本过程是什么？概率和统计有什么关系？

本章从统计的含义出发，介绍统计的基本概念和常用统计图表的特征与制作方法，阐述常用统计量的含义与算法。在此基础上，展开对数据分析的含义、过程和运用案例的介绍。最后，将介绍概率的基础知识，进而阐述统计与概率的联系。

6.1　统计的基本概念

◉学习目标

1. 了解统计的含义和研究对象的特征；
2. 理解统计的基本过程，了解统计的基本方法；
3. 了解统计中的常用名词的含义。

6.1.1　统计的含义

根据《现代汉语词典》的解释，统计（statistics）是对某一现象有关的数据进行搜集、整理、计算和分析等①。当代社会，“统计”一词已被人们赋予多种含义：可以指统计数据的搜集活动，即统计工作；也可以指统计活动的结果，即统计数据资料；还可以指分析统计数据的方法和技术，即统计学。

统计工作是对统计对象进行搜集、整理、分析和研究数据资料的过程。统计工作有着悠久的历史，随着历史的发展，逐渐发展和完善，现已成为国家、

① 参见《现代汉语词典》（第6版），北京：商务印书馆，2012年，第1309页。

部门、事业和企业、公司和个人认识与改造客观世界和主观世界的一种强有力工具。例如，某统计师在谈论自己的工种时，会说“我是做统计的”，这里所说的统计指的就是统计工作。

统计资料是在统计工作中搜集、整理、分析和推断中的研究主体和最终成果。不管是个人、科研机构还是国家，都离不开统计数据资料。比如，国家统计局编辑《中国统计年鉴》和公布的《国民经济与社会发展统计公报》等，都是统计数据资料。

统计学是研究统计理论和方法的学科①。统计是以搜集、整理、分析和研究等统计技术为手段，对所研究对象的总体数量关系和数据资料去伪存真、去粗取精，从而达到显示、描述和推断被研究对象的特征、趋势和规律性的目的。统计学的研究对象是客观事物的数量特征和数据资料。例如，大学开设的《数理统计》和《统计学概论》等课程，指的就是统计学课程。

统计的研究对象是自然、社会客观现象总体的数量关系。因此，不论是自然领域，还是社会经济领域，凡涉及客观现象总体的数量方面，都可以是统计所要分析和研究的。统计研究对象具有数量性、总体性、具体性和变异性四个基本特点。

统计学属于定量分析学科，它的研究对象是自然、社会经济领域现象的数量方面。事物的数量是我们认识客观现实的重要方面，通过分析研究统计数据资料、研究和掌握统计规律性，就可以达到统计分析研究的目的。数字是统计的语言，数据资料是统计的原材料，统计的结论常常用数字的形式展现出来。

对于每个个体来说，就具有一定的随机性质，而对于有足够多数个体的总体来说又具有相对稳定的共同趋势，显示出一定的规律性。统计的目的，就是揭示这个规律，反映现象总体的数量特征和资料规律性。

数学是研究事物的抽象空间和抽象数量的科学，而统计研究的数量是客观存在的、具体实在的数量表现。统计研究对象是自然、社会经济领域中具体现象的数量方面。它不是单纯的数量研究，而是具有明确的现实含义的，这一特点是统计与数学的分水岭。统计研究对象的这一特点，也正是统计工作必须遵循的基本原则。正因为统计的数量是客观存在的、具体实在的数量表现，它才能独立于客观世界，不以人们的主观意志为转移。

总之，各调查单位除了必须有某一共同标志以外，还必须要在所要研究的标志上存在变异的表现，否则，就没有必要进行统计分析研究了。例如，以“义务教育小学阶段”作为研究对象，除了都是从事小学教育的教学活动这一共

① 参见《现代汉语词典》(第6版)，北京：商务印书馆，2012年，第1309页。

同性质之外，各小学在隶属主管部门、招生规模、生源特点等各方面又有差异。这样，统计分析研究才能对其表现出来的差异进行分析，探索统计规律性。

电子图书馆

[1] 李金昌．关于统计思想若干问题的探讨 [J]．统计研究，2006 (3)．

[2] 范文正．几种基本统计思想的现实意义 [J]．统计与决策，2002 (8)．

6.1.2　统计的基本过程

一般来说，统计的基本过程可分为四个阶段，即统计设计、统计调查、统计整理和统计分析。

1. 统计设计

统计设计是根据统计研究的目的和研究对象的特点，明确统计指标和指标体系，以及对应的分组方法，并以分析方法指导实际的统计活动。统计设计的基本任务是制定出各种统计工作方案，是统计工作的指导依据。统计设计所制定的方案包括：统计指标体系、统计分类目录、统计报表制度、统计调查方案、统计汇总或整理方案以及统计分析方案等。

2. 统计调查

统计调查是根据研究目的和任务，运用科学方法，有计划、有步骤、有组织地搜集统计资料的工作过程。统计调查搜集来的资料有两种：一种是对调查单位未做任何加工整理的初级资料，又称为原始资料；另一种是次级资料，即已经经过加工整理过了的综合情况的统计资料。

3. 统计整理

统计整理是根据统计研究的目的，将统计调查所取得的原始资料进行科学的汇总和综合，使其系统化、条理化，成为可以进行统计分析的资料的过程。统计整理是统计调查的继续，也是统计分析的前提，统计整理在整个统计工作过程中起着承前启后的作用。

4. 统计分析

统计分析是根据研究目的和任务，运用科学方法，对统计资料进行计算分析，以认识统计研究对象的本质特征及其发展变化规律的工作过程。

拓展阅读 统计的研究方法

1. 大量观察法

大量观察法就是对总体中全部或足够多的单位进行观察并综合分析的方法。

大量观察法的数学依据是大数定律。

2. 统计分组法

统计分组法是根据事物内在特点和统计研究目的，按照一定的标志，将社会经济现象划分为不同类型或不同性质的组，对总体进一步深入研究的方法。

3. 综合分析法

综合分析法是对大量观察所获取的数据资料进行计算、对比分析，以综合反映总体数量特征及内在规律性的方法。

4. 统计推理法

统计推理法是在一定的概率保证下，以样本数据推断总体数量特征的归纳推理方法。其中，抽样推理法是搜集统计资料最科学的方法，也是对调查对象进行科学估计和推断的重要方法。

6.1.3　常用统计名词

1. 数据的收集

由统计学含义可以看出，解决问题的第一步就是设法获得与该问题相关的数据，这是进一步分析和解决问题的基础。因此，我们需要设法收集能反映所研究问题的“好数据”。

数据的收集大致分为两类：一类是在没有任何干预情况下得到的数据，称为观测数据（observational data）。观测数据的收集主要是通过调查和问卷等方式获得。另一类是通过干预得到的数据，称为试验数据（experimental data）。试验数据的获得主要是通过试验（比如，在不同试验环境下两块田地的产量获得的数据，抛硬币试验等）。

2. 总体与样本

研究的所有个体的集合称为总体（population），总体中所包含的个体数目称为总体容量，通常用“总体容量”去衡量总体的大小。按照某种原则（随机原则、方便原则）从总体中抽取出的一部分个体构成的集合称为该总体的一个样本（sample），称样本中所包含的个体数量为样本容量。

比如，为了研究某小学 1 ~ 6 年级的 1258 名学生的生长发育情况，从该学校每个年级随机抽出 20 名学生进行研究。那么这次统计的总体，就是该学校的全体学生，总体容量为 1258。随机抽出的每一名学生，就是这次调查的样本，样本的容量为 120。

3. 变异、变量和变量值

统计中的标志和指标都是可变的，如人的性别有男女之分，各时期、各地区、各部门的工业总产值各有不同，这种差别叫作变异。变异就是有差别的意思，包括质的差别和量的差别。变异是统计的前提条件。

变量就是可以取不同值的量，这是数学上的一个名词。在社会经济统计中，变量包括各种数量标志和全部统计指标，它都是以数值表示的，不包括品质标志。变量就是数量标志的名称或指标的名称，变量的具体数值表现则称为变量值。

例如，学生人数是一个变量，因为各学校学生人数不同。比如，甲学校有学生 1852 人，乙学校有学生 1645 人，丙学校有学生 1564 人，丁学校有学生 2023 人，这都是学生人数这个变量的具体数值，也就是变量值。

变量值按是否连续可分为连续变量与离散变量两种。在一定区间内可任意取值的变量叫连续变量，其数值是连续不断的。例如，人体测量的身高、体重等为连续变量，其数值只能用测量或计量的方法取得。可按一定顺序一一列举其数值的变量叫离散变量，其数值表现为断开的。例如，教职工人数、教学设备台数、学生人数等，都只能按计量单位数计数，这种变量的数值一般用计数方法取得。

4. 普查与抽样

在进行统计分析的过程中，人们最终关心的问题通常是总体在某些变量上的总体参数特征，例如，某地区接受高等教育水平的比例，某城市全体儿童的平均身高。显然，为获得总体参数的具体数值，我们需要面向总体所包含的所有个体搜集相关数据，这个过程叫作普查。

普查能够得到总体中所有个体的信息，完全确定总体。现实中，当总体容量很大或检测过程具有一定的破坏性时，考虑到数据收集的成本，我们很难收集总体中的全部个体。例如，我们想知道商场欲出售的一批牛奶的质量是否达标，不能采取普查的方法，否则检查后的牛奶便不能出售。

实际中为了方便，我们选择总体中的一个样本来进行数据收集，得到样本数据，由样本数据估计总体参数。那么如何合理地抽取部分样本估计总体是非常关键的，通常我们把这种从总体中抽取部分的过程叫作抽样。这种从总体中抽取一个样本进行调查，并对总体进行推断估计的调查方法叫作抽样调查。

拓展阅读　抽样方法

研究问题不同，抽样的方法则不同。在教学过程中，教师需要着重向学生讲述不同抽样方法的适用范围，实际上，抽样方法大致可分为两类：随机抽样和非随机抽样。

随机抽样即在抽样时，总体中每个个体被选为样本的概率相同。随机抽样具有健全的理论基础，是一种客观而科学的抽样方法，在市场调查中通常都用随机抽样。

非随机抽样即抽样时不是遵循随机原则，而是按照研究人员的主观经验或其他条件来抽取样本的一种抽样方法。因此，个体进入样本的概率不可知。常见的非随机抽样种类有便利抽样、判断抽样、雪球抽样、配额抽样等。

6.2 统计图表

◉学习目标

1. 了解频数与频数分布，掌握频数分布表和频数分布直方图的制作方法；

2. 了解统计表的基本结构，掌握统计表的制作方法；

3. 了解统计图的基本结构，掌握扇形统计图、条形统计图、折线统计图的制作方法。

6.2.1 频数与频数分布

频数也称“次数”，是对总数据按某种标准进行分组，统计出的各组内含个体的数量。我们把各个类别及其相应的频数全部列出来就是“频数分布”，或称“次数分布”。

频数分布的两个特征：集中趋势（central tendency）和离散趋势（tendency of dispersion）。大部分观察值向某一数值集中的趋势称为集中趋势，常用平均数来表示；频数由中央位置向两侧逐渐减少，称离散趋势，是个体差异所致，可用一系列的变异指标来反映。

在统计数据时，我们经常把数据按照不同的范围分成几个组，分成的组的个数称为组数，每一组两个端点的差称为组距，称这样制出的统计表为频数分布表。在统计数据时，按照频数分布表，在平面直角坐标系中，横轴标出每个组的端点，纵轴表示频数，每个矩形的高代表对应的频数，我们称这样的统计图为频数分布直方图。下面我们介绍频数分布表和频数分布直方图的制作方法。

例　某班一次数学测验成绩如下：

63，84，91，53，69，81，61，69，91，78，75，81，80，67，76，81，79，94，61，69，89，70，70，87，81，86，90，88，85，67，71，82，87，75，87，95，53，65，74，77。

将此资料制成频率分布图表的步骤如下：

（1）计算全距，即最大值与最小值的差，结果为 95 − 53 = 42（分）。

（2）确定组数，组数的计算公式为“组数 = 1.87 ×（观测值的个数 − 1）的五分之二次方”，确定本次分 5 组。

注：①一般情况下可以由组距来求组数；②当数据个数小于 40 时，组数为 5 ~ 8 组；当数据个数 40 ~ 100 个时，组数为 7 ~ 10 组。

（3）确定组距，组距的计算公式为“组距 = 全距 ÷ 组数”，本次组距为 10。

（4）确定组限，即各组区间，依次为 [49.5，59.5)，[59.5，69.5)，…，[89.5，99.5)。

（5）进行标记，用画“正”字的方法，标记各组中数据的个数。

（6）计算频数，算出各组中“正”字的笔画和，即为频数，填入表格，形成频数分布表（见表 6.2 − 1）。

表 6.2 − 1　数学测试成绩分布表

成绩段	49.5 ~ 59.5	59.5 ~ 69.5	69.5 ~ 79.5	79.5 ~ 89.5	89.5 ~ 99.5
频数记录	丅	正𠄌	正正	正正𠄌	正
频数	2	9	10	14	5

（7）绘制频数分布直方图，画出直角坐标系，横轴表示各组数据，纵轴表示频数，该组内的频数为高，画出一个矩形，得到频数分布直方图（见图 6.2 − 1）。

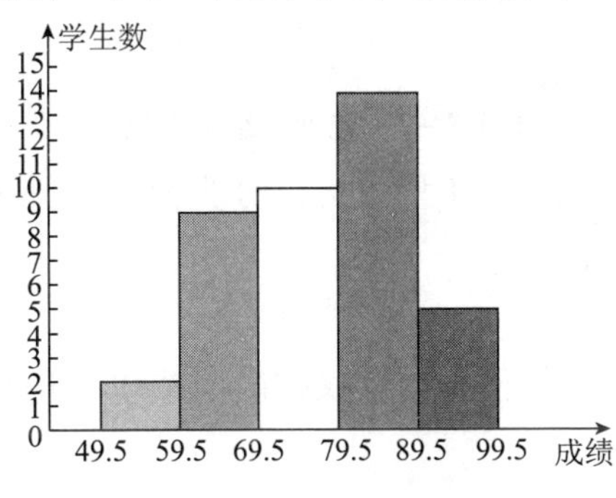

图 6.2 − 1　数学测试成绩分布图

提取信息，从图中可以清楚地看到，79.5 ~ 89.5 分这个分数段的学生数最多，90 分以上的同学较少，不及格的学生数最少。

频数分布直方图的特点：①直方图中各矩形之间没有空隙；②能够显示各组频数分布的情况；③易于显示各组之间频数的差别。

6.2.2 统计表

统计调查所得来的原始资料，经过整理，得到数据，把数据按一定的顺序排列在表格中，就形成统计表。统计表是表现数字资料和整理结果的最常用的方式。

统计表由总标题、横行标题、纵栏标题和数字资料四个部分构成。总标题是概括统计表中全部资料的内容，是表的名称。横行标题表示各组的名称，它说明统计表要说明的对象，是横行的名称。纵栏标题，表示汇总项目即统计指标的名称。数字资料是各组、各汇总项目的数值。

统计表的内容由主词和宾词构成。主词是说明总体的，它可以是各个总体单位的名称、总体各个分组名称。宾词，是说明总体的指标名称和数值的。主词在形式上表现为横行标题，而宾词在形式上表现为纵栏标题和指标数值（见图 6.2－2）。

1999年全国国内生产总值构成 ← 总标题

按产业分组	国内生产总值	
	绝对数(亿元)	比重(%)
第一产业	26539.5	33.0
第二产业	39648.5	49.3
第三产业	14234.8	17.7
合　计	80422.8	100.0

纵栏标题

横行标题

数字资料

主词

宾词

图 6.2－2　统计表结构示意图

统计表的种类按分组情况不同，可以分为简单统计表、简单分组统计表、复合分组统计表三种类型。

1. 简单统计表

简单统计表是指不经任何分组，仅按时间或单位进行简单排列的统计表，见表 6.2－2 所示。

表 6.2－2　初一学生对分数运算意义的理解（%）

国家	A	B	C	＊D	伴随概率 P
中国	4.49	14.61	20.22	60.67	
澳大利亚	12.12	19.19	7.07	61.62	0.895
瑞典	13.33	23.33	12.22	51.11	0.198
美国	10.42	14.58	19.79	55.21	0.452

2. 简单分组统计表

简单分组统计表是指仅按一个标志进行分组而形成的统计表。

例　为了研究初中学生提出数学问题的角度，针对问题“观察这些数 800，850，900，950，…，请你尽可能地提几个问题（可以补充条件），写在下面”。让学生就此情境提出数学问题，然后分为常规性问题和探索性问题两个大类，进行分类统计，结果如表 6.2－3 所示。

表 6.2－3　初中生提出数学问题的角度

<table>
<tr><th>类型</th><th>提出的问题</th><th>人次</th><th>比例</th><th>备注</th></tr>
<tr><td rowspan="4">常规性问题</td><td>这四个数的和是多少？</td><td>256</td><td>88.28%</td><td rowspan="4">共 895 个，占总数 1150 的 77.83%</td></tr>
<tr><td>这四个数的平均数是多少？</td><td>247</td><td>85.17%</td></tr>
<tr><td>每个数比前一个数增长多少？</td><td>214</td><td>73.79%</td></tr>
<tr><td>第一个数占这四个数和的百分比？</td><td>178</td><td>61.38%</td></tr>
<tr><td rowspan="4">探索性问题</td><td>如何计算这四个数的和最简单？</td><td>15</td><td>5.17%</td><td rowspan="4">共 255 个，占总数 1150 的 22.17%</td></tr>
<tr><td>照这样写下去，第五个数、第六个数是多少？</td><td>124</td><td>42.75%</td></tr>
<tr><td>这样写出来的前十个数的和是多少？</td><td>67</td><td>23.10%</td></tr>
<tr><td>这些数的变化有什么规律，第几个数会超过 2000？什么时候这些数的和会超过 5000？（含其他）</td><td>19</td><td>6.55%</td></tr>
</table>

3. 复合分组统计表

复合分组统计表是指按两个或两个以上标志进行层叠分组形成的统计表。如表 6.2－4 所示。

表 6.2－4　不同教龄数学教师对启发式教学指导思想的认识

		较大		一般		较小		没意识到		总计
		人数	百分比	人数	百分比	人数	百分比	人数	百分比	
教龄（年）	1～5	17	56.7	12	40.0	0	0.0	1	3.3	30
	6～10	28	62.2	15	33.3	1	2.2	1	2.2	45
	11～20	32	61.5	18	34.6	2	3.8	0	0.0	52
	≥21	18	78.3	4	17.4	1	4.3	0	0.0	23
总计		95	63.3	49	32.7	4	2.7	2	1.3	150

拓展阅读 统计表的制作规则

1. 统计表栏目多时要编号，一般主词部分按甲、乙、丙；宾词部分按（1）（2）等次序编号。

2. 统计表总标题应简明扼要，符合表的内容。

3. 主词与宾词位置可互换，各栏排列次序应以时间先后、数量大小、空间位置等自然顺序编排。

4. 计量单位一般写在表的右上方或总栏标题下方。

5. 表内资料需要说明解释部分，如注解、资料来源等，写在表的下方。

6. 填写数字资料不留空格，即在空格处画上斜线。

7. 统计表经审核后，制表人和填报单位应签名并盖章，以示负责。

电子图书馆

[1] 夏小刚，曾小平. 七年级学生“数感”的调查与分析：兼谈与国际比较［J］. 数学教育学报，2008（5）.

[2] 曾小平，吕传汉，王秉彝. 初中生“提出数学问题”的现状与对策［J］. 数学教育学报，2006（3）.

[3] 韩龙淑，曾小平. 数学教师对启发式教学认识的调查研究［J］. 数学教育学报，2014（4）.

6.2.3　统计图

统计图（figure）是利用线条高低、面积大小代表数量，利用图形将统计资料形象化，比文本与统计表更便于理解和比较。统计图的基本结构组成有：标题、轴标、数轴、图标，如图 6.2－3 所示。

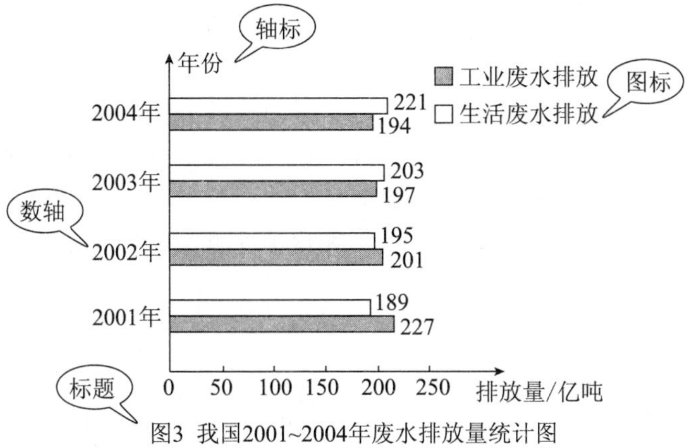

图 6.2－3　统计图的结构示意图

标题（legend），一般位于图的下方，按照图在文章中出现的顺序用阿拉伯数字依次排列（如图 1、图 2）。轴标（axis label），对于含有横轴、纵轴的统计图，两轴应有相应的轴标，并注明单位。数轴（number axis），数轴刻度应等距或具有一定规律性，并标明数值。图标（symbol and key to symbols），用不同线条、图像或色调代表不同事物时，应该用图标说明，图标应该清晰、易于分辨。

1. 扇形统计图

生活中，我们会遇到许多关于数据统计的表示方法，它们多是利用圆和扇形来表示整体和部分的关系。即用圆代表总体，圆中的各个扇形分别代表总体中的不同部分，扇形的大小反映部分占总体的百分比的大小。这样的统计图叫作扇形统计图。

扇形统计图主要是反映具体问题中的部分与整体的数量关系。扇形统计图的各部分占总体的百分比之和为 100% 或 1（见图 6.2－4 和图 6.2－5）。

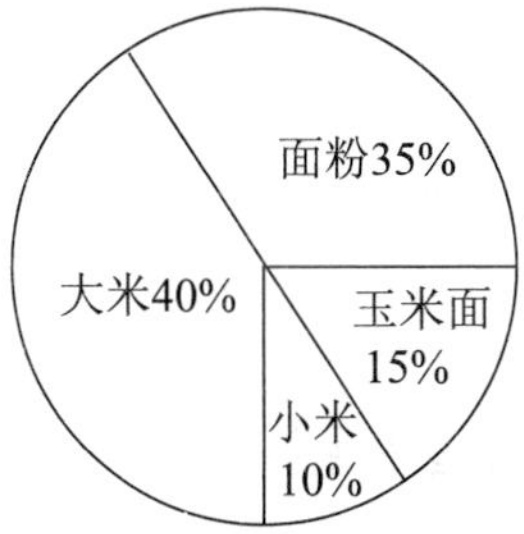

图 6.2－4　某粮店 1995 年销售情况

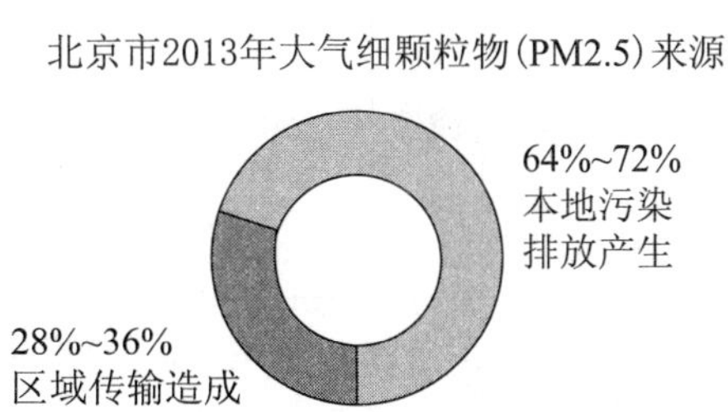

图 6.2－5　北京市 2013 年 PM2.5 来源

扇形统计图是利用扇形的面积表示部分在总体中所占的百分比。扇形图的优点是，易于显示每组数据相对于总数的大小，缺点是在不知道总体数量的条件下，无法知道每组数据的具体数量。

2. 条形统计图

条形统计图是用一个单位长度表示一定的数量关系，根据数量的多少画成长短不同的条形，条形的宽度必须保持一致，然后把这些条形排列起来。条形统计图可以表示出每个项目的具体数量。

条形统计图有单式（见图 6.2－6）和复式（见图 6.2－7）两种，可以画成横条，也可以画成竖条。

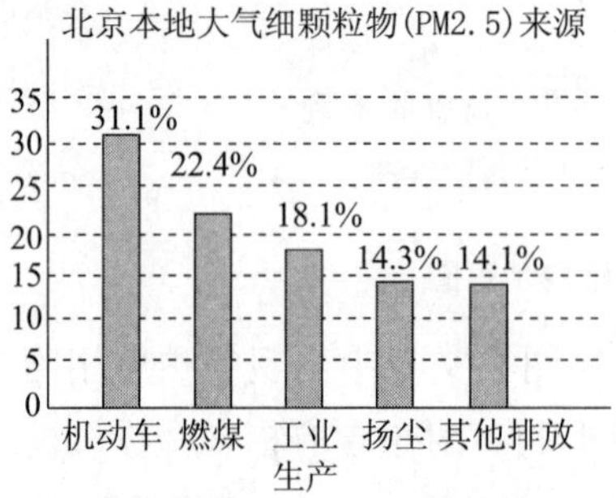

图 6.2－6　北京市 2014 年 4 月 PM2.5 来源

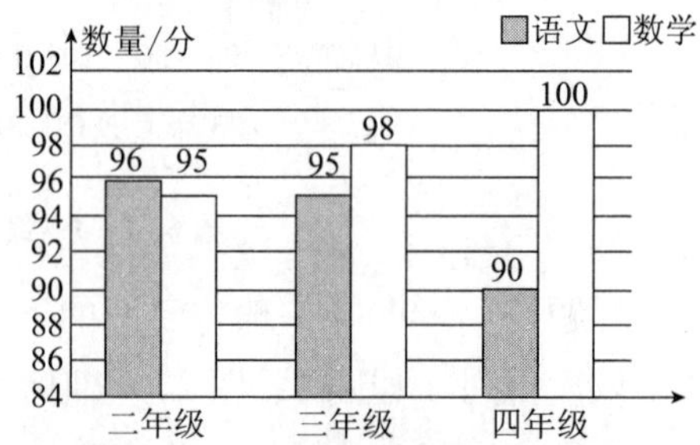

图 6.2－7　某小学期中测试成绩图

条形统计图的优点是能够显示每组中的具体数据，易于比较数据之间的差别，缺点是无法显示每组数据占总体的百分比的多少。

3. 折线统计图

折线统计图是用一个单位长度表示一定的数量，根据数量的多少描出各点，然后用线段顺次把各点连接起来。折线统计图有单式（见图 6.2－8）和复式（见图 6.2－9）两种。

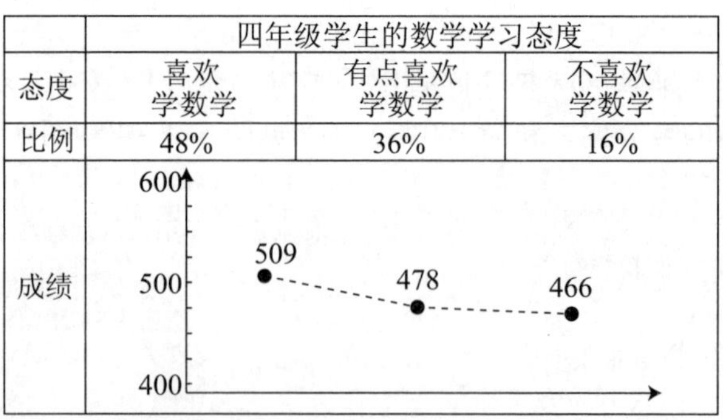

图 6.2－8　学习态度与数学成绩关系的统计图

2014年某地3月13~22日每天最高气温和最低气温变化情况统计图

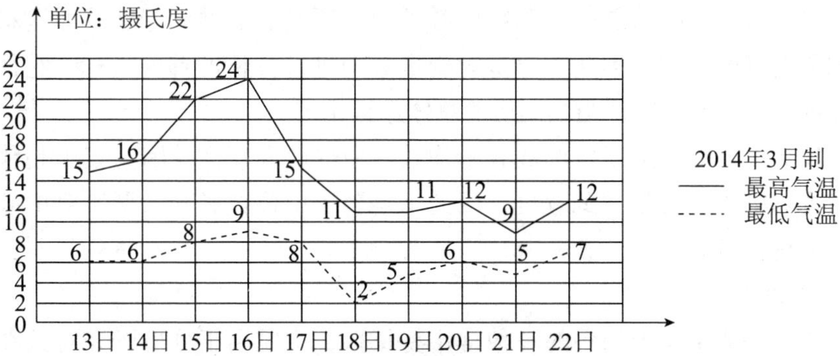

图 6.2-9　复式折线统计图

折线统计图既可以表示出项目的具体数量，又能清楚地反映事物变化的情况。折线统计图的特点是：（1）易于显示数据的变化趋势；（2）易于预测数据的未来动向。

电子图书馆

曾小平，刘长红，李雪梅，韩龙淑．TIMSS2011 数学评价："框架""结果"与"启示"[J]．数学教育学报，2013（6）．

6.3　统计量

◉学习目标

1. 理解表示集中趋势的统计量，并能运用平均数进行统计分析；
2. 理解表示离散趋势的统计量，并能运用方差与标准差进行统计分析；
3. 了解表示相关性和差异性的统计量的基本含义。

统计量是统计中用来对样本数据进行分析、检验的变量。它是直接从样本计算出的量数，代表样本的特征。本节我们介绍四类统计量，主要用于描述研究对象的集中趋势、离散趋势、差异程度和相关程度。

6.3.1　描述集中趋势的统计量

集中趋势是指频数分布数列中各观察值有一种向中心集中的趋势，在中心附近的观察值数目较多，远离中心的较少。

集中趋势所反映的是一组资料中各种数据所具有的共同趋势，即资料的各种数据所集聚的位置。因此，它是对变量数列进行分析的首要指标，它往往作为总体的代表水平同其他与之同质的总体进行比较。

描述集中趋势的常用指标数有平均数、中位数和众数。因为集中趋势反映的是数据对中心位置聚集的程度，因此平均数、中位数和众数属于对中心位置的度量的统计量。

1. 平均数

平均数是测定集中趋势的一种常用特征数，主要用于分析研究对象在不同时空和历史条件下的各种事物变化发展的水平。常见的平均数有算术平均数、加权平均数、几何平均数三种。

（1）算术平均数。

算术平均数也就是在日常生活中常说的平均值，常用于反映一组同质观测值的平均水平，适用于正态或近似正态分布的变量数据。

当数据较少且没有分组时，一般采用算术平均数来进行描述，只需要将所有数据相加，其和除以其个数。

假如我们研究的对象有 n 个观测样本，分别记为 $x_1, x_2, \cdots, x_n$，则该样本的平均数为$\bar{x} = \frac{1}{n}\sum_{i=1}^{n} x_i$。

（2）加权平均数。

若遇到的数据是分组的，且各组数据重复出现过一定的数次（即频数），若要计算其平均数须用加权平均数来完成。加权平均数是指含有不同频数数据的平均数，它是把原始数据按照合理的频数来计算的。按照频数进行加权后所得的加权平均数与算术平均数相等，但简化了计算。

加权平均数的计算公式为：$\bar{x} = \frac{\sum x_i f_i}{n}$。（其中，$n = \sum f_i$，为总次数，$f_i$ 为组的频数）。

例 居民月平均消费情况统计。

在市场经济管理中经常遇到平均消费情况，如某小区居民的每月生活消费情况。若要了解小区居民的每月平均生活消费情况，一般通过抽查方式进行。先抽查一定数量的各式家庭（即经济条件好、中、差的三种家庭），得到他们的每月生活消费数据，然后算出每月生活消费的平均值，即得到整个小区居民每月的平均生活消费情况。

比如，随机抽查了该小区 20 户家庭的生活消费情况，抽查结果见表 6.3－1。

表 6.3－1　居民月生活消费统计表

月生活消费（元）	2500	2600	2700	3000	3200
户数	4	4	7	3	2

根据加权平均数的算法，整个小区居民每月的平均生活消费情况为

$$\bar{x}=\frac{2500\times4+2600\times4+2700\times7+3000\times3+3200\times2}{20}=2735\text{（元）。}$$

（3）几何平均数。

几何平均数是指 n 个数值连乘的 n 次方根，它的计算公式为$\bar{x}=\sqrt[n]{x_1x_2\cdots x_n}$（其中，$n$ 为个数，x_n 为第 n 个数值）。

几何平均数适用于经济现象的总比率是若干个比率的连乘积，或经济现象的总发展速度是各时期经济发展速度的连乘积时，计算经济发展的平均比率或平均速度。

例　计算经济平均增长速度。

知道了某地区的某些时间段的经济增长情况，要计算该地区经济平均增长速度。针对此类问题，有不少人可能会直接通过算术平均数算法来计算该地区的平均增长速度，但是他们没有考虑到某段时间经济增长是在前一段期间的基础上进行，因此对于此问题应该用几何平均数算法来解决。

比如，若某地区 5 年来的国民生产总值年增长速度分别为 7%，8%，10%，12%，18%。若要了解 5 年来该地区的平均增长速度，根据上述分析，应先用几何平均数来计算年平均增长率，再将所得值减 1，即可得平均增长速度。

5 年来的平均增长率为$\bar{x}=\sqrt[5]{1.07\times1.08\times1.10\times1.12\times1.18}=1.1093$，那么 5 年来的平均增长速度为 10.93%。

2. 中位数

中位数是指将一组数据按大小顺序排列起来，处于中间位置的那个数。中位数一般用来表示集中趋势的一般水平。

中位数的计算方法如下：首先把数据按大小顺序排列，处于该位置的数就是中位数。

注意　当 n 为奇数时，则运用公式$\frac{n+1}{2}$求中位数所在位置，那个数就是中位数；当 n 为偶数时，中间位置上就有两个数，即第$\frac{n}{2}$和第$\frac{n}{2}+1$ 个数，此时的

中位数就是这两个数的算术平均数。

3. 众数

众数是指将一组数据按大小顺序排列之后，出现次数最多的那个数值，通常通过观察法直接得到。

4. 平均数、中位数和众数的使用

平均数、中位数和众数反映的都是事物变化发展的一般水平和总体趋势。但要注意的是，平均数作为一组数据的代表比较可靠和稳定，它与这组数据中的每一个数都有关系，对这些数据所包含的信息的反映最为充分，因而应用最为广泛。

但是，平均数的计算较烦琐，并且易受极端数据的影响。而中位数和众数则不同，它们的可靠性较差，但不受极端数据的影响。若组中个别数据变动较大时，使用众数来表示这组数据的集中趋势效果更好。

拓展阅读 同类产品的质量判断

在现实的经济环境中，有些商家往往抓住消费者对经济知识的不熟悉，做一些文字游戏，以次充好，欺骗消费者。

比如，甲、乙、丙三家家电厂在广告中声称，他们生产的电子产品在正常情况下的使用寿命均为 8 年。注意这个“正常情况下的使用寿命”指的是平均使用寿命。对于一般人来说，看到三家家电厂的广告词后，就会认为它们的产品质量是一样好的。

但质量检测部门对这三家销售产品的使用进行跟踪调查，得到如下结果，见表 6.3－2。

表 6.3－2 三个厂家产品质量检测结果（单位：年）

甲厂	4	5	5	5	5	7	9	12	13	15
乙厂	6	6	8	8	12	9	10	8	14	15
丙厂	4	7	4	6	4	9	13	16	15	16

从质量检测部门的数据来看，甲厂电子产品在正常情况下的使用寿命为 8 年，它指的是电子产品使用寿命的平均数，算法为

$$\overline{x_1}=\frac{4+5+5+5+5+7+9+12+13+15}{10}=8\text{（年）}$$

乙厂电子产品在正常情况下的使用寿命为 8 年，它指的是电子产品使用寿命的众数。根据众数的算法，先将该组数据按从小到大排序，得序列 6，6，8，8，8，9，10，12，14，15，从序列中可看出，在此组数中 8 有 3 个，6 有 2 个，

9、10、12、14、15 各 1 个，故 8 是众数，而乙厂产品的平均寿命是

$$\overline{x_2}=\frac{6+6+8+8+12+9+10+8+14+15}{10}=9.6\text{（年）}$$

丙厂电子产品在正常情况下的使用寿命 8 年，它指的是产品使用寿命的中位数，根据中位数的算法，先将该组数据按从小到大排序，分别是 4，4，4，6，7，9，13，15，16，16，由于该组有 10 个数据，由于 10 是偶数，根据中位数算法，中位数为 $\frac{7+9}{2}=8$，但该厂产品的平均寿命是

$$\overline{x_3}=\frac{4+7+4+6+4+9+13+16+15+16}{10}=9.4\text{（年）}$$

从上述分析可知，虽然三家家电厂在广告中都说电子产品的使用寿命均为 8 年，但质检部门检查后发现，三家家电厂的电子产品的真正平均使用寿命分别为 8 年、9.6 年和 9.4 年，由此可得出乙厂的电子产品的质量最好，丙厂其次，甲厂最差。

电子图书馆

[1] 王苏斌 . SPSS 统计分析 [M]. 北京：机械工业出版社，2003.

[2] 刘国良 . 集中趋势在市场经济管理中的应用 [J]. 商场现代化，2007 (32).

6.3.2　描述离散趋势的统计量

我们经常会碰到平均数相同的两组数据其离散程度可以是不同的。一组数据的分布可能比较集中，差异较小，则平均数的代表性较好。另一组数据可能比较分散，差异较大，则平均数的代表性就较差。

可见，计量资料的频数分布有集中趋势和离散趋势两个主要特征。只有把两者结合起来，才能全面地认识事物。

离散趋势是指一组数据背离分布中心值的特征，反映各变量值远离其中心值的程度。描述离散趋势的常用指标有极差、平均差、方差、标准差、标准误和变异系数等，其中方差和标准差最为常用。

1. 极差

极差又称全距，是指一组数据的观察值中的最大值和最小值之差。极差用公式表示为：极差 = 最大观察值 - 最小观察值。

极差的计算较简单，但是它只考虑了数据中的最大值和最小值，而忽略了全部观察值之间的差异。因为两组数据的最大值和最小值可能相同，它们的极差相等，但是离散的程度可能相当不一致。可见，极差往往不能反映一组数据的实际离散程度，极差所反映的仅仅是一组数据的最大的离散值。

2. 平均差

平均差是指一组数据中的各数据对平均数的离差绝对值的平均数。一组数据中的各数据对平均数的离差有正有负，其和为零，因此平均差必须用离差的绝对值来计算。

设 x_1，x_2，…，x_n 为样本观测值，$\bar{x}$ 为样本的平均数，那么平均差为 $\bar{d}=\frac{\sum|x_i-\bar{x}|}{n}$。

容易发现，平均差越大，表示数据之间的变异程度越大，反之则变异程度越小。

3. 方差和标准差

平均差用绝对值来度量，虽然避免了正负离差的相互抵消，但不便于运算。为此，我们将离差的绝对值修正为离差的平方，用方差（σ^2）来度量一组数据的离散性，其计算公式为 $\sigma^2=\frac{\sum(x_i-\bar{x})^2}{n}$。

为了使统计量的单位同观察值的单位相一致，通常将方差开平方，即得到标准差（σ），即 $\sigma=\sqrt{\frac{\sum(x_i-\bar{x})^2}{n}}$。标准差也称为均方差。

由定义可知，方差和标准差所反映的是一组数据对其均值为代表的中心的某种偏离程度。从定义可知，标准差（或方差）较小的分布一定是比较集中在均值附近的，反之则是比较分散的。

标准差也是根据全部数据来计算的，但是它也会受到极端值的影响。标准差的计算要比平均差方便，因此，标准差是描述数据离散趋势最常用的统计量。标准差的缺点是计算起来比较麻烦。

4. 变异系数

标准差是表示所有数据离散性大小的一个绝对值，其度量单位与原数据的度量单位相同。因此，标准差只能度量一组数据对其均值的偏离程度。但若要比较两组数据的离散程度，用两个标准差直接进行比较有时就显得不合适了。

例如，一个总体的标准差是10，平均值是100；另有一个总体的标准差是20，平均值是2000。如果直接用标准差来进行比较，后一总体的标准差是前一总体标准差的 2 倍，似乎前一总体的分布集中，而后一总体的分布分散。

但是，前一总体用标准差来衡量的各数据的差异量是其平均值的 1/10；后一总体用标准差来衡量的各数据差异是其均值的 1/100，这是微不足道的。

可见，用标准差与平均值的比值大小来衡量不同总体数据的分散程度更合理。统计上把这一比例称为变异系数（coefficient of variation，CV）。变异系数是一个表示标准差相对于平均数大小的相对量，即标准差相对于均值的百分比。

变异系数 $CV=\frac{\sigma}{\bar{x}}\times 100\%$（其中，$\sigma$ 为数据的标准差，$\bar{x}$为数据的平均值）。

可见，变异系数同平均差、标准差一样，都是反映数据离散程度的。变异系数的大小不仅受离散程度的影响，还受变量值平均水平的影响。一般来说，变异系数越大，表明数据的离散程度越大。

电子图书馆

[1] 楼裕胜．统计应用理论与实务［M］．北京：科学出版社，2008.

[2] 汪海波．SAS 统计分析与应用：从入门到精通［M］．北京：人民邮电出版社，2010.

6.3.3　描述相关性的统计量

相关是指两个变量之间的相互关系，两个变量的相关变化情况有以下几种①。

（1）两个变量的变动方向相同，这是正相关。例如，智力与学习速度，智力高的学习速度较快，属正相关。

（2）两个变量的变动方向相反，这是负相关。例如，身体状况与发病率，身体健康者发病少，属负相关。

（3）两个变量之间的变动无一定规律，这是零相关，即两个变量之间无相关关系。例如，身高与学习成绩，属零相关。

为了判断两个变量之间具有怎样的相关关系，可以观测数据的散点图（见图 6.3－1）。散点图分别直观地描述了两个变量间的相关关系，通过观察可知图 6.3－1A 是正相关，图 6.3－1B 是负相关，图 6.3－1C 是零相关。

---

① 顾汝佐，叶季明，王明欢．小学教学全书（数学卷）［M］．上海：上海教育出版社，1995：334.

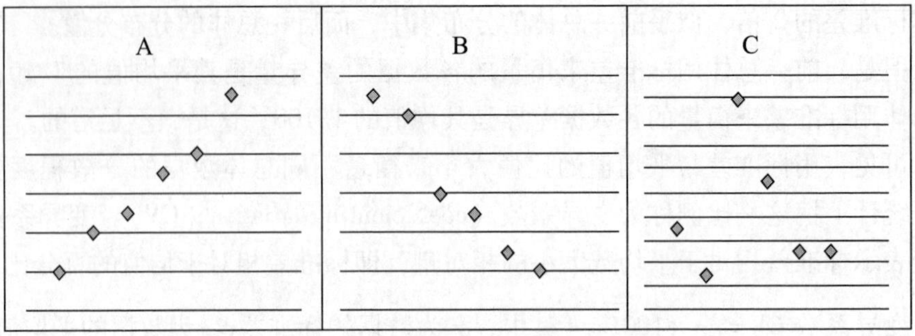

图 6.3－1　两个量之间关系的散点图

除了直接画图观测外，还可以利用相关系数 r（correlation coefficient）刻画两个变量间的相关程度，由于研究对象的不同，相关系数的定义不同，常见的定义方式如下：

设有两个变量 x、y，对应的观测数据用 x_i，y_i（$i=1, 2, 3, \cdots, n$）来表示，则相关系数（r）的计算公式是

$$r=\frac{\sum x_i y_i-\frac{1}{n}\left(\sum x_i\right)\left(\sum y_i\right)}{\sqrt{\left[\sum x_i^2-\frac{1}{n}\left(\sum x_i\right)^2\right]\left[\sum y_i^2-\frac{1}{n}\left(\sum y_i\right)^2\right]}}。$$

相关系数值在 -1 与 1 之间，当 $r>0$ 时，显示正相关；$r<0$ 时，显示负相关；$r=0$ 时，显示零相关。两个变量相关的程度越大，相关系数的绝对值就越接近 1，但相关程度的推断，还要通过统计检验。

6.3.4　描述差异性的统计量

在研究两个变量之间的关系时，有时要比较两个样组平均数的差异，从而推断两个总体的平均数是否真有差异。如果检验结果是差异显著，那就意味着两个样组平均数的差异标志着两个总体的平均数确实存在差异。如果检验结果是差异不显著，那就意味着两个样组可能来源于同一个总体，或者两个总体没有差异，两个样组的差异只是由于各种误差所造成的①。

两个样组平均数差异的检验方法是 t 检验，t 检验步骤是：（1）假设两个样组的均数没有显著差异；（2）将样组资料代入 t 检验公式，求出 t 值。

---

① 顾汝佐，叶季明，王明欢. 小学教学全书（数学卷）[M]. 上海：上海教育出版社，1995：335－336.

用n_1，n_2分别表示两个样组的人数，$\overline{x_1}$，$\overline{x_2}$分别表示两个样组的平均数，σ_1，σ_2分别表示两个样组的标准差，那么t检验的公式是

$$t=\frac{\overline{x_1}-\overline{x_2}}{\sqrt{\frac{(n_1-1)\ \sigma_1^2+\ (n_2-1)\ \sigma_2^2}{n_1+n_2-2}}\cdot\sqrt{\frac{1}{n_1}-\frac{1}{n_2}}}。$$

（1）给出显示水平的α，通常采用的水平是$\alpha=0.05$、$\alpha=0.01$和$\alpha=0.001$，即拒绝假设的错误的可能性不超过5%、1%和0.1%，分别表示存在差异、存在显著差异和存在非常显著差异。

根据给出的显著性水平α和自由度$df=n_1+n_2-2$查t检验临界值表（查统计表），得到t_α的值。例如，显著水平为0.05，两个样组的人数为$n_1=15$，$n_2=20$，自由度$df=15+20-2=33$，在t检验临界值表中$t_{0.05}$一栏，查出与$df=33$相对应的值在2.042与2.021之间，得$t_{0.05}\approx2.04$。

（2）通过检验对假设的接受或拒绝作出判决。

若$|t|<t_\alpha$，则假设成立的概率$P\geqslant\alpha$，即这种假设成立的可能性较大，可以接受假设，即两个样组的均数没有显著差异。

若$|t|>t_\alpha$，则假设成立的概率$P<\alpha$，即假设成立的可能性较小，可以拒绝假设，做出两个样组的均数存在显著差异的结论。

需要说明的是，在进行统计检验时：（1）要保证数据资料的客观和正确。（2）统计检验不做绝对肯定或否定的结论，只是一种倾向性的意见，这种意见有犯错误的可能性。①

拓展阅读 F检验

运用t检验判断两个小样组（$n<30$）的均数差异是否显著时，需要两样组的方差（即标准差方差）一致或没有显著差异。因此，在运用t检验前先进行方差齐性的检验，可以用F检验，步骤如下：

（1）假设两样组的方差没有显著差异。

（2）计算F值，计算公式是$F=\frac{n_1\sigma_1^2/\ (n_1-1)}{n_2\sigma_2^2/\ (n_2-1)}$（$\sigma_1\geqslant\sigma_2$）。

（3）给出显著性水平α，根据给出的显著性水平α和自由度$df_1=n_1-1$，$df_2=n_2-1$查F检验临界值表（可查统计表），得到F_α的值。

① 顾汝佐，叶季明，王明欢．小学教学全书（数学卷）[M]．上海：上海教育出版社，1995：336.

例如，显著性水平为0.05，在F检验临界值表的$F_{0.05}$表中，查得$df_1=20-1=19$，$df_2=15-1=14$，所对应的值在2.44和2.39之间。即$F_{0.05}\approx 2.40$。

(4) 做统计结论：当$F<F_\alpha$时接受原假设，即两样组的方差没有显著差异；当$F\geqslant F_\alpha$时，则在显著性水平α下拒绝原假设，即两样组的方差有显著差异。

6.4 数据分析

◉学习目标

1. 了解数据分析的含义，理解数据分析的基本步骤；
2. 掌握数据分析的基本方法和使用情境；
3. 阅读并了解一些数据分析的简单案例。

在许多场合下，人们都使用数据做决策，当完成数据收集工作后，人们往往仅列出数据和其他相关信息，这样不利于理解数据，因此应该对数据进行整理和分析。在本节中，我们将介绍数据分析的过程并辅以实际案例分析。

6.4.1 数据分析的含义

数据分析是指运用适当的统计分析方法对收集来的大量数据加以汇总、整理、分析，以求最大化地开发数据的功能，发挥数据的作用。

数据分析研究的对象是数据，也称观测值，是实验、测量、观察、调查等的结果，常以数量的形式给出。数据作为信息的载体，要分析出数据中包含的主要信息。数据分析是有组织、有目的地收集数据、分析数据，使之成为信息的过程。因此，数据分析的目的是把隐藏在一大批看似杂乱无章的数据背后的信息集中和提炼出来，总结出研究对象的内在规律。如果数据是从总体抽出来的样本，就要分析推测样本中包含的总体的信息。

在实际工作中，数据分析能够帮助管理者进行判断和决策，以便采取适当的策略与行动。例如，某企业的管理者希望通过市场分析，把握当前产品的市场动向，制订合理的产品研发和销售计划，就必须依赖数据分析才能完成。

教学链接 | 数据分析观念

统计学研究的基础是数据，通过对数据的分析得到产生数据背景的信息。虽然在数据分析的过程中会用到数学知识，但统计学和数学还是有所不同的，因为数学的研究基础是抽象出的定义和假设。因此，在统计的教学过程中一定要强调数据，着重渗透数据分析的观念。

就小学数学教学而言，不可能让小学生完全理解统计与概率中的思想。为此，《义务教育数学课程标准（2011 年版）》中对“数据分析观念”做出如下要求：“了解在现实生活中有许多问题应当先做调查研究，收集数据，通过分析做出判断，体会数据中蕴含着信息；了解对于同样的数据可以有多种分析的方法，需要根据问题的背景选择合适的方法；通过数据分析体验随机性，一方面对于同样的事情每次收集到的数据可能不同，另一方面只要有足够的数据就可能从中发现规律。”

由此可知，小学阶段对数据分析观念的要求主要强调两点，一是了解数据蕴含着信息，知道有些事情需要通过调查研究数据得到结论；二是了解获得样本取得的数据具有随机性，通过样本得到的结论是或然的。教师在教学过程中不仅要依靠讲解，还应该创设合理情境让学生感悟。

6.4.2　数据分析的过程

数据分析包括几个相对独立又互有联系的阶段，它们分别是：明确数据分析的目的和内容；正确收集数据；数据的加工整理；数据分析；数据分析结果的展现和解释分析；撰写数据分析报告。其中，正确收集数据、加工和整理数据、数据分析是三个主要阶段。

1. 明确数据分析的目的和内容

做任何事情都有目的，数据分析也不例外。明确数据分析的目的是数据分析的出发点。明确数据分析的目的就是要明确本次数据分析要研究的主要问题和预期的分析目标等。比如，分析城市和农村教育水平是否存在显著差异以及成因，分析全国高等院校人文社会科学的研究生的科研能力，等等。

我们可以通过以下问题帮助明确数据分析的目的：为什么要展开数据分析？通过此次数据分析我要解决什么问题？

只有明确了数据分析的目的，才能正确地制订数据收集方案，即收集哪些数据，采用怎样的方式收集等，进而为数据分析做好准备。

分析目的明确之后，我们要考虑要达到这个目的需要从哪几个方面进行分析，即需要把分析目的分成若干个不同的分析要点。只有有了分析目的，分析内容才可以明确下来。

2. 正确收集数据

数据收集是按照确定的数据分析内容收集相关数据的过程，它为数据分析提供了素材和依据。正确收集数据是指从分析目标出发，排除干扰因素，正确收集服务于既定分析目标的数据。正确的数据对于实现数据分析目标将起到关键性的作用。

排除数据中那些与目标不关联的干扰因素是数据收集中的重要环节。数据分析并不仅仅是对数据进行数学建模，收集的数据是否真正符合数据分析的目标，其中是否包含了其他因素的影响，影响程序怎样，应如何剔除这些影响等问题都是数据分析过程中必须注意的重要问题。

3. 数据的加工整理

数据处理是指对收集到的数据进行加工整理，形成适合数据分析的样式，它是数据分析前必不可少的阶段。本阶段的基本目的是从大量的、杂乱无章的、难以理解的数据中抽取并推导出对解决问题有价值、有意义的数据。

在明确数据分析目标基础上收集到的数据，往往还需要进行必要的加工整理后才能真正用于分析建模。数据的加工整理主要包括数据缺失值处理、数据的分组、离群数据的判别等，它能够帮助我们优化数据，是数据分析的基础。

4. 数据分析

数据加工整理完成后一般就可以进行数据分析了。数据分析主要是指通过统计分析等技术对加工过的数据进行分析和研究，从中发现数据中隐藏的信息和规律，为解决问题提供参考。

数据分析大都是通过软件来完成的，一般的数据分析我们可以通过 Excel 来完成，高级的数据分析可以借助专业的数据分析软件，比如 SPSS、SAS、MATLAB。这就要求分析者不仅掌握数据分析的方法，还要熟悉一些主流数据分析软件。

5. 数据分析结果的展现和解释分析

数据分析的直接结果是统计量或统计参数。大多数情况下，人们更愿意接受图形这种数据展现方式，因为它能有效、直接地传递出数据的信息。所以一般情况下，得到的数据分析结果是通过表格和统计图的方式来呈现的。

正确理解数据分析结果的统计含义是一切分析结论的基础，它不仅能帮助人们有效避免毫无根据地随意引用统计数字造成的错误，同时也是证实分析结论正确性和可信性的依据，而这一切都取决于人们能否正确地把握统计分析方法的核心思想。

另外，将统计量和统计参数与实际问题相结合也是非常重要的。客观地说，统计方法仅仅是一种有用的数据分析工具，它绝不是万能的。统计方法是否能够正确地解决各学科的具体问题不仅取决于应用统计方法或工具的人能否正确地选择统计方法，还取决于他们是否具有深厚的应用背景。只有将各学科的专业知识与统计量和统计参数相结合，才能得出令人满意的分析结论。

6. 撰写数据分析报告

撰写数据分析报告就是对整个数据分析成果的一个呈现。通过分析报告，把数据分析的目的、过程、结果及方案完整地呈现出来，为预期目的提供参考。

一份好的数据分析报告，首先需要有一个好的分析框架，并且图文并茂、层次明晰，能够让读者一目了然。结构清晰、主次分明可以使读者正确理解报告内容；图文并茂，可以令数据更加生动活泼，提高视觉冲击力，有助于读者更形象、直观地看清楚问题和结论，从而产生思考。另外，数据分析报告需要有明确的结论、建议和解决方案。

6.4.3　数据分析实例

我们以“中美数学教科书中的习题的要求水平”为例，进行数据分析过程的展示。

1. 明确数据分析的目的和内容

本次研究的目的是，对中美数学教科书中的习题的要求水平部分进行研究，以揭示不同版本数学教科书习题的编写特点。① 为了达到此调查目的，首先要确定调查的对象、设计如何收集数据等问题。

调查对象：在中国，选取了人民教育出版社发行的《义务教育课程标准实验教科书·数学》（以下简称人教版）6 册教科书作为研究对象。在美国，选取了 McGraw – Hill/Glencoe 出版社于 2009 出版的 IMPACT Mathematics（Course1、2、3）Student Edition（精装）（以下简称 IM 版）教科书，共 3 册，作为研究对象。

在对习题要求水平的统计过程中，依据中美的数学课程标准，设计了 4 级

---

① 本例为国家社会科学基金“十二五”规划 2012 年度教育学重点课题——中小学理科教材国际比较研究（初中数学）项目的成果。

水平，即模仿、理解、运用和探究。

2. 正确收集数据

首先，对习题的四级要求水平进行定义和划分。其次，由于教科书数据较多，根据两国课程标准划分的课程内容，选取了中美教科书中“数与运算”“方程”“三角形与立体图形”“统计”等内容的习题进行统计。

在习题统计过程中，对于题目里如有多次提问的及有若干小题的习题，以要求水平最高的某一问或者小题为依据进行统计。对模仿、理解、运用和探究这四级水平分别赋值为1，2，3，4。

研究者完成数据收集工作，再随机选取部分内容重新独立收集数据，并进行对比分析及修改。

3. 数据的加工整理

（1）缺失值。

假如缺失数据影响到了具体的统计分析，则必须考虑采取适当方法来填补缺失数据，SPSS 统计分析软件中有具体缺失值填补方法，在此我们不过多讲述。若缺失值数据没有影响到后面的统计分析，则可以对缺失值不做任何处理，即缺失值还是作为缺失数据处理。本例中的缺失值由研究者重新进行统计。

（2）离群数据。

有时得到的数据会出现个别的离群数据，比如某一统计结果出现41。针对这种问题，研究者需返回对应教科书重新进行统计。

4. 数据分析

由于得到的数据大都为分类数据，首先利用 SAS 软件得到各指标的列联表（见表6.4－1），分析得出了各要求水平的数量和比重，然后采用属性变量无关联性的卡方检验的方法分析了中美教科书在习题要求水平的差异性。其次，利用 Excel 画出习题要求水平的条形图（见图6.4－1）。

表6.4－1　中美教科书习题要求的数据分析表

水平	题量		百分比		卡方检验	
	美	中	美	中	卡方值	P 值
模仿	187	3310	27.9%	79.0%	1238.3	<0.0001
理解	206	655	30.7%	15.6%		
运用	219	211	32.7%	5.0%		
探究	58	16	8.7%	0.4%		

5. 数据分析结果的展示和解释分析

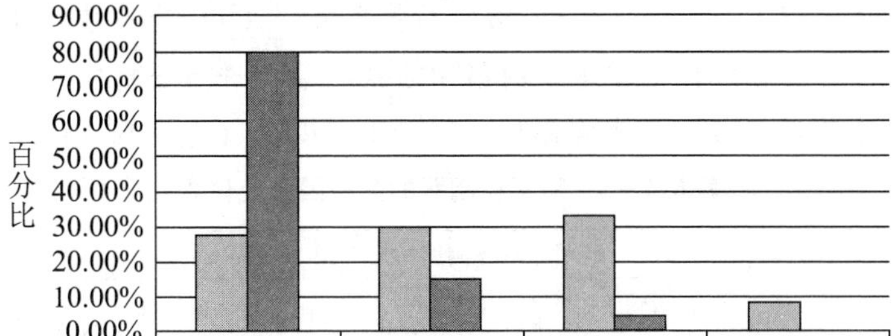

	模仿	理解	运用	探究
美	27.90%	30.70%	32.70%	8.70%
中	79.00%	15.60%	5.00%	0.40%

图 6.4－1　中美教科书习题要求的数据分析图

通过统计图表比较分析发现，人教版与 IM 版教科书在习题部分的要求水平在统计学意义下都存在显著差异。可以看出，IM 版除去探究型，其他要求水平走势略有上升趋势，水平相差不大，习题各个水平设置比较均衡；而中国呈明显下降趋势，即随着难度递增相应习题量减少，侧重于“模仿”与“理解”水平。

同样是解方程的题目，IM 版的要求相对高，下面看一个具体的习题案例。

IM 版：解方程 $4w+1=2w+8$，说出你使用的方法并解释选择此方法的原因。

可以看出，IM 版侧重学生深入理解知识、把握知识以及考查与其他知识的区别和联系，既强调内涵，又强调外延。

6. 撰写数据分析报告（略）

拓展阅读　休闲服购买因素分析①

互联网时代，目标消费者需求变幻莫测，难以捉摸，在产品同质化竞争环境下，谁能率先抓住消费者的心，谁将在销售市场上占有一席之地。以下是市场调查问卷分析的案例，品牌休闲服购买因素分析，看看哪些因素决定着消费者的购买心理。

【调查问卷——问题】

在购买品牌休闲服时，您最重视的三个因素？（1）______（2）______（3）______

① 数据分析的方法与技巧，参见 http：//www. itongji. cn。

（1）品质　（2）价格　（3）服务水平　（4）款式　（5）推广方式　（6）舒适合体　（7）体现个性　（8）品牌形象　（9）流行性　（10）其他

以下以“购买品牌休闲服重视的第一因素”为例进行分析：

【1】影响购买的第一因素在不同时间段下的变化（见表6.4－2）。

表6.4－2　购买休闲服的第一因素变化表

			购买品牌休闲服考虑的第一因素									
			品质	价格	服务水平	款式	推广方式	时尚	舒适	个性	知名度	内部环境
年份	2001	计数	749	149	131	567	22	26	613	164	2	0
		行N%	30.9%	6.1%	5.4%	23.4%	0.9%	1.1%	25.3%	6.8%	0.1%	0.0%
	2002	计数	980	218	65	848	4	69	357	105	99	2
		行N%	35.7%	7.9%	2.4%	30.9%	0.1%	2.5%	13.0%	3.8%	3.6%	0.1%
			↑	↑	↓	↑			↓		↑	

如表6.4－2所示，2002年第一购买因素依次为品质（35.7%）、款式（30.9%）、舒适（13%）、价格（7.9%）等，与2001年相比，2002年消费者对于品质、价格、款式以及品牌等因素更加挑剔与重视。相对而言，对服务和舒适程度略有下降。可见，服饰质量、流行程度、价格是否实惠是目标消费者非常在意的，影响购买决策的因素。

【2】影响购买的第一因素在不同时间段下的条形统计图（见图6.4－2）。

看表6.4－2，需要在2001年和2002年两行之间进行对比，读者需要花费更多时间去发现表格中数据所能反映的问题。

为了让读者第一时间看懂图表内涵，可考虑如下条形统计图，效果比图表会明显好很多。二者表达同一意思，但花费的时间、理解难易程度却有显著的不同。

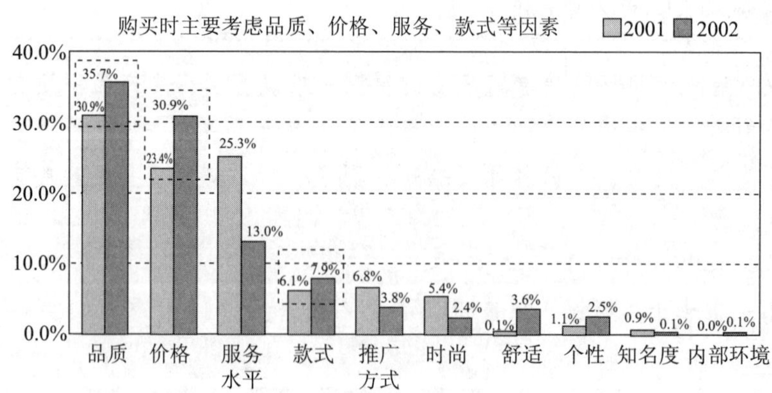

图6.4－2　第一因素变化条形图

【3】影响购买的第一因素在不同时间段下的扇形统计图（见图 6.4－3）。

除了柱形图，还可以考虑饼图的表达方式，如果用单一饼图，势必在一个大饼上划分 10 个小块，表达效果下降。

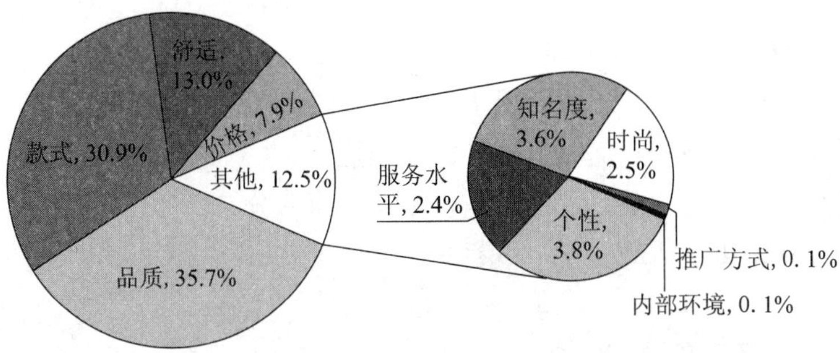

图 6.4－3　第一因素变化扇形图

因此，最好采用复式饼图，将主要影响因素放置于左侧，其他因素放置于右侧，复式饼图视觉效果较好，能很大程度吸引读者的眼球，对读图、读分析报告有一定的帮助。

【4】

有没有一种既吸引眼球，而且最能表达数据含义的图表呢？帕累托图是比较好的选择，也称为主次因素图或主次因素排列图，作图时插入一行累计百分比的辅助数据即可完成。

通过累计百分比曲线，可以很快判断主要因素和次要因素。如图 6.4－4 所示，品质、款式、舒适程度三个因素对购买决策的累计贡献率达到 80%，价格对于购买也产生一定的影响，这四个因素是影响消费者购买决策的主要因素。

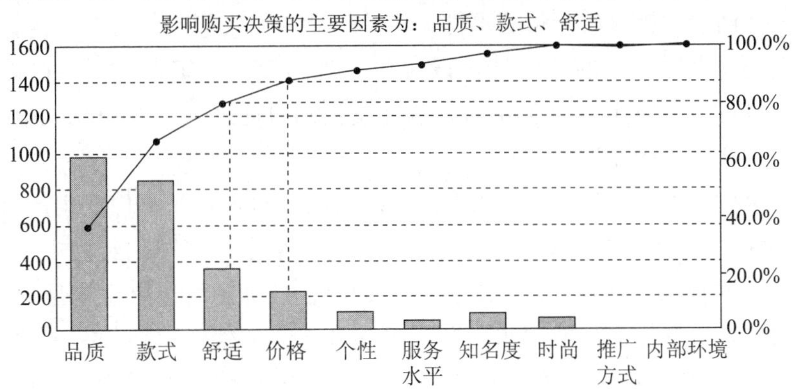

图 6.4－4　第一因素变化累计图

6.5 概率

◉**学习目标**

1. 了解概率的含义，理解随机事件、可能性和概率的统计定义；
2. 理解古典概型和几何概型两种概率模型；
3. 理解复合事件的概率，理解随机变量与概率分布；
4. 通过具体实践活动，了解概率与统计的关系。

6.5.1 概率的含义

1. 可能性

6 名学生参加演讲比赛，他们以抽签的方式决定出场顺序，比赛前在签筒中放入 6 张大小、形状完全相同的纸签，上面分别标有 1、2、3、4、5、6，代表入场序号。冬冬从签筒中任意抽出一张纸签，根据自身的经验我们会发现，冬冬抽到的序号只能有 1、2、3、4、5、6 这六种情况，他不可能抽到大于 6 的号码，可能会抽到 6 号或者小于 6 号的号码。

同样，在自然界和人类社会生活中存在着两类不同的现象，一类是在一定条件下事件的发生与否是确定的。例如，地球无时无刻不在旋转，早晨太阳从西方升起等事件；另一类是在一定条件下事件的发生是不确定的。例如，某城市明年的降雨量，粮食的产量等事件。

一般地，事件发生的可能性可以分为三种情况：一定发生、不可能发生、可能发生也可能不发生。当需要判断事件发生的可能性时，人们往往根据自身以往的经验和已有的知识来预测。

在小学教学中，学生也往往根据自身以往的经验来判断事件发生的可能性，当学生判断“未来事件发生的可能性”时，也是根据“以往的经验中发生的情况”和已有的知识来预测，并不是主观的判断，教师还可以有意识地寻找一些带有感情色彩的事件，让学生来判断其可能性，让学生意识到某一事件发生的可能性与自身的愿望无关。如事件“人类用右手拿筷子”，如果学生刚好使用右手拿筷子，且他只考虑到自身情况而忽略生活中实际情况，就会做出错误判断。

在一定条件下，我们把一定发生的事件叫作相对于该条件的必然事件，简称必然事件（certain event）；不会发生的事件叫作相对于该条件的不可能事件，简称不可能事件（impossible event）；可能发生也可能不发生的事件为相对于该条件的随机事件，简称随机事件（random event）。

其中，必然事件和不可能事件统称为相对于该条件的确定事件，简称确定事件。确定事件和随机事件统称为事件，一般用大写字母表示。例如，“地球是旋转的”是必然事件，“冬冬今年 12 岁，明年 11 岁”是不可能事件，“吃饭时，人用左手拿筷子”为随机事件。

我们已经知道，必然事件一定发生，不可能事件一定不会发生。概率论的研究对象就是随机事件。一般情况下，随机事件的可能性大小是未知的。那么随机事件发生的可能性如何？怎样才能获得某一随机事件发生的可能性大小呢？最直接的方法就是试验。比如，抛一枚硬币，结果正面朝上，称为该随机事件的一次试验。连续多次抛同一枚硬币，称为重复试验。

教学链接 | 可能性

小学阶段的教学，要通过重复试验让学生估计随机事件发生的可能性大小。下面以抛硬币试验为例介绍估算随机事件发生的可能性大小，组织全班学生进行抛硬币的试验，并记录试验结果。

步骤 1：每人取一枚同样的硬币，连续做 30 次抛硬币的试验，试验结果填入表 6.5－1 中。

表 6.5－1

试验人	试验次数	正面朝上次数	反面朝上次数

1. 根据表格，说说正面朝上和反面朝上的可能性是否一样。

2. 与其他小组的试验结果对比，观察你们的试验结果是否一致。并说说为什么。

步骤 2：将所有人分成若干小组，统计小组的试验结果，将试验结果填入表 6.5－2 中。

表 6.5－2

试验组	试验次数	正面朝上次数	反面朝上次数

1. 根据表格，说说正面朝上和反面朝上的可能性是否一样。

2. 与其他小组的试验结果对比，观察你们的试验结果是否一致。并说说为什么。

步骤 3：统计全班所有人的试验结果，并将试验结果填入表 6.5－3 中。

表 6.5－3

试验班	试验次数	正面朝上次数	反面朝上次数

根据表格，说说正面朝上和反面朝上的可能性是否一样。

步骤 4：利用计算机模拟抛硬币试验 10000 次，根据所得结果说说正面朝上和反面朝上的可能性是否一样。

步骤 5：历史上有人曾做过大量抛硬币试验，并计算了正面朝上次数与抛掷次数之比，结果见表 6.5－4 所示。

表 6.5－4

抛掷次数	正面朝上次数	正面朝上次数与抛掷次数之比
2048	1061	0.5181
4040	2048	0.5069
12000	6019	0.5016
24000	12012	0.5005
30000	14984	0.4996
72088	36124	0.5011

通过试验可以看出，重复试验的次数越多，比值接近 0.5 的可能性越大。也就是说，正面朝上和反面朝上的可能性是一样的。

---

2. 频率估计概率

通过试验的方法探究掷骰子试验中，点数 1～6 出现的可能性大小是怎样的？我们进行了 30 次重复试验，并记录了相应的试验结果（见表 6.5－5）。

表 6.5－5　试验结果统计表

点数		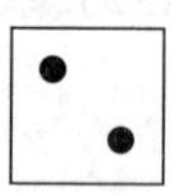	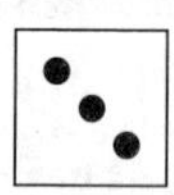	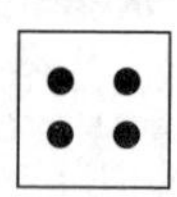	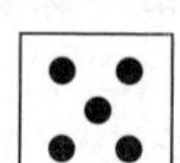	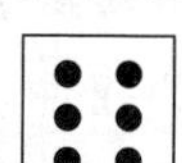
出现次数	5	4	7	3	5	6
$\frac{\text{点数出现次数}}{\text{总试验次数}}$	$\frac{1}{6}$	$\frac{2}{15}$	$\frac{7}{30}$	$\frac{3}{30}$	$\frac{1}{6}$	$\frac{3}{15}$

在掷骰子重复试验中，事件可能会出现六种结果，即点数 1、点数 2、点数 3、点数 4、点数 5、点数 6，在这多次试验中，每种结果可能出现若干次。我们

称在相同条件下重复 n 次试验，某一事件 A 出现的次数为事件 A 的频数（frequency），记为n_A，称事件 A 出现的次数与总试验次数的比值为事件 A 出现的频率（relative frequency），记为f_n（A），所以

$$频率=\frac{事件\ A\ 出现的频数}{总次数}，即\ f_n(A)=\frac{n_A}{n}。$$

比如，上述试验中，点数 1 出现的频数是 5，频率是$\frac{1}{6}$。

由于必然事件一定发生，所以必然事件出现的次数与总试验次数相等，比值为 1，即必然事件出现的频率是 1；不可能事件不可能发生，所以不可能事件出现的频率是 0；对于随机事件，事件可能发生也可能不发生，所以事件出现的次数小于总试验次数，因此随机事件出现的频率是一个非负的、小于 1 的数。

频率本身是随机的。首先，频率的随机性表现在试验的结果为多个且可能的结果事先知道，但在试验前不知道哪一个结果到底会发生，比如掷骰子试验，在试验前我们不知道进行 10 次试验点数 1 出现的频率；其次，试验可以在相同条件下重复进行，每次结果未必相同，比如两人同时进行 10 次抛硬币试验（硬币规格完全相同），正面朝上的频率不一定相同。

此外，频率具体稳定性。一般来说，随机事件 A 在每次试验中是否发生是不能预知的，在大量重复试验的条件下事件 A 发生的频率会在某个常数附近摆动，显示一定的稳定性，我们就把这个常数称为这一随机事件的概率，常用字母 P 表示。

概率是描述随机事件发生可能性的大小的度量，是事件在大量重复试验中频率逐渐稳定得到的理论上的精确值，所以我们可以用大量重复试验中事件发生的频率去估计得到事件发生的概率。因此，必然事件发生的概率为 1，不可能事件的发生的概率是 0，随机事件的概率 P 是一个非负的、小于 1 的数，即 $0<P<1$。P 越接近 0 则随机事件发生的可能性越小，越接近 1 则随机事件发生的可能性越大。

教学链接 | 概率

两名学生一起做抛硬币试验，连续抛了 5 次硬币都是正面朝上。在抛第 6 次之前，一名学生这样想："第 6 次一定反面朝上，因为正面朝上和反面朝上的概率相等，前 5 次都是正面朝上，那么第 6 次反面朝上的概率大了。"另一名学生想法相反："抛前 5 次的过程中没有出现反面向上的情况，那么第 6 次也不会出现反面向上的情况。"这两名学生的解释正确吗？若不正确，结果应该怎样？教

师应该怎样给学生做出解释？

在小学教学过程中，逐步让学生体会每次试验中事件发生的随机性，在大量独立重复试验中，事件发生的频率才会出现稳定性。因此上述事例中，若抛硬币试验中使用的硬币是均匀的，那么第 6 次试验与前几次试验是没有关系的，根据事件在一次试验中发生的随机性，第 6 次试验出现“正面朝上”和“反面朝上”的概率等同。

3. 概率的统计定义

在一定条件下，重复做 n 次试验，n_A 为 n 次试验中事件 A 发生的次数，如果随着 n 逐渐增大，频率 $\frac{n_A}{n}$ 逐渐稳定在某一数值 p 附近，则数值 p 称为事件 A 在该条件下发生的概率，记作 $P(A)=p$。

这个定义成为概率的统计定义。从概率的统计定义可以看到，数值 p 就是在该条件下刻画事件 A 发生可能性大小的一个数量指标。

由于频率 $\frac{n_A}{n}$ 总是介于 0 和 1 之间，从概率的统计定义可知，对任意事件 A，皆有 $0\leqslant P(A)\leqslant 1$，$P(\Omega)=1$，$P(\Phi)=0$，其中 Ω、Φ 分别表示必然事件（在一定条件下必然发生的事件）和不可能事件（在一定条件下必然不发生的事件）。

电子图书馆

[1] 徐传胜. 概率论简史 [J]. 数学通报，2004 (10).

[2] 张淑梅，张唯一. 初中“用频率估计概率”的教学解析 [J]. 数学通报，2010 (1).

6.5.2 概率模型

1. 古典概型

通过试验的方法，可以利用频率得到某些事件的概率，但此方法比较耗时，且不精确。在一些特殊情况下，我们可以找到计算概率的通用方法。

我们一起考察两个试验：(1) 抛一枚质地均匀的硬币试验；(2) 掷一颗质地均匀的骰子试验。

在试验 (1) 中，出现的结果只有两种，即“正面朝上”或“反面朝上”，由于硬币均匀，所以出现正面朝上的可能性与出现反面朝上的可能性相等，即概率相等。因此，掷一颗质地均匀的硬币，正面朝上的概率为$\frac{1}{2}$。反面朝上的概率也为$\frac{1}{2}$。

在试验（2）中，出现的结果有六种，即“1点”“2点”“3点”“4点”“5点”“6点”，由于骰子质地均匀，所以出现每一种情况的可能性相等，即概率相等。因此，掷一颗质地均匀的骰子，各点出现的概率为$\frac{1}{6}$。

上述试验有些共同特征：（1）随机事件出现的可能结果是有限的（有限性）；（2）出现每一种结果可能性的大小是一样的（等可能性）。

我们将具有这两个特征的概率模型称为古典概率模型（classical models of probability），简称古典概型。因此，对于古典概型，任何事件A的概率为

$$P(\mathrm{A})=\frac{\text{事件 A 所包含的基本事件个数}}{\text{基本事件的总数}}。$$

古典概率讨论的对象局限于随机试验所有可能结果为有限个等可能的情形，即基本空间由有限个元素或基本事件组成，其个数记为n，每个基本事件发生的可能性是相同的。若事件A包含m个基本事件，则定义事件A发生的概率为$P(\mathrm{A})=m/n$，也就是事件A发生的概率等于事件A所包含的基本事件个数除以基本空间的基本事件的总个数，这是P.－S.拉普拉斯的古典概率定义，或称为概率的古典定义。

历史上，古典概率是由研究诸如掷骰子一类赌博游戏中的问题引起的。计算古典概率，可以用穷举法列出所有基本事件，再数清一个事件所含的基本事件个数进行相除，即借助组合计算可以简化计算过程。古典概型是概率论中最直观和最简单的概率模型，也是义务教育阶段主要研究的概率模型。

例1　从含有两件正品a_1、a_2和一件次品b_1的三件产品中，每次任取一件，每次取出后不放回，连续取两次，求取出的两件产品中恰有一件次品的概率。

解　每次取出一件，取后不放回地连续取两次，其一切可能的结果组成的基本事件有6个，即(a_1, a_2)，(a_1, b_1)，(a_2, a_1)，(a_2, b_1)，(b_1, a_1)，(b_1, a_2)。其中小括号内左边的字母表示第1次取出的产品，右边的字母表示第2次取出的产品。用A表示“取出的两种中，恰好有一件次品”这一事件。

则取出的两件产品中恰有一件次品构成事件A＝[(a_1, b_1)，(a_2, b_1)，(b_1, a_1)，(b_1, a_2)]。

因为事件A由4个基本事件组成，因而$P(\mathrm{A})=\frac{4}{6}=\frac{2}{3}$。

2. 几何概型

古典概率模型适用于有限个等可能结果的随机试验，我们还需考虑无限多个试验结果的情况。例如，如图 6.5－1 所示，现有一个方格，往方格中投一颗石子，石子可能落在方格中的任何一点，即试验的结果有无限个。

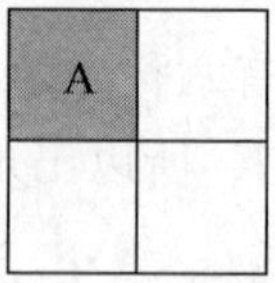

图 6.5－1

如图 6.5－1 所示，向图中正方形中随机撒一把石子，假设每颗石子落在正方形内每个位置的可能性相同，由于区域 A 的面积是整个正方形的 1/4，因此，大概有 1/4 的石子落在区域 A 中，近似的有

$$\frac{\text{落在区域 A 内的石子}}{\text{落在正方形内的石子}}=\frac{\text{区域 A 的面积}}{\text{正方形的面积}}。$$

如果事件发生的概率只与构成该事件的面积（长度、体积）成比例，则称这样的概率模型为几何概率模型（geometric models of probability），简称几何概型。在几何概型中，事件 A 的概率的计算公式如下

$$P(\text{A})=\frac{\text{事件 A 的区域面积（长度或体积）}}{\text{试验的全部结果所构成的区域面积（长度或体积）}}。$$

若随机试验中的基本事件有无穷多个，且每个基本事件发生是等可能的，这时就不能使用古典概率，于是产生了几何概率。几何概率的基本思想是把事件与几何区域对应，利用几何区域的度量来计算事件发生的概率，布丰投针问题是应用几何概率的一个典型例子。

在概率论发展的早期，人们就注意到古典概率仅考虑试验结果只有有限个的情况是不够的，还必须考虑试验结果是无限个的情况。为此可把无限个试验结果用欧式空间的某一区域 S 表示，其试验结果具有所谓“均匀分布”的性质，关于“均匀分布”的精确定义类似于古典概率中“等可能”这一概念。

假设区域 S 以及其中任何可能出现的小区域 A 都是可以度量的，其度量的大小分别用 μ（S）和 μ（A）表示。如一维空间的长度，二维空间的面积，三维空间的体积等。并且假定这种度量具有如长度一样的各种性质，如度量的非负性、可加性等。

例 2 甲、乙两艘轮船都要在某个泊位停靠 6 小时，假定它们在一昼夜的时间段中随机到达，试求这两艘船中至少有一艘船在停靠泊位时必须等待的概率。

解 设甲到达的时间为 x，乙到达的时间为 y，(x, y) 可以看成平面中的

点，试验结果所构成的区域：$\Omega=\{(x, y) \mid 0 \leqslant x \leqslant 24, 0 \leqslant y \leqslant 24\}$，面积 $S_{\Omega}=24^2$（见图 6.5－2）。

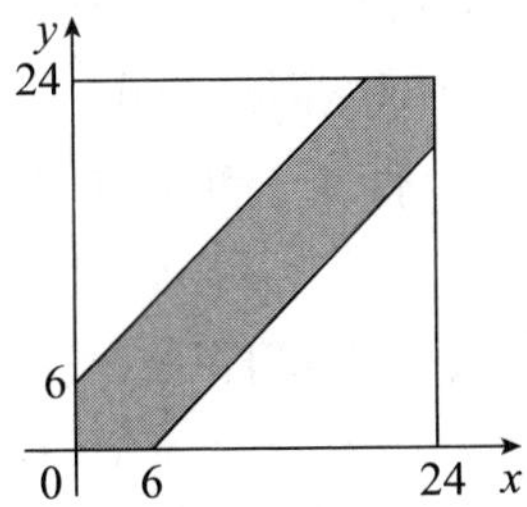

图 6.5－2

A＝{至少一艘船在停泊时必须等待}，则 A 构成的区域：$A=\{(x, y) \mid 0 \leqslant x \leqslant 24, 0 \leqslant y \leqslant 24, |y-x| \leqslant 6\}$。

所以，只要点 (x, y) 落在图 6.5－2 中的阴影部分，即表示至少有一艘船必须等待。容易计算出，至少有一艘船在停靠泊位时必须等待的概率为$\frac{7}{16}$。

6.5.3 复合事件的概率

复合事件是指由两个或多个事件组成的事件，如人们乘坐飞机，行李需要托运，飞机准时到达是一个简单事件，行李准时到达也是一个简单事件，飞机和行李同时准时到达就是复合事件。基础教育阶段常见的复合事件主要有两类，并事件和交事件。下面以两个简单事件组成的复合事件为例说明。

若某复合事件发生当且仅当事件 A 发生或事件 B 发生，则称此事件为事件 A 与事件 B 的并事件（或和事件），记作 $A \cup B$（或 $A+B$）；若某复合事件发生当且仅当事件 A 发生且事件 B 发生，则称此事件为事件 A 与事件 B 的交事件（或积事件），记作 $A \cap B$（或 AB）。

若事件 A 和事件 B 的发生互不影响，则称事件 A 与事件 B 相互独立。例如，在有放回的摸球实验，第一次摸球结果与第二次摸球结果互不影响，所以第一次摸球结果与第二次摸球结果互相独立。当事件 A 与事件 B 相互独立时，两事件同时发生的概率等于各自发生概率之积，即 $P(A \cap B)=P(A) \cdot P(B)$。

若事件 A 与事件 B 不独立，则有

$$P(A \cap B)=P(A) \cdot P(B \mid \text{事件 A 已发生})。$$

其中，$P(B \mid \text{事件 A 已发生})$ 表示事件 A 发生后事件 B 发生的概率，我们称此概率为条件概率，记作 $P(B \mid A)$，由上式可得

$$P(B|A)=\frac{P(AB)}{P(A)}。$$

若 $A\cap B$ 为不可能事件，即 $A\cap B=\phi$，那么称事件 A 与事件 B 互斥，即事件 A 和事件 B 在任何一次试验中不能同时发生。特别地，若 $A\cap B$ 为不可能事件，且 $A\cup B$ 为必然事件，则称事件 A 与事件 B 对立，即事件 A 与事件 B 在任何一次试验中有且仅有一个发生。

例如，记“一对夫妇生男孩”为事件 A，记“该夫妇生女孩”为事件 B，则事件 A 与事件 B 互斥。

当事件 A 与事件 B 互斥时，事件 A 和事件 B 的并事件发生的概率为各自事件发生概率之和，记作 $P(A\cup B)=P(A)+P(B)$；特别地，若事件 A 与事件 B 互为对立事件，由于 $A\cup B$ 为必然事件，$P(A\cup B)=1$，由互斥事件的加法公式得 $P(A)=1-P(B)$（见图 6.5－3）。

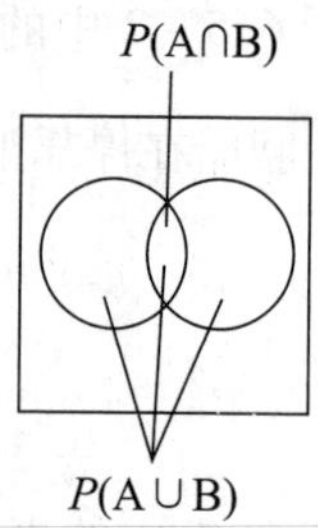

图 6.5－3

如图 6.5－3 所示，若事件 A 与事件 B 不互斥，则有

$$P(A\cup B)=P(A)+P(B)-P(A\cap B)。$$

6.5.4 随机变量与概率分布

1. 随机变量

掷一颗骰子，出现的点数可以用数字 1，2，3，4，5，6 表示；抛一枚硬币，可能出现的结果为正面朝上或者反面朝上。虽然抛硬币的结果不是数字，但我们可以用数字 1 和 0 分别表示正面朝上和反面朝上。那么在掷骰子和投硬币的随机试验中，我们确定了一个对应关系，这使得每一个试验结果都可以用确定的数字表示。在这种对应关系下，试验结果变化，数字也会随着变化，如抛一枚硬币正面朝上则用数字 1 表示，反面朝上用数字 0 表示。像这种随着试验结果变化而变化的变量称为随机变量，通常用字母 X，Y，ξ，η 表示。例如，现有 100 件产品，其中含有 3 件次品，工作人员需抽取部分检查，那么可能抽到的次品

件数 X 随着抽取结果的变化而变化，因此 X 是一个随机变量，其取值范围是 $\{0, 1, 2, 3\}$。

随机变量可以分为两类，一类是所有结果可以一一列出的随机变量，称为离散型随机变量（discrete random variable）；另一类是试验结果可以取某区间的任一实数值，称为连续性随机变量（continuous random variable）。

2. 离散型随机变量的概率分布

在掷骰子的随机试验中，用 X 表示骰子的点数，我们无法预知随机变量 X 的取值，但可以通过各点数出现的概率研究随机变量 X 的变化规律。根据古典概型的知识，在表 6.5－6 中列出了随机变量 X 的可能取值与对应概率，该表在表示掷骰子随机试验的规律中起着重要作用。

表 6.5－6

X	1	2	3	4	5	6
P	$\frac{1}{6}$	$\frac{1}{6}$	$\frac{1}{6}$	$\frac{1}{6}$	$\frac{1}{6}$	$\frac{1}{6}$

一般地，若离散型随机变量 X 可能的不同取值为 x_1，x_2，…，x_i，…，x_n，每个取值的对应概率为 P_i，那么可以列出下表（见表 6.5－7）。

表 6.5－7

X	x_1	x_2	…	x_i	…	x_n
P	p_1	p_2	…	p_i	…	p_n

称此表为离散型随机变量 X 的概率分布列（probability distribution），简称为 X 的分布列（distribution）。

例 1　在抛一枚图钉的随机试验中，记

$$X=\begin{cases}0，针尖朝上\\1，针尖朝下\end{cases}$$

若针尖朝上的概率为 p，则随机变量 X 的分布列见表 6.5－8。

表 6.5－8

X	0	1
P	$1-p$	p

像这样的分布列称为两点分布列，称随机变量 X 服从两点分布（two－point distribution），亦称伯努利分布。两点分布的应用十分广泛，如买彩票是否中奖、新生婴儿的性别等，都可以用两点分布来研究。

3. 连续型随机变量的概率分布

连续型随机变量无法一一列出结果，因此它没有概率分布列，那么怎么描述它的概率分布呢？

若ε为连续型随机变量，那么对于任意的实数a，有$P(\varepsilon=a)=0$，即X在任意一点的概率均为零。我们称$F(x)=P(\varepsilon<x)$为随机变量ε的概率分布函数，简称ε的分布函数，它表示随机变量ε的值小于x的概率。同时称分布函数$F(x)$关于x的一阶导数为随机变量ε的概率密度函数，简称ε的密度函数，记作$f(x)$。

例2 某人到达公交车站等车，已知该车每10分钟发一辆车。因此，公交车到达车站的时刻ε是随机的，可以是0~10的任何一刻，并且是等可能的，因此根据几何概型的知识可知

$$F(x)=P(\varepsilon<x)=\frac{x}{10},$$

因此，$f(x)=\frac{1}{10}$。

ε的密度函数和分布函数如图6.5－4所示。

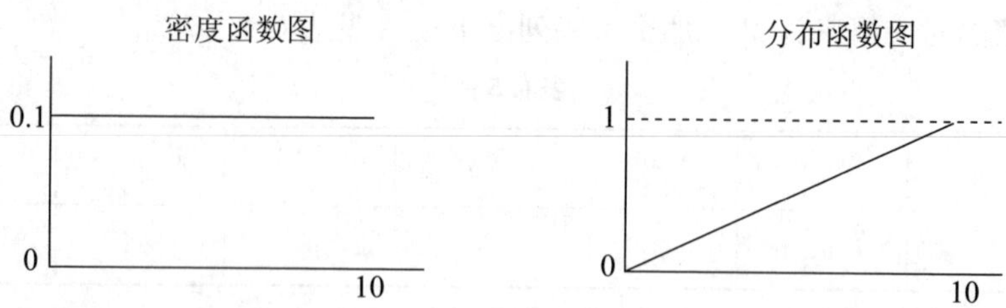

图6.5－4

我们称具有这样分布函数和密度函数的随机变量ε服从均匀分布，这是连续型随机变量所服从的最简单的概率分布。

6.5.5 统计与概率的关系

人们经常将统计与概率一起提及，那么二者之间存在什么样的关系呢？下面我们通过实例研究统计和概率的关系。

1. 通过试验，探究下面事件的概率

有两个完全相同的乒乓球，分别标上号码1、号码2，然后将两乒乓球放入同一个袋子中。请学生先从中任意取出一个，记下号码后放回袋子中，摇匀后再取一个，记下号码后放回袋子中，最后计算出两个号码之和。

首先，完成下列探究问题：（1）两个号码的和有多少种可能结果？（2）每个结果发生的可能性大小相同吗？试通过试验探究每一种结果的概率。

这是一道涉及用频率估计概率的问题，在解决此问题的时候，首先我们利用统计学知识，通过大量重复试验收集试验数据，得到事件（比如“和为 2”）出现的频数，计算出频率，从而根据“大量重复试验中，频率稳定于概率”的知识估计出事件发生的概率。

2. 根据调查内容，探究下面的问题

某学校为了了解 3000 名在校学生的身体健康情况，组织学生体检，并利用简单随机抽样方法调查了 50 名同学的身体情况。

（1）在这个调查中，总体、个体、样本、样本容量各是什么？

（2）对于总体中任意一个个体来说，他被抽到的概率是多少？

通过上述概率计算我们发现，如果用简单随机抽样从个体数为 N 的总体中抽取一个容量为 n 的样本，那么每个个体被抽到的概率都等于 $\frac{n}{N}$。由此可见，简单随机抽样是一种等概率抽样，即

（1）每次从总体中抽取一个个体时，每个个体被抽取的概率相等；

（2）在整个抽样过程中，每个个体被抽取的概率也相等。

从而这种抽样方法保证了抽取样本的客观性与公平性。

从上面两个实例中可以看出，概率和统计是紧密联系的，它们互为基础。概率的概念就是建立在频数这一统计量稳定性的基础上的。而统计又离不开概率的理论支持，随机抽样、统计推断、估计、假设检验等统计方法的合理性和科学性都有赖于概率论的严密性。

练　习　六

1. 甲、乙两人正在讨论如何增加调查方法的精确性，两人的观点如下，他们的说法正确吗？请说明原因。

   甲：调查的人数越多越好。

   乙：应当随机选取若干样本。

2. 找到满足下列条件的一组数据：

   （1）平均数、中位数、众数为同一个数；

   （2）平均数大于中位数；

   （3）众数是 10，且中位数大于平均数；

（4）平均数是6，中位数是5.5，众数是9。

3. 下表是统计局收集的一周内参观博物馆的人数：

时间	周一	周二	周三	周四	周五	周六	周日
人数（人）	16347	19346	26477	36545	42463	48658	45643

若要用统计图展现数据，你会选用什么统计图？并阐明原因。

4. 按照通俗的理解，数据分析就是“用数据说话”，但是数据有时也会误导我们。比如，一家企业中大部分是工人，年收入三万元左右，另外一些是管理层人员，年收入可达几十万元。该企业老板去人才市场招聘时，告诉应聘者“我们单位的平均收入水平比别的单位高”，该企业老板的话是否合理，若不合理请作出解释并给出更合理的说明。

5. 教学案例分析：某学生学完“可能性”知识后回到家，自己做了20次抛硬币试验，其中14次正面朝上，6次反面朝上。第二天他回到学校询问老师：“在抛硬币试验中，正面朝上和反面朝上出现的可能性应当一样，我做试验抛了20次，正面朝上14次，反面朝上6次，为什么正面朝上和反面朝上出现的次数不一样？问题出在哪里呢？”如果你是该老师，会如何作答？

6. 生活中我们会听到这样的议论：“天气预报预测昨天降水概率为80%，但是昨天一点雨都没有下，天气预报真不准确。”如何利用概率知识解释此现象？

7. 现有三个事件A、B、C，若事件A、B、C互斥，我们已知若要计算$P(A\cup B)$，需要知道$P(A)$、$P(B)$和$P(A\cap B)$，请思考若要计算$P(A\cup B\cup C)$，需要考虑哪些事件的概率，并尝试写出计算公式。

8. 请在现实生活中找出一例满足均匀分布或二项分布的实例，详细描述均匀分布的特征，比如它的平均数、方差等。

9. 某路公共汽车5分钟一班准时到达某车站，求任一人在该车站等车时间少于3分钟的概率（假定车到来后每人都能上）。

10. 游戏“过憋七”。

游戏规则：四个人玩，只用四种花色共52张牌，每人13张。按顺序每人出一张牌。第一张牌出黑桃7；接下来可以出其他花色的7或者与已出的牌数字相邻且花色相同的牌。

如果你的上家出了黑桃7，那么，你出不上牌的概率有多少？能出上牌的概率是多少？

第7章 数学基本思想

◉情境引入

在小学阶段教学“三角形的三边关系”时，不少教师都会采用类似以下的方法进行。

动手实验1：通过合作的形式，用三根小棒摆一个三角形，看看有什么发现。引导学生发现有些能摆成三角形，有些不能摆成三角形，并提出这样的问题：怎样的三根小棒才能摆成一个三角形呢？让我们再来做一个实验。

动手实验2：进一步探究怎样的三根小棒才可以摆成三角形，发现和三根小棒的长度有关；学生探索、实验，并完成相应的实验记录。

形成猜想：学生汇报展示，得到结论，“三角形两条短边之和大于最长边”。

概括结论：教师引导学生修正猜想，得到结论“三角形的任意两边之和大于第三边”。

验证结论：学生通过测量任意三角形三条边的长度，并通过计算来验证得到的结论。

然而，学生常常感到困惑，为什么老师要将我们的结论“三角形两条短边之和大于最长边”，修改成“三角形的任意两边之和大于第三边呢”？有的教师也不明白，只是认为书上就是这么写的，我就这么教。至于书上为什么这么写，其中体现了什么样的数学思想，教师常常弄不明白。

近年来，在小学数学教学中，让学生通过合作交流、实验探索的过程感悟数学的思想方法的教学活动越来越多。《义务教育数学课程标准（2011 年版）》关于课程的总目标中指出，通过义务教育阶段的数学学习，学生能获得适应社会生活和进一步发展所必需的基础知识、基本技能、基本思想、基本活动经验。学会独立思考，体会数学的基本思想和思维方式。①

什么是数学的基本思想？小学数学课程中有哪些数学基本思想？如何在课堂教学中体现这些数学基本思想？就成为值得关注和研究的问题。

7.1 数学基本思想概述

◉学习目标

1. 了解数学方法、数学思想方法的基本内容；
2. 了解数学方法、数学思想、数学思想方法之间的关系；
3. 理解并掌握数学基本思想的基本形式。

数学的发展并不是由数学概念、定理、公式、法则在数量上的简单积累，而是一个包含有猜测、错误和尝试，证明与反驳，检验与改进的一系列复杂过程。数学基本思想是指在这一过程中，起着重要核心作用的思想方法。

数学基本思想与经常出现的“数学方法”“数学思想”和“数学思想方法”三个相关概念，存在着密切的联系，但又有所区别。同时，学术界对上述概念的认识也未达成共识，不同的学者站在不同角度，提出了自己的看法。本书对其中有代表性的看法给予介绍，希望引起读者的关注与思考。

7.1.1 数学方法

数学方法通常是指解决数学问题时所采用的方式、途径和手段或策略。我们一般是从解决具体数学问题角度来认识数学方法的。从不同的视角，往往存

① 中华人民共和国教育部．义务教育数学课程标准（2011 年版）［S］．北京：北京师范大学出版社，2012：14.

在着一些差异。如，教师所指的数学方法一般是解题方法，这些解题的具体方法或技巧大多数属于数学技能层面；数学家所指的数学方法则更侧重于数学研究的方法；工程师所指的数学方法一般是数学模型方法与计算方法；自然科学和社会科学工作者描述的数学方法一般是指对客观规律进行定量分析的工具。

在中小学课程与教学领域，基本是将数学方法的层次性作为分类标准，通常分为：(1) 解题技巧方面的方法（等量替换法、割补法、递推法）；(2) 逻辑方面的方法（分析法、综合法、完全归纳法、演绎法、抽象法、直接证法和间接证法等）；(3) 一般性（或宏观性）的数学方法（字母表示数法、数形结合法、坐标法、公理化法、极限法、数学模型法、关系—反演—映射法等）。

拓展阅读 数学方法的研究

数学方法的研究，已经形成一门学科，叫作数学方法论。数学方法论可以说是数学、哲学、逻辑学、思维科学、数学史等科学的交叉学科。数学方法论的研究要搞清楚其内部结构和体系，就必须搞清楚它与其他学科的隶属关系。同时，数学方法论的研究因数学家的研究背景和研究视角而异，呈现出多样性和丰富性的态势。

美籍匈牙利数学教育家 G. 波利亚（George Polya，1887—1985）曾花数十年时间致力于“数学发现”与“解题思想方法”的研究，形成了《怎样解题》(阎育苏，译，1982)、《数学的发现》(刘景麟，等，译，两卷本，1980/1981) 和《数学与猜想》(李心灿，等，译，两卷本，1984) 等著作，并在我国相继出版发行，成为人们从事数学方法论研究的宝贵资料。其中，《数学与猜想》是前两本的续篇，并且在美国深受欢迎和推崇，受到全世界的重视，被誉为第二次世界大战后出现的经典著作之一。其实，中国早在 1948 年，中华书局就已出版了《怎样解题》(傅佐严，译)，但影响很小。波利亚这些经典著作的中译本或新中国成立后的重译本直到 1980 年才开始在中国陆续出版，由此表明我国数学界和教育界表现出对波利亚数学思想的关注，同时也表明数学学科的研究及数学教学与学习的认识变化。

苏联 A. д. 亚历山大洛夫等数学家于 1956 年发表的著作《数学——它的内容、方法和意义》，一方面从总体上概括了数学的历史演进，另一方面又着重就现代数学每一个分支的历史、内容、方法和意义等进行了阐述，与以往的数学史著作相比，它比较重视数学思想方法的分析和评价。美国数学史学家 M. 克莱因（Morris Kline，1908—1992）于 1972 年发表的著作《古今数学思想》（北京大学数学系翻译组，译，四卷本，1979—1981)，打破了过去史书中单纯记述史料及人物传记的框架，无论是一个数学成果的产生，还是一个数学学科的形成，或是一个数学家的功绩，都把着眼点放在“思想方法”上面，注重分析数学思想发展的渗透性和继承性，按世纪把近几百年的数学思想加以提炼，明确各时期主流数学思想的特点。使枯燥的数学史变得富有生气与启发性，至今仍是世界经典的数学思想方法论著。克莱因对具有普遍意义的数学思想的探求和总结，实则是对近代数学中具有方法论意义的数学思想的研究。其不足之处就是存在着学术上的偏见，把印度作为古代东方数学的代表而忽略了中国，对我国数学成果及其思想没有给予应有的重视；按世纪将数学思想方法的发展进行分段，不符合数学思想发展的实际。

著名的数学家华罗庚自20世纪60年代起，致力于数学方法的普及工作近20年，力图把数学方法交到工人和技术人员手里，使其为生产服务。他于1980年8月在美国举行的第四届国际数学教育会议上，报告了普及数学方法的个人体会，介绍了普及数学方法的原则。真正推动国内独立开展研究和学习兴趣的，当推徐利治教授。他从1978年秋至1979年夏开始给旅顺市中学教师、吉林教育学院理科教师进修班及吉林大学数学系学生作数学方法论方面的专题报告，于1980年9月汇总报告，出版了单行本——《浅谈数学方法论》，首次采用“数学方法论”作为学科的称谓，定义“数学方法论是研究数学中的发现、发明以及创造性活动的规律和方法的一门学问”。指明数学方法论的意义是：从事数学工作的人中，有出息的数学工作者总是要在数学科学中有所作为、有所创新；中学和大专学校数学教师们总是希望能够多教出些有创造发明才能的学生来。因此，怎样去解决数学问题、怎样去发现数学原理和创造数学方法等“方法论”范畴的问题具有研究和学习的重要意义。该书开启了我国数学方法论著作的先河。

随着数学方法论研究的不断深入，研究成果的不断丰富，其中一项重要的研究即数学方法论学科的理论体系构建问题。在构建数学方法论的理论体系上，比较系统且具有代表性的论述有张奠宙先生等人合著的《数学方法论稿》(1996)，郑毓信先生等人合著的《数学思维与数学方法论》(2001)，徐利治先生的《徐利治论数学方法学》(2001) 等著作。从理论上看，尽管我们已经取得了一些有意义的成果，但不能认为已构建起了数学方法论的科学体系。有论者研究理论体系构建的有关成果指出，有的研究者构建的理论体系框架太大，不易于研究者和学习者消化和吸收，难以指导数学教学与科研；有的虽构建了理论体系，但实质上体系并不清晰，存在着闭门造车的现象（郑毓信，1997）。理论体系的构建直接关系到数学方法论的研究对象及内容问题，任重而道远。

7.1.2　数学思想

数学思想与数学方法有着密切的联系，都是数学思维活动的产物。数学思想是系统化、理论化、理性化了的数学知识，是对数学科学研究的本质及规律的深刻认识。数学思想是一类具体数学方法或一般方法的概括，是贯串于该类数学方法中的思维策略和调节原则，它制约着数学活动中主观意识的指向，对方法的取舍、组合具有规范和调节作用。因此也可以认为，具有一般性的较高层次的数学方法称为数学思想。

如代入消元法、加减消元法是初等数学中解方程的具体方法，而消元降次就是较高层次的解方程的基本思想，而比其更高层次的化归或转化就成为数学思想。数学思想有时又和数学思想方法不加区别地混合使用。

同样都作为数学思想，它们在数学研究与发展的过程中地位和作用却不太一样。如数形结合的思想、函数的思想、集合的思想，这些都是数学中非常重要的思想，但主要体现在某些特定的数学研究领域。而抽象的思想就是一种非常具有普适性的、一般性的思想。像这些具有普适性、一般性，同时又是数学学科特有的重要思想则称为基本数学思想或数学的基本思想。

因此，数学的基本思想，是数学产生和发展所必须依靠的思想，同时也是学习过数学的人应当具备的思维特征，这些特征表现在人们分析和解决日常生活问题的过程中。目前，比较公认的数学基本思想有三种：抽象思想、推理思想和模型思想。也有不少学者认为，审美思想也是数学的基本思想。还有人认为，在小学数学中，单位化是基本的思想。鉴于此，本书关注小学数学，介绍四种数学基本思想，即抽象思想、推理思想、模型思想和单位思想。

电子图书馆

[1] 史宁中．漫谈数学的基本思想 [J]．数学教育学报，2011 (4)．

[2] 顾沛．小学数学教学也要注重渗透数学思想 [J]．小学教学（数学版），2012 (Z1)．

7.1.3　数学思想方法

数学思想是指人们对数学理论和内容的本质认识。数学方法是数学思想的具体化，是数学解决问题的策略和程序。二者都以数学知识为载体，在本质上是相同的成分，通常将相互连接的共同成分合称为数学思想方法。数学主要有四大思想方法，即函数与方程、转化与化归、分类讨论和数形结合。

函数与方程——函数思想是指用函数的概念和性质去分析问题、转化问题和解决问题。方程思想是从问题的数量关系入手，运用数学语言将问题中的条件转化为数学模型（方程、不等式或方程与不等式的混合组），然后通过解方程（组）或不等式（组）来使问题获解。如，笛卡儿的方程思想是：实际问题→数学问题→代数问题→方程问题。有时，还进行函数与方程的互相转化，达到解决问题的目的，比如方程可看作求函数的零点，函数的求值可看作解方程。

转化与化归——把未知解的问题转化到在已有知识范围内可解的问题的一种重要的思想方法。通过不断的转化，把不熟悉、不规范、复杂的问题转化为熟悉、规范甚至模式化、简单的问题。数学的解题过程，就是从未知向已知、从复杂到简单的化归转化过程。

分类讨论——在解答某些数学问题时，有时会遇到多种情况，需要对各种情况加以分类，并逐类求解，然后综合得解，这就是分类讨论。分类讨论是一种逻辑方法，是一种重要的数学思想，同时也是一种重要的解题策略，它体现了化整为零、积零为整的思想与归类整理的方法。与分类讨论思想有关的数学问题具有明显的逻辑性、综合性、探索性，能训练思维的条理性和概括性。

数形结合——数形结合包含“以形助数”和“以数辅形”两个方面，其应用大致可以分为两种情形：或者是借助形的生动和直观性来阐明数之间的联系，即以形作为手段，数为目的，比如应用函数的图像来直观地说明函数的性质；或者是借助于数的精确性和规范严密性来阐明形的某些属性，即以数作为手段，形作为目的，如应用曲线的方程来精确地阐明曲线的几何性质。数形结合的思想方法，其实质是将抽象的数学语言与直观的图像结合起来，关键是代数问题与图形之间的相互转化，它可以使代数问题几何化，也可以使几何问题代数化。

数学思想方法对我们认识、分析和解决问题有非常重要的作用，它告诉我们怎样思考、从什么角度去思考。数学思想方法是数学内容价值的核心体现，是一种观念形态的策略创造，它指引人们如何用数学的眼光、数学的方法去透视事物、提出概念、解决问题。

电子图书馆

[1] 史宁中，孔凡哲．“数学教师的素养”对话录 [J]．人民教育，2008 (21)．

[2] 史宁中，濮安山．中学数学课程与教学中的函数及其思想 [J]．课程·教材·教法，2007 (4)．

[3] 刘焕芬．巧用数形结合思想解题 [J]．数学通报，2005 (1)．

7.2　小学数学的抽象思想

◉学习目标

1. 了解抽象的含义，理解并掌握数学抽象的特征；

2. 理解自然数、计数法、四则运算、分数、几何图形抽象的过程；

3. 掌握并能运用自然数、计数法、四则运算、分数、几何图形抽象的基本思想方法到教学实践中。

人们一提到数学就会联系到“抽象”。数学的抽象性又常常成为数学“难懂”“枯燥”的代名词，让一些人对数学望而生畏，并远离数学。因此，在小学数学教学中不少人认为教师需要通过具体、直观来帮助学生学习、理解、掌握数学，而学习、掌握数学抽象的思想和方法是进入高中，乃至大学以后的任务。其实这种想法是片面的。

小学数学也蕴含丰富的抽象思想。小学数学教学过程中如果能够正确掌握学生抽象思维发展的规律，变抽象为形象，就会提高学生的学习兴趣，使学生体验到数学的抽象之美。

抽象是人类认识世界的一种科学的方法和思维活动，只有具备了一定的抽象能力，才可能从感性认识中获得事物的本质特征，从而上升到理性认识。

7.2.1　抽象的含义

抽象是从众多的事物中抽取出共同的、本质性的特征，而舍弃其非本质的特征。如汽车、飞机、马车、火车，它们都是交通工具，得出“交通工具”这一概念的过程，就是一个抽象的过程。而电话就不是交通工具，是通信工具，又可能都看成是工具。因此，要抽象，是通过比较来找到能把一类事物与他类事物区分开来的特征，这些具有区分作用的特征又称本质特征。因此，抽取事物的共同特征就是抽取事物的本质特征，舍弃不同特征。

数学并不研究具体事物的特性，研究的是抽象对象的数量关系和一般形式。数学研究的对象都是抽象思维的产物，随着数学研究的深入，非欧几何、抽象代数和集合论等的产生，特别是现代数学向抽象、多元、高维发展，人们的注意力集中在这些抽象对象上，数学与现实之间的距离越来越远。

抽象具有概括性和层次性的特点。抽象和概括常常紧密相连，概括是从个别到一般，将所研究事物得到的一般的、本质的属性联系起来，推广到同类的全体事物，从而形成这类事物的普遍属性，这一过程是一个概括的过程，概括离不开抽象。在数学的学习中，经常遇到要将某一属性推广到同类对象中去的思维过程。例如，从长方形面积公式的推导推广到平行四边形面积的推导，再拓展到三角形、梯形、圆的面积公式的推导中去。

数学是揭示事物的空间形式和数量关系的科学，这决定了数学的抽象是不同于其他学科的。在对数学问题的抽象中会遇到很多的数量关系和空间形式，它们无论在内容、形式，还是表达方式上，都不是完全一致的过程。从幼儿开始，通过从几只小鸟、几个人、几张桌子的具体实物中，了解数的现实意义，感悟数的基本特点，到低年级对数的认识、理解数的概念，再到高年级数的分类，自然数、奇数、偶数、素数、合数、分数、有理数，再到实数、复数等，逐渐抽象。往往可以在一次抽象完成时，产生一些能反映事物共同属性的具体内容，在此基础上上升到更高一层的抽象，这更高一层的抽象是抽象中的再抽象。

拓展阅读 数学抽象的特征①

数学和其他科学一样，都具有抽象性，即“数学和其他科学都是把物体现象生活的一个方面抽象化”②。化学只保留化学特性（以原子为最小的研究单元，在化学变化中原子是不变的，化学反应是原子间的组合）；物理学只研究物质的物理特性，如运动的规律性、导电导热性、延展性和光电磁力特性。

数学研究从具体内容中抽象出来形式、结构和数量关系。也就是说，数学是在纯粹状态下以抽象形式出现的理想化的各种模式。对此，怀特海曾有精辟

---

① 王光明，范文贵．新版课程标准解析与教学指导：小学数学［M］．北京：北京师范大学出版社，2012.

② 列宁．列宁全集（第38卷）［M］．北京：人民出版社，1960：422.

的概括，“数学是在从模式化的个体做抽象的过程中对模式进行的研究”①。数学中的高度抽象具有以下特征。

第一，数学研究的对象是抽象化了的数量关系和空间形式。

数学的发展是从具体的数和形中不断抽象发展起来的。人们从5个手指头、5只羊、5个人、5步远、5个白天等物体个数、长度、时间等现实概念中抽象产生了数字5，用它来表示一类量。由于要建造房屋等生活设施，人们要量地的长宽、测量物体的长宽高等，从物体的具体形状中逐渐抽象出点、直线、线段、三角形、长方形、长方体和圆等几何概念。数学并不研究构成这些数和形是由什么具体事物构成的。

人们除了从现实生活和生产实践中抽象概念和运算外，还从数学结构出发，抽象出新的概念和运算法则，通过逻辑推理来建构新的数学②，比如复数和非欧几何。所以说，数和形的概念来自于人们对现实世界具体对象的抽象概括和逻辑建构。

第二，数学的抽象具有层次性。

数学是在整数的概念、几何图形的概念等原始概念的基础上修建的一座大厦：在整数概念的基础上形成分数、小数、有理数、无理数、实数、复数等概念；在点线面体等基本几何概念的基础上，形成二维空间、三维空间、n维空间以至无穷维空间；抽象有理数集中的加法、乘法，产生群的概念和运算；由整除的概念产生同余，由同余得到子群；……。数学的后次抽象接纳了前次抽象的数学关系，因而，后次抽象与前次抽象并不矛盾，而是比前次抽象的内涵更加丰富。

第三，数学的研究方法是抽象的。

数学研究的是抽象的概念以及它们间的相互关系。自然科学家为了得到结论，常常借助于实验的结果和数据的测量，观察和实验是自然科学家的主要研究方法。数学则不同，要得到可接受的数学事实，必须以基础概念、公理、推论作为依据，用计算和推理的方法得来。

数学的论断不能仅由实验中观察得到，就是量一千万个三角形，每次的内角和都是180°，也不能就此断言“所有三角形的内角和都是180°”，要得到这一结论，必须通过精确的计算和严谨的逻辑推理。可见，不仅数学的概念是抽

---

① 徐利治，郑毓信．略论数学真理及真理性程度：兼评怀海特的《数学与善》［J］．自然辩证法研究，1988（1）：22－27.

② 史宁中．数学思想概论（第1辑）：数量与数量关系的抽象［M］．长春：东北师范大学出版社，2008：115.

象的、思辨的，数学研究的方法如计算、推理、证明等也是抽象的、思辨的。

第四，数学抽象极致性的表现之一是数学语言的形式化。

数学语言是由各种数学符号按一定规则组织起来的，它是记录数学活动成果的工具。数学正是靠数学语言的符号体系来把握数学对象的结构和规律，将现实问题转化为形式符号来研究。比如“勾股定理”——“直角三角形两直角边的平方和等于斜边的平方”——用数学语言描述为，“在 Rt$\triangle ABC$ 中，若 $\angle C=90^\circ$，则 $AC^2+BC^2=AB^2$”。数学符号有其特定的数学含义，只有通晓数学的人，才能透过形式化的外壳领会背后的深层含义。

7.2.2 自然数的抽象

自然数产生是人们从生产生活实践的需要中，不断抽象逐渐形成的。在人类社会发展的初期，人们还不会用数来表示物体的多少。起先，人类对两种或两种以上的同类事物进行辨别，常用“一一对应”的方法进行多少比较。比如，放牧人早晨出去放羊，用实物（比如，石子和贝壳）记下羊的只数；晚上回来，用一一对应的方法检查羊有没有丢失。

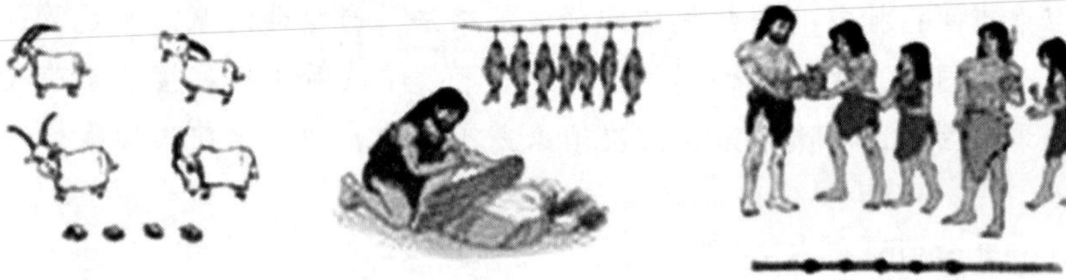

用实物记数　　刻道记数　　结绳记数

图 7.2－1

在这一过程中，人类同其他许多生物一样，在蒙昧时代就具有辨别实物多寡的能力，这就是原始的“数感”。进一步发展到采用实物一一对应或口头叨念或心中默念等方式查点数目，逐个说出数目。再发展到用语言、符号、文字等代替物将数数的结果记录下来。注意到它们存在数量上的共同属性，逐渐抽象事物的这一数量属性，人们便形成了数概念。

当数概念越来越清晰时，人们便用语言表示这些结果，这就是数数。后来发现这种方法表示数比较麻烦，逐渐过渡到用刻画符号来表示数，于是就有了文字，数逐渐从具体数数中抽象出来。此后，经历了漫长的时间，人类才从文字表示数逐渐发展到用“十进制计数法”表示数。

"十进制计数法"包括"十进位"和"位值原理"两条原则。所谓"十进位"，就是满十进一，即相邻两个计数单位之间的进率为十，10个一向十位进一，10个十向百位进一，……；也就是说，百位上的1相当于10个十位上的1，十位上的1相当于10个个位上的1。所谓"位值原理"，就是同一个数字在不同数位上表示的数值不同，比如在"33"中，前一个3表示三个十，后一个3表示三个一。

"十进制计数法"的发明，对社会进步和科技创造起到了极大的推动作用，不少数学家、数学史家、哲学家对此给予了高度的评价。比如，卡尔·马克思（Karl Marx，1818—1883）称赞它是"人类最妙的发明之一"①。法国数学家拉普拉斯（Laplace，1749—1827）曾经精彩地评论道："用十个记号表示一切数，每个记号不但有绝对的值，而且有位置的值，这是一个深远而又重要的思想，它今天看来如此简单，以至于我们忽视了它的真正伟绩。但恰恰是它的简单性以及对一切计算都带来了极大的方便，才使得我们的算术在一切有用的发明中列在首位。"②

7.2.3　四则运算的抽象

伴随对数的认识和抽象的过程，数的运算也随之产生了。部落中小孩的出生、老人的离去，就是原始的最基本的加减法的原型。从生活中一些常见的数量变化中，逐步抽象出一般的加、减、乘、除四则运算的概念。

1. 加法的抽象

水里有9只小鸭，岸上有5只小鸭，一共有几只小鸭？这是小学数学教学中常见的一类引入加法的例子。这个例子也从一个侧面反映了加法抽象的过程。加法只考虑两类对象（水里的小鸭、岸上的小鸭）的个数，将这两类对象合并在一起的个数就是这两个数的和，像这样的运算叫加法。

用集合的概念来定义加法其实就是对这一具体情境的抽象。对于两个不相交的有限集A、B，它们的基数分别为自然数a、b，集合A与B的并集的基数定义为$a+b$。

这也就是说，自然数a与b相加的和$a+b$，是指a与b代表的互不相交的

---

① 马克思．马克思数学手稿［M］．北京大学马克思数学手稿编译组，编译．北京：人民教育出版社，1975.

② 拉普拉斯．宇宙体系论［M］．李珩，译．上海：上海译文出版社，2001.

集合 A 与 B 的并集 $A\cup B$ 的基数。

教学链接 | 小学的加法

在小学数学里，将加法定义为把两个数（有时也至多个数）合并成一个数的数学运算，其含义是合并和求和。直观的理解就是，把两组物体放在一起，数一数，一共有多少个。比如，$3+2$ 表示把 3 颗石子和 2 颗石子放在一起，一共有 5 颗，所以 $3+2=5$。

2. 减法的抽象

集合 A 的基数为自然数 a，集合 B 的基数为自然数 b，B 是 A 的子集。集合 A 与 B 的差集的基数定义为 $a-b$（即从集合 A 中去掉与集合 B 相同的元素）。这也就是说，自然数 a 与 b 相减的差 $a-b$，是指 a 与 b 代表的集合 A 与 B 的差集 $A-B$ 的基数。

比如，自然数 3 代表集合 $A=\{a, b, c\}$ 的基数，自然数 2 代表集合 $B=\{a, b\}$ 的基数，$3-2$ 代表 $A-B=\{c\}$ 的基数，因为集合 $\{c\}$ 的基数为 1，所以 $3-2=1$。

教学链接 | 小学的减法

在小学数学里，将减法定义为从一个大数中去掉一个小数而剩下的数的数学运算，其含义是相减和求差。直观的理解就是，从一大堆物体中去掉一部分，数一数，剩下的有多少个。比如，3 减 2 表示从 3 颗石子中拿走 2 颗石子还剩下 1 颗，所以 $3-2=1$。

3. 乘法的抽象

为了理解集合定义除法，我们先引入笛卡儿集的概念，这是一种常见的集合运算。集合 A 与集合 B 的笛卡儿集（$A\times B$）定义为，$A\times B=\{(a, b) \mid a\in A, b\in B\}$。也就是说，从集合 A 与 B 中各取出一个元素，构成有序数对 (a, b)，$A\times B$ 就是有序数对构成的集合。

例如，集合 $A=\{a, b, c\}$ 与集合 $B=\{x, y\}$ 构成的笛卡儿集 $A\times B=\{(a, x), (a, y), (b, x), (b, y), (c, x), (c, y)\}$。注意到集合 A、B、$A\times B$ 的基数分别为 3、2、6，因此，定义 $3\times 2=6$。

一般地，自然数 a 乘自然数 b 的结果 $a\times b$ 是指基数为 a 的集合 A 和基数为 b 的集合 B 构成的笛卡儿集 $A\times B$ 的基数。在集合 A 与 B 为有限集的情况下，

$A \times B$ 也为有限集。这也就是说，两个自然数的乘积仍为自然数。同时，读者可以用集合的知识验证乘法交换律和结合律成立。

教学链接｜小学的乘法

在小学数学中，将自然数的乘法定义为“相同加数的连加”，即 $a \times b$ 表示 b 个 a 相加的结果。比如 $3+3=3\times2=6$，$4+4+4+4+4+4+4+4+4=4\times9=36$。读者不难发现，乘法的“连加定义”与“集合定义”在本质上是一致的。需要说明的是，当乘数比较大时，乘法可以看作连加的缩写形式，或者是连加的简便记法。

4. 除法的抽象

自然数的除法是指一个有限集合 C（基数为 c），能够分解为 a 个具有相同基数 b 的子集 B，其结果为 $a=c\div b$。例如，把基数为 12 的集合 $C=\{1, 2, 3, 4, 5, 6, 7, 8, 9, 10, 11, 12\}$ 分解为与基数为 4 的集合 $B=\{a, b, c, d\}$ 对等的集合，可以分解为 3 个子集，即 $\{1, 2, 3, 4\}$、$\{5, 6, 7, 8\}$ 和 $\{9, 10, 11, 12\}$，因此 $12\div4=3$。

教学链接｜小学的除法

在小学数学里，通常有两种定义除法的方式。一种方式是，自然数 c 中包含自然数 b 的个数 a 定义为 $a=c\div b$，这就是常说的包含除。比如，12 中包含 4 的个数为 3，因为 $12-4-4-4=0$，所以 $12\div4=3$。另一种方式是，自然数 c 平均分成 b 份，每一份的大小记作 $a=c\div b$，这就是常说的等分除。比如，把 12 平均分成 4 份，每一份为 3，所以 $12\div4=3$。

有时候，我们又将这两种除法统一为乘法的逆运算，即“如果 $a\times b=c$，那么 $c\div b=a$”。但是，这种定义方式比较抽象，不利于学生理解，在小学教材中一般不使用。如果我们把乘法定义为“连加”，那么除法则可以理解为“连减”，这同上述集合定义除法和“包含除”的看法是一致的。在小学阶段，学生初学除法时，让学生理解包含除是比较可行的。

7.2.4　几何图形的抽象

人们似乎认为，几何图形的定义依赖的是我们的视觉，是看得见摸得着的，是直观形象的描绘。其实不然，几何中的定义也经历了数学的抽象，有时竟然抽象到难以想象的抽象化、形式化、符号化程度，仅仅依靠抽象化的定义，我们很难想象它原始的状态。

由于丈量土地和建筑等需要，需要测量土地的大小和物体的长度，于是人们将具体的事物进行抽象，产生了点、线、面、体等基本概念，形成了几何学的基本研究对象。

比如，欧几里得（Euclid，约前330—前275）在他的《几何原本》中给出了如下定义：点是没有部分的；线只有长度没有宽度；面只有长度和宽度。几乎同时代的墨家学者在《墨子》中也给出了如下定义：端，体之无厚而最前端也；平，同高也；圆，一中同长也。其大意是：点是没有厚度的物体的最前端；平行线是高度相等的线；圆是到中心点相等的曲线。①

可是，这种依赖个体经验和物理直观的定义是经不起逻辑推敲的，都可以举出反例。比如，在这个定义下，很难说明一个基本事实，即“两条直线交于一点”，因为我们无法清晰地说明：两条直线如何相交出一个没有部分的东西，或者相交出一个没有厚度的最前端。

鉴于此，为了数学的严谨性，伟大的德国数学家希尔伯特（Hilbert，1862—1943）在其著作《几何基础》中给出了几何对象的符号化定义，“假想有三组不同的对象：第一组对象叫作点，用 A，B，C，…表示；第二组对象叫作直线，用 a，b，c，…表示；第三组对象叫作平面，用 α，β，γ，…表示。点叫作直线的几何元素；点和直线叫作平面的几何元素；点、直线和平面叫作空间的几何元素或者空间元素”。

在这个定义下，命题“两条直线交于一点”只是一种抽象的述说，或者说只是一种理念的述说，不会出现逻辑上的悖论。但是，这种定义是令人费解的，因为我们看不清定义中的点、线、面到底是什么东西。希尔伯特自己解释道：这里面的点、直线和平面可以代表别的东西，比如桌子、椅子和啤酒瓶。可见，这样的几何学，是纯逻辑推理的学问。但我们仍然能发现，《几何基础》的理论基础是《几何原本》，而《几何原本》的现实基础是人们的现实生活，要不然，我们根本不知道几何学到底研究什么。

小学几何中学生最难理解的一个概念是“角”，下面我们看一下数学中的“角”是如何抽象出来的以及如何度量大小的，之后，探讨如何进行“认识角”的教学。

---

① 史宁中．数学思想概论（第4辑）：数学中的归纳推理［M］．长春：东北师范大学出版社，2010：93－94.

角的本义是指动物头上表皮和真皮特化的产物。一般动物的角都比较坚硬和尖锐，因此数学上借用“角”来描述具有尖锐特性的简单几何图形。关于角的定义，数学界尚未有统一的定论，目前比较有代表性的定义有以下三种。

角的静态定义：具有公共端点的两条不重合的射线组成的平面图形叫作角（angle）。

角的动态定义：一条射线绕着它的端点从一个位置旋转到另一个位置所形成的平面图形叫作角。

方向改变的定义：一个点沿着某条直线或者曲线运动，如果运动方向发生了改变，在方向改变处就产生了角，因此角是衡量点运动方向改变量的一个指标。

因为角的两端可以无限延伸，所以角的大小不是按照角所占面积来衡量的，而是用张开的程度来衡量大小。因为角有两条边，人们测量角的大小时，其实是在测量两边之间的某种距离。假如要测量边长为 1 的两条线段形成角的大小，最自然的方法是测量两个端点之间的距离，用这个距离来表示角的大小。对于这样测量的距离也存在问题，因为与这两条边的长度量纲有关系，显然其他条件一定的情况下，长度为 1 米和 1 分米得到的距离是不一样的。

因此，需要去掉量纲的影响，而在数学中，去掉量纲的最好方式是用比值。实际上，这个比值就是一个几何不变量，接下来的话题就是如何寻找比值，寻找这个衡量角大小的几何不变量。

如图 7.2－2 所示，在 $\angle AOB$ 的一边 OA 上取任意长度 OC，并作 $CD \perp OB$ 于点 D，就得到 OC 的投影 OD，它们的比值 $OD/OC = \cos\angle AOB$，因为余弦函数在 $(0, \pi)$ 上是单值函数，所以利用其反函数就可以表示出 $\angle AOB$ 的大小，即 $\angle AOB = \arccos OD/OC$。

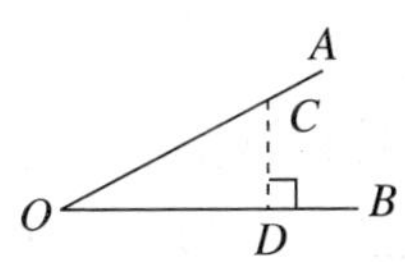

图 7.2－2

电子图书馆

[1] 史宁中．基本概念与运算法则：小学数学教学中的核心问题［M］．北京：高等教育出版社，2013.

[2] 史宁中．数学思想概论（第 1 辑）：数量与数量关系的抽象［M］．长春：东北师范大学出版社，2008.

7.3 小学数学的推理思想

◉**学习目标**

1. 理解并掌握推理的基本形式；
2. 了解逻辑推理和合情推理之间的联系和区别；
3. 掌握小学数学教学中常用的推理形式。

7.3.1 推理思想概述

抽象与推理是数学的显著特征，那么与这两个特征直接有关的思想也就成为数学的核心思想。尽管抽象与推理密不可分，但它们对数学发展的作用是不同的：通过抽象，外部世界进入了数学；通过推理，促进了数学自身的发展①。因为，借助推理，人们把关系概念（如存在、相等、属于等）运用于对象概念（如自然数、整数、点、线、面等），得到了数学的基本命题，这就刻画了数学对象概念的属性和概念之间的关系。

从本质上讲，数学推理的模式有两种，即演绎推理和归纳推理。所谓演绎推理，就是按照某些规定法则进行的、前提与结论之间有着必然关系的推理。相应地，归纳推理则指按照某些法则进行的、前提与结论之间有着或然联系的推理。从本质上讲，归纳推理是从经验过的东西推断未曾经验过的东西，从事物的过去和现在推断事物的未来。

尽管归纳推理和演绎推理相互依存，密不可分，但在推理基础、思维形式和目标上却存在较大区别。演绎推理是基于“理念”的推理，而归纳推理是基于“事实”的推理；演绎推理是追求“形式”的推理，而归纳推理是追求“实用”的推理；演绎推理是范围从大到小的推理，而归纳推理则是范围从小到大的推理。

就数学的结果而言，人们借助归纳推理预测数学结果或者推测原因；而人们借助演绎推理证明数学结果或者构建学科知识体系。归纳推理是为了推断的推理，演绎推理是为了证明的推理，二者结合起来，贯串了数学推理的全部过程。

---

① 史宁中．数学思想概论（第3辑）：数学中的演绎推理［M］．长春：东北师范大学出版社，2009.

7.3.2　小学数学的演绎推理

演绎推理最基本的形式是三段论，它是一个包含大前提、小前提和结论部分的论证形式。三段论又有很多种形式，其中最典型的是全称肯定型。比较有代表性的例子是亚里士多德给出的“凡人皆有死，苏格拉底是人，所以斯格拉底有死”。这句话中分为三个短句，依次是大前提、小前提和结论。如果用 A 表示像人这样的集合，P 表示死这样的事情判断，x 表示像苏格拉底这样的个体，那么三段论的一般形式是“$A\rightarrow P$，$x\in A$，$/x\rightarrow P$”，其中“/”表示“所以”的意思，“/”前面的是条件，“/”后面的是结论。

在小学数学中，有很多地方都涉及演绎推理，比如加法运算的规则、乘法运算的规则、分数运算的规则、基本平面图形的面积公式和内角和公式等。下面，我们选择几处来说明。

从本质上讲，自然数的加减法都是数数，都是 $+1$ 的复合，不同的是，加法是顺着数，减法是倒着数。从这种意义上讲，$a+b$ 就表示在 a 的后面顺着依次顺着数数，最后一个数到几，结果就是几；$a-b$ 就表示在 a 的前面顺着依次倒着数数，最后一个数到几，结果就是几。但是，当数字很大时，我们一个一个地数数，需要花很长时间，于是人们便发明了笔算加减法，其本质是十进制计数法的“位值原理”。

现代乘法竖式的计算规则是利用乘法交换律和乘法分配律来完成的。例如，要计算$\overline{abc}\times\overline{xyz}$，根据十进制计数法，可改写为$\overline{abc}\times$（$100x+10y+z$）；根据乘法分配律，等于（$\overline{abc}\times x$）$\times 100+$（$\overline{abc}\times y$）$\times 10+\overline{abc}\times z$。

7.3.3　归纳推理

归纳推理是命题内涵由小到大的推理，是一种从特殊到一般的推理，是一种基于推断的推理。归纳推理包括归纳法、类比法、简单枚举法、数据分析等，因此，通过归纳推理得到的结论是或然的。人们借助归纳推理，从经验过的东西出发推断未曾经验过的东西，通过事物的现在推测它的将来或者过去，或者根据事物的过去和现在推断它的将来。

很多数学结论都是先通过归纳推理得到结果，再辅以演绎推理加以证明。比如，费马达定理、庞加莱猜想等，几百年前就被发现了结论，到 20 世纪末 21 世纪初才被数学界证明。因此，很多数学家都认为，数学结论是看出来的，而不是证出来的，看出的数学结果不一定是正确的，但指引了数学研究的方向；而且，看的过程表现出很大的创造性，这正是数学不断创造新成果的一种重要方式。

在小学数学中，我们使用最多的归纳推理是简单枚举推理（也叫作不完全归纳推理），即从一些个别或者特殊事物出发，概括出一般性概念、原则或结论的思维方法。从某种程度上讲，小学数学的知识都建立在简单枚举推理的基础之上，因此，我们在教学中要重视简单枚举推理的教学，要引导学生进行充分想象与联想，根据已有的知识经验去发现数学的新结论、新方法。

7.3.4 类比推理

类比推理是根据两个或者两类事物的某些性质相同或者相似，推测另外一些性质相同或者相似的方法。类比思维是这样的：已知事物 A 具有性质 a、b、c，事物 B 具有性质 a、b、c，又发现事物 A 具有性质 d，于是联想到事物 B 也具有性质 d。可见，我们在希望推断事物 B 的性质时，参照了事物 A 的性质。

数学中的类比十分丰富，包括简单与复杂的类比、数式与图形的类比、高维与低维的类比、有限与无限的类比、精确与可能的类比。数学发展史上，很多重要结论的发现，许多疑难问题的解决，都是使用类比的方法完成的。所以，开普勒说："我珍视类比胜于任何别的东西，它是我最可信赖的老师，它能揭示自然界的秘密，在几何中它应该是最不容忽视的。"

在小学数学中，类比是一种常用的推理方式，只要我们善于寻找两个数学对象之间的联系，就可以借助一个事物的已有性质，得到另一个事物的相似性质。比如，联想到除法和分数的关系，要探讨分数的性质，就可以联想除法的基本性质，由除法商不变的性质得到分数的基本性质；联想比与分数的关系，探索比的性质时，可以联想分数的性质，由分数的基本性质得到比的基本性质；联想小数与整数的关系，在进行小数的运算时，可以联想整数的运算；联想到梯形和三角形的关系，在探索梯形的面积时，可以联想三角形面积的探索方法；联想三角形和锥体与相应的平行四边形和柱体的关系，在探索锥体的体积时，联想到三角形的面积。其实，数学中的类比是很多的，只要我们展开联想，就可以找到相近事物之间的某种特殊而神秘的关系。

电子图书馆

[1] 史宁中. 数学思想概论（第 3 辑）：数学中的演绎推理 [M]. 长春：东北师范大学出版社，2009.

[2] 史宁中. 数学思想概论（第 4 辑）：数学中的归纳推理 [M]. 长春：东北师范大学出版社，2010.

[3] 史宁中，孔凡哲. “数学教师的素养”对话录 [J]. 人民教育，2008（21）.

[4] 王瑾，史宁中. 中小学数学中的归纳推理：教育价值、教材设计与教学实施 [J]. 课程·教材·教法，2011（2）.

7.4　小学数学的模型思想

◉学习目标

1. 了解数学模型的内涵，理解什么是数学模型思想；

2. 了解数学模型思想在小学数学教学中的重要性，掌握数学建模的一般过程；

3. 了解对数学本质认识的多种不同观点。

7.4.1　数学模型思想概说

数学模型是为了一定的目的对现实原型做抽象、简化后得到的数学结构，它是使用数学符号、数学式子以及数量关系对现实原型简化的本质描述。

数学建模的一般过程可概括为以下四个部分。

（1）现实问题——提出或发现要解决的问题。如何科学合理解决问题，数学的方法已经成为现代科学研究的重要工具。

（2）建立数学模型——对现实问题进行数学化抽象和简化。从要研究的问题中抽象、提取出主要因素，并建立起这些因素之间的关系，通常是建立函数表达式或者方程式。

（3）求解数学模型——利用数学工具、数学方法，求出方程式的解或者函数的某些信息，比如最值、极值和其他特殊值。

（4）验证并解释结论——将模型的解答与现实问题进行对照检验、解释，必要时需要对结果校正，进一步找到问题的合理解答。

数学模型思想是通过用数学的语言、数学工具描述并解决问题的思想，是让数学走出数学的世界，是构建数学与现实世界的联系桥梁的思想。数学模型思想针对的不仅是数学，还包括现实世界中的那些将要讲述和研究的事情。① 数学家们在构建数学模型和实际应用的过程中，会从数学的角度汲取“创造数学”的灵感，促进数学自身的发展。

数学模型思想和数学模型紧密联系在一起，并不能单独存在，因此可以这样说，存在数学建模的地方，就存在数学模型思想。如果我们把数学中常见的概念、命题、法则、定理等看作数学模型的话，那么在建立和运用这些概念、命题、法则、定理的过程中，就隐含了数学模型的思想。基于这样的观点，小学数学中也蕴含了许多数学模型和模型思想。

电子图书馆

[1] 王光明，范文贵．新版课程标准解析与教学指导：小学数学 [M]．北京：北京师范大学出版社，2012.

[2] 史宁中．数学思想概论（第5辑）：自然界中的数学模型 [M]．长春：东北师范大学出版社，2012.

[3] 曹一鸣，黄秦安，殷丽霞．中国数学教育哲学研究30年 [M]．北京：科学出版社，2011.

7.4.2 工程问题模型

小学数学中还有一些典型问题，如工程问题、行程问题等，本质都比较类似，可以归纳为工程问题。最直接的工程问题是，“修一条600米的公路，甲队单独去修需要20天完成，乙队单独去修需要30天完成，那么甲、乙两队一起修，共需要多少天完成?”为了解决这个问题，我们先求出两队各自的工作效率，也就是每天修多长的路。易知甲队每天修 $600 \div 20 = 30$（米），乙队每天修 $600 \div 30 = 20$（米），那么两队合作，每天修 $30 + 20 = 50$（米），要完成整个工程，需要 $600 \div 50 = 12$（天）。

如果把这个问题抽象一下，可以得到，“修一条公路，甲队单独去修需要20天完成，乙队单独去修需要30天完成，那么甲、乙两队一起修，共需要多少天完成?”在不知道每个工程队每天修多少路的情况下，可以将整个工程量看作单

① 史宁中．漫谈数学的基本思想 [J]．中国大学教学，2011（7）：9－11.

位 1，求出每个工程队相对于总工程量的效率$\frac{1}{20}$和$\frac{1}{30}$，那么两队合作，工作效率为$\frac{1}{20}+\frac{1}{30}$，完成整个工程需要$1\div\left(\frac{1}{20}+\frac{1}{30}\right)=12$（天）。

由此我们不难发现，后一个问题是前一个问题的抽象，但采用的方法几乎完全一样。之所以还把第一个问题详细解答一遍，是因为它是后一个问题的基础，为后一个问题的解决提供直观的现实基础，否则学生很难理解后一个问题是怎么想到的。

如果我们把这个问题变化一下，还可以得到排水问题，比如，“一个水池有若干相同的进水管和若干相同的排水管，如果单独打开一个进水管，那么 24 小时可以将空水池灌满；如果单独打开一个排水管，那么 36 小时可以将满池水排光，两管齐开，几小时可以把空池灌满?”此问题解答并不困难，留给读者去完成。

把“工程问题”做一个拓展，就得到著名的“牛吃草”问题，“牧场上有一片均匀生长的草地，可供 27 头牛吃 6 周，或供 23 头牛吃 9 周，那么它可以供 21 头牛吃几周?”这个问题，可以将牛看作做工的，草地看作工程，吃完草相当于把工程完成。有所不同的是，这项工程随着时间在不断增加，因此，可以设想将草地分成两部分：一部分是新长出来的草，让一部分牛来吃；余下一部分是原有的草，另一部分牛来吃，这部分牛就相当于做固定的工作，吃这部分草就是前面的工程问题了。

为了方便，我们将每头牛每周吃的草设为单位 1，那么 27 头牛吃 6 周吃草量为$27\times6=162$，23 头牛吃 9 周吃草量为$23\times9=207$，那么草地上 3 周长草$201-162=45$，每周长草量为$45\div3=15$，这 15 的草可供 15 头牛吃，也就是说，让 15 头牛吃草地上新长出来的草，其余的牛吃原来的草。

草地上原来有多少草呢？也就是原有的工程量是多少呢？$(27-15)\times6=72$，这些草可供$21-15=6$头牛来吃，也就是 6 头牛来完成原来的工程，可以吃$72\div6=12$周，吃完这些草，草地上就没有草了。那就是说，这片草地可以供 21 头牛吃 12 周。

教学链接 | 模型思想的教学

模型思想的教学不是作为像具体知识点那样可以单独作为一个数学内容来进行专门教学的，而是融入具体数学知识的教学过程中，让学生在经历“问题情境　建立模型—解决问题—拓展运用”的学习过程中逐渐领悟的。同时，模型思想的建立，需要经历一个比较复杂的过程，需要老师们长时间的重视和不断渗透，针对具体问题进行教学，学生才能经历一个从模糊到清晰的领悟过程。

7.4.3 数学的本质

关于数学的本质，不同时代的数学家、数学哲学家和哲学家从不同角度提出了不同的理论和观点。关于最基本“数学是经验的，还是演绎的？或者是拟经验的科学？”就有许多争议。

1. 演绎（逻辑、唯理论）的观点

数学哲学史上最早讨论数学本质的是古希腊哲学家柏拉图，他在《理想国》中提出认识的4个阶段，认为数学是处于从感性认识到理性认识的一个阶梯，是一种理智认识。这是柏拉图对数学知识在认识中的定位，第一次触及数学的本质问题。康德以后，数学发展进入一个新高潮，主要特点是公理化倾向。这一趋势使大多数数学家形成一种共识：“数学是一门演绎科学。”

该观点重视数学的演算于逻辑推理，强调演绎法；认为包括数学在内的科学是人们理性或“天赋观念”的产物，只承认科学的普遍性与必然性，否认感性认识的真实性。其代表人物有笛卡儿、莱布尼茨等。笛卡儿认为数学的特征为：它确定了基本的初始原理，这原理是清楚明晰的，所以是真实的，从这一原理可以演绎和系统地得出一切其他原理。莱布尼茨认为数学的原则是先天无矛盾的逻辑分析，从而开启了逻辑主义的先河，他否认数学知识具有经验性。

这种观点的典型代表是数学基础学派中逻辑主义和形式主义。前者把数学归结为逻辑，后者把数学看作符号。数学家希尔伯特的思想的实质就是把数学理论归结为根据约定的规则对符号做纯粹形式的运算。任何数学对象都是抽象思维的产物，而不可能是一种独立的客观存在，数学对象是借助于明确的定义逻辑地得到“构造”的。狭义地说，数学是通过演绎方法来研究形式结构的，这种演绎由于是形式的，故需要一种关于精确和严格的标准。

而哥德尔不完备性定理也表明了公理系统的局限性和演绎论的片面性，这就使得一些数学家开始怀疑“数学是一门演绎科学”的观点。提出数学是一门有经验根据的科学，但并不排除演绎法。这引起一场来自数学家的关于数学本质的讨论。中国数学哲学界一般认为，就认识论而言，数学归根结底起源于经验，在任何时候，数学发展主流总是同物质世界具有直接或间接的联系；就方法论而言，经验的材料是用演绎法叙述的，而且随着数学的发展，抽象性越高，演绎法就越显得重要。

2. 经验论的观点

17 世纪英国经验论哲学家洛克（1632—1704）在批判笛卡儿的天赋观念中建立起他的唯物主义经验论，表述了数学经验论观点，认为“数学知识来源于经验，数学的理论知识不如直觉知识清楚和可靠”；毕达哥拉斯认为“万物皆数”。随着数学基础研究的深入，特别是 1931 年哥德尔证明了不完备性之后，说明在数学理论本身的范围内来解决真理性问题是不可能的，于是就有人提出数学是一门经验科学的观点。该观点重视观察和实验，强调经验和归纳法，只承认感性知识的真实性，认为科学知识是感觉经验的组合物，否认科学知识的必然性和普遍性。其代表人物有休谟等。休谟认为“数学是观念的知识，具有直觉的确定性或解证的确定性”，而且“只凭思想作用就可以把它们发现出来，并不必依据于在宇宙中任何地方存在的任何东西”。

日本“百科事典”中的数学哲学，认为数学概念和公理是从存在于现实空间的关系以及物体的测量与计算的经验中抽象出来的。它与数学的先验论是根本对立的（山本进，相贺彻夫，下中邦彦，等，1984）。柯朗和罗宾说：“唯一能回答‘数学是什么?’这个问题的，不是哲学而是数学本身中的活生生的经验。”

也有学者提出数学是实验科学的观点。实验数学和大多数其他的科学家一样通过归纳的方法，而不是通过逐步演绎出证明的方法来获取知识。数学家们一直都在做实验。冯·诺依曼说：“许多数学家及其他人会同意数学不是一种经验科学，或者说，数学的实践至少在某些方面与经验科学的技巧不同，但数学的发展与自然科学有非常密切的联系，它的一门主要分支——几何学，实际上是作为自然经验科学开始的，现代数学中一些最好的灵感，很明显地起源于自然科学。”当今有不少学者认同，计算机正在改变数学的性质：数学正在成为一门“实验科学”。

3. 先验论的观点

与经验论相反，先验论者则认为数学真理具有与生俱来的先验性，数学的认识可以唯一地依赖于直觉或概念的分析而建立，而无须依赖感性经验或实践。这种观点是唯理论和经验论的折中。以康德为代表，认为数学命题是“先天（验）综合判断”“数学根本上由构造所组成，找出一组组公理只是为了确定构造中所用的变量的范围。这些以可变的实体为变量的定律本身却是以显明的先验方式由理论构造出来的”。数学以某种方式、在什么地方预先存在，这种看法是非常普遍的。例如，G. H. Hardy 就曾鲜明地表示：“我相信，数学实体是在我们之外而存在的，我们的职能就是去发现它、观察它，我们证明的定理，我们夸张地说成是我们的‘创造’的那些定理，不过是我们观察的记录而已。这种见解是自柏拉图以来许多声名卓著的哲学家都持有的，只是形式有所不同而已……”（A. Borel，1985）

4. 非经验的数学观

尽管数学等同于经验科学从而具有与经验科学相同的经验性质的观点还远远没有深入人心，但数学绝对的先验性的看法已不再占有太大的市场。比较一致的看法是：数学，就其是否具有经验性质而言，不同于经验科学。因为这种观点又非先验论，所以我们姑且称为“非经验的数学观”，米歇尔·哈利特就持这种观点。哈利特认为：“数学与自然科学是如此的不同，以致对于‘在数学的一系列理论中是否有一种理论存在着类似于拉卡托斯科学研究纲领方法论中所描述的自然科学的基本性质’这一问题的回答只能是否定的。”在哈利特看来，数学与经验科学就是否有经验性质而言是绝对不同的。经验科学具有经验性质，所以数学就是“非经验”的。另外，大多数正在从事实际数学活动的数学家也持这种看法。严格说来，这种看法不能算作一种系统的观点，而只能看成是一种较为模糊的认识。

5. 彻底的经验论观点

在拉卡托斯以后，吉利斯把拟经验的数学观逐渐地发展为一种彻底的经验论数学哲学。这种改进了的经验主义观点是：数学知识即由经验所确证的数学观念。这种经验的确证可以采取多种形式。“与拟经验论相反，数学理论看来就与一般科学理论一样也是由观察、实验以及在实际中成功应用得到确证的。”按照吉利斯的区分，数学由其“科学”的部分和“形而上学”的部分所组成。科学的部分是经验的，但形而上学的部分却是非经验的。

6. 综合的观点

（1）拟经验论。

西方著名的科学家拉卡托斯（1922—1974）为了避免数学演绎的片面性，从分析数学理论结构入手，在论文《经验主义在最近数学中的复兴》中，提出“数学是拟经验的”观点，认为数学在总体上是既含有经验成分又含有理性成分的一种非封闭的演绎系统——拟经验体系（拉卡托斯，1993）。但是，有学者认为，拟经验论实际上是半经验论，并没有真正解决数学性质问题，因而数学家对它以及数学哲学史上有关数学本质的概括并不满意（林夏水，2000）。

（2）二重性。

波利亚认为：“数学有两个侧面，它是欧几里得式的严谨科学，但它也是别的什么东西。用欧几里得方法提出来的数学看来却像是一门系统的演绎科学；但在创造过程中的数学看来却像一门实验性的归纳科学。”（波利亚，1981）数学是经验的还是演绎的还是拟经验的科学？这方面亦有许多争议。国内有学者指出数学科学的二重性：在宏观上数学具有实践性，在微观上数学则具有演绎性（林夏水，1994）。还有学者试图从表现信息的角度来揭示数学的本质，认为数学是从数量关系、空间形式、关联关系、逻辑推演等方面来表现客观世界的各种信息的一门科学，计算机的使用正在改变着数学的性质，使之从传统的以演绎为主的科学转变为一门实验与演绎并重的科学。

7.5　小学数学的单位思想

◉学习目标

1. 理解单位思想的含义，理解单位思想在整数、分数和小数含义与运算中的体现；

2. 理解单位思想在长度、面积、体积和时间等量当中的体现和作用；

3. 理解和倍问题、分数应用题和按比分配中蕴含的单位思想，并运用单位思想解决和倍问题、比例问题和按比分配问题。

7.5.1　单位思想的含义

单位思想又称单位化思想，它是将不同类事物中共有的一些生成性特性，抽出其本质的最小元素，加以整理归纳，形成一个系统。这里的单位不单单指计量事物的标准问题，还融合了“单位”的第二层含义，把相关的存在生成性共性的知识看作一个集合，形成一个更大的知识系统。

7.5.2　数的认识

小学数学中，学生最先接触的就是数字 1，继而学习 10 以内的数，20 以内的数，100 以内的数，万以内的数，更大的数。在详细了解亿以内的整数后，又引入了新的数，分数与小数。

单位思想贯串整个数的认识部分，通过单位思想可以把整数、分数、小数的认识联系到一起，形成小学阶段较为完整的数系。

1. 整数

小学数学首先认识的是1。以“一”为计数单位，“一个一个”地往上数，如在1的基础上再数“一个”得到2，再数“一个”得到3，……，9再往上数“一个”得到10，再往上数“一个”得到11。……再大的数如果还是“一个一个”地数，就会越来越麻烦。所以在认识11，12，…，20的时候，先以“十”为计数单位，“十个十个”地数，不够“十”了再继续“一个一个”地数。遇到更大的数又可以“百个百个”地数、“千个千个”地数、“万个万个”地数……用较大的计数单位无法继续数时，就变成小一级的计数单位再继续数。不仅如此，还可以灵活地“两个两个”地数、“三个三个”地数、“五个五个”地数……得到的数分别是2、3、5等的倍数，这样又能把倍数的认识联系起来。像这种“几个几个”地数就是单位思想的体现。

计数单位是“数的认识”中的核心概念，在比较多位数大小中也有体现。如3572与19081比较大小，理由常常是后者数位多，所以后者更大。又如3572与9081比较大小，理由常常是后者最高位数字大，所以后者更大。如果再继续思考为什么，就会发现比较大小的本质就是比较相同数位上计数单位的多少。理解本质后，那么无论变成什么数，就都不会出错了。通过整数部分单位思想的铺垫，在比较分数大小与小数大小时，也可以更快速地认识到实质就是比较相同计数单位的数量。

课程标准要求学生了解十进制计数法，并结合现实情景感受数的意义。10个“一”是1个“十”，也就是十位上的数字1表示1个单位，1个“十”。比如26，十位上的2表示2个单位，十位以“十”为单位；个位上的6表示6个单位，个位以“一”为单位。再比如，五千六百六十里面有（ ）个“千”、（ ）个“百”、（ ）个“十”和（ ）个“一”，写作5660，千位上的数字5表示5个“千”，百位上的数字6表示6个“百”，十位上的数字6表示6个“十”，个位上的数字0表示0个“一”。虽然不同数位上的数都是来自0～9中的任意一个数字，但是放在不同数位上就代表了不同的大小。数位上的数字是几，就表示有几个这样的单位。

2. 分数

在分数的认识中，学生们最先认识的是像$\frac{1}{2}$、$\frac{1}{3}$、$\frac{1}{4}$这样分子是1的真分数。再通过“几个几个”地数，如2个$\frac{1}{5}$是$\frac{2}{5}$、11个$\frac{1}{5}$是$\frac{11}{5}$来认识更多的、更全面的分数。这里每个分数都是由它的分数单位累加得到的。

在三年级下册理解分数的意义时，把一个苹果平均分成两份，每份是它的$\frac{1}{2}$。把一块蛋糕平均分成 3 份，每份是它的$\frac{1}{3}$。分数都是把一个物体、一个图形平均分成若干份，取其中的一份或几份。五年级分数的再认识中，把一个物体延伸扩充成一个整体。可以把一筐苹果作为一个整体，把它当作单位“1”。把一筐苹果平均分成两份，每份也是它的$\frac{1}{2}$。把 4 块蛋糕平均分成 3 份，每份是它的$\frac{1}{3}$。可见，分数的产生都是在分解单位“1”。

教学链接｜灵活认识单位“1”

单位“1”不是一成不变的，单位“1”可以是一个苹果，也可以是一筐（N 个苹果），吃剩下的半个苹果也可以看作单位“1”。如图 7.5－1 所示。

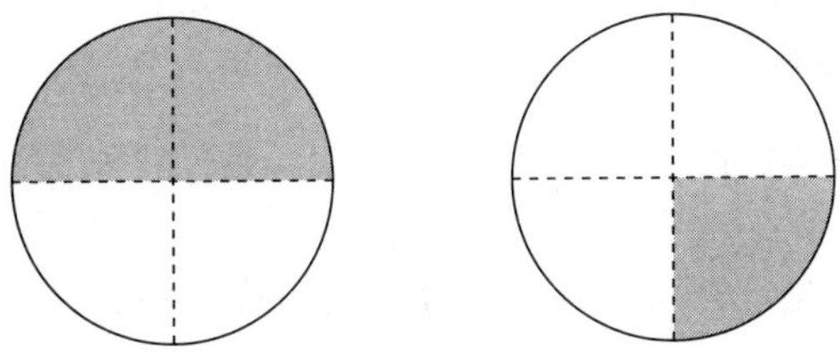

图 7.5－1

可以把一个圆看作单位“1”，阴影部分表示四分之三。也可以把两个圆看作一个整体，是单位“1”，阴影部分就表示八分之三。在认识单位“1”的教学中，要让学生结合情景多举例，认识到单位“1”不仅仅是数字 1。

3. 小数

在小数的认识中，把 1 平均分成 10 份，100 份，1000 份等得到$\frac{1}{10}$，$\frac{1}{100}$，$\frac{1}{1000}$等小数可以以 0.1，0.01，0.001 等为小数单位数出来。比如 0.375，先从较大一级的小数单位开始数。0.1，0.2，0.3，不能往上数了，就从小一级的小数单位继续数。0.31，0.32，…，0.37，再从更小一级的小数单位继续数，0.371，…，0.375。数数的过程就是计数单位的累加过程。计数过程中体会单位的价值，是单位思想的核心。

这样，运用好单位思想就能把整数、分数与小数的知识串联在一起，整数部分的认识也为分数与小数的认识起到了很好的铺垫作用。

7.5.3 数的运算

常见的数的运算有：整数加减法，表内乘除法，整数乘法，整数除法，小数加减法，小数乘除法，分数加减法，分数乘除法。

1. 加法与减法

加减法算理：整数加减法是数位对齐相加减、小数加减法是小数点对齐相加减、分数加减法是同分母分数相加减，计算的思路与过程就是通过单位思想把单位统一，在相同的计数单位上相加减。

整数加减法：举例来说，48 + 23 = ？首先算个位数字的和，8 个“一”加上 3 个“一”是 11 个“一”，把它分成 1 个“十”和 1 个“一”；再算十位上的数字，4 个“十”加上 2 个“十”再加上个位数字之和进上来的 1 个“十”总共是 7 个“十”，是 70；再加上各位的 1 个“一”，和为 71。

小数加减法同整数一致，对准数位，从最小的小数单位开始计算。

对于同分母分数相加减，如$\frac{1}{7}+\frac{3}{7}=$？把$\frac{1}{7}$当作一个标准量，1 个$\frac{1}{7}$再加上 3 个$\frac{1}{7}$和为 4 个$\frac{1}{7}$，是$\frac{4}{7}$。对于异分母分数相加减，如$\frac{1}{5}-\frac{1}{7}=$？先要把分数化为同分母分数，$\frac{1}{5}-\frac{1}{7}=\frac{7}{35}-\frac{5}{35}$，也就转化成了同分母分数相加减，结果是$\frac{2}{35}$。分数加减法也要统一分数单位再计算。

教学链接 | 计量单位的统一

在运算中，整数加减法要求数位对齐相加减、小数加减法要求小数点对齐相加减、分数加减法要求同分母分数相加减。其实质就是相同计数单位相加减。

假设小红身高 1.43 米，小明身高 165 厘米，问谁更高，高多少。在解决实际问题中，若遇到单位不统一的情况，需要先转化成统一的计量单位再计算。因此，在教学中需要通过单位思想的渗透使学生掌握只有相同的计量单位才能直接运算。

2. 乘法与除法

乘除法算理：乘法是相同加数的累加过程，除法是把整体平均分成若干份。

整数乘除法：5 × 3 = ？我们可以把 5 看作一份、一个整体、一个标准量，5 × 3 就表示有这样的 3 份，是 5 + 5 + 5 = 15，即 5 × 3 = 15。又如 27 ÷ 3 = ？表示把 27 个苹果平均分成 3 份，求每份是几个，或是看 27 里面有几个 3。

分数乘除法：举个乘法例子，$\frac{1}{4}\times\frac{2}{3}=?$ 表示把单位“1”平均分成 4 份，每份是整体的$\frac{1}{4}$，再把这样的一份平均分成 3 份，取其中的 2 份。就相当于把单位“1”平均分成 $4\times3=12$ 份，取其中的 2 份，如图 7.5－2 所示。

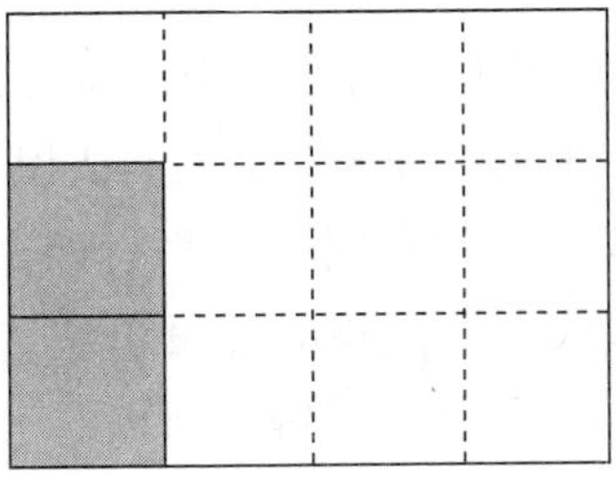

图 7.5－2

所以计算分数乘法时，先把分数单位相乘，得到的结果就是最终把单位“1”分成的份数，再把分子相乘，就是取其中的几份。

小数乘除法算理同整数乘除法，$0.5\times2.4=?$ 看作 5 个 0.1 乘 24 个 0.1，结果为 120 个 0.1，是 12，因为由 0.5 到 5 扩大了 10 倍，由 2.4 到 24 同样扩大了 10 倍，所以在上一步的基础上再缩小 $10\times10=100$ 倍，即 12 缩小 100 倍，结果为 0.12。

单位思想不仅蕴含在运算算法中，在形成加减乘除的概念时也把“份”这个标准量渗透其中。学生最开始以同样多为标准分东西，到以同样多的量为标准，分辨出较大量与较小量，把两个量凑在一起求和或是通过比较两个量知道相差几个，形成了加减法的概念。通过建立倍的概念，把同样多的量视为一份，作为一个标准，有这样的几份，就是它的几倍，形成乘法的概念。看整体里有几个这样的一份，形成除法概念。

教学链接｜理解平均分

除法与分数都起源于平均分。平均分有两种分法：一种是已知份数求每份的数量，另一种是已知每份的数量求份数。相应的除法也有两种含义：一种是等分除，一种是包含除。通过平均分，分得的结果如果不够单位“1”或不是单位“1”的整数倍，则用分数表示。因此平均分的理解不仅是学生学习除法运算的根基，也是下一步学习分数的知识基础。

在除法与分数教学中不仅要介绍平均分的分法，还要重点强调如何才算是平均分，平均分的最终结果都是每份分得同样多。这里的每份的数量就是一个标准、一个单位，份数就是这个标准或单位的数量。

7.5.4 常见的量

钟表（整时、半时），认识人民币，认识厘米和米，千克与克的认识，时、分、秒的认识，吨的认识，千米、分米、毫米的认识，24 小时计时法，年、月、日，长方形和正方形的面积，空间和图形（平行四边形、梯形、三角形）的面积，平方千米、公顷常用较大土地面积的计量单位，长方体和正方体（体积单位），升、毫升（容积单位），圆柱、圆锥表面积。

计量单位的学习内容也是贯串小学数学始终的。在计量单位的学习内容中，除了认识各种计量单位、掌握单位间的进率及换算关系，也蕴含着单位思想。

1. 长度单位

长度是对一维空间的度量。生活中要估计一段路有多长，会用走一步的距离作为一个标准去度量，通过大约走了多少个单位的距离来估计这段路的长度。现实中每个人的一步所走的距离必然不完全一样，为了统一出结论，就要用相同的标准去度量。在这样的思考过程中就已经蕴含着单位思想了。

如何测量数学书较短的那条边有多长？看数学书的一边有几个这样的 1cm，不够 1cm 就用小一级的单位 1mm 度量。黑板的长又是多少？就像数数一样，“1 厘米 1 厘米”地数太麻烦，这时又自然地引入了另一个长度单位“米”。测量时不管是用厘米、米，还是后面的千米、分米、毫米做单位，都是“一个单位一个单位”度量的。

2. 面积单位

面积是对二维空间的度量。引入面积单位的过程类似长度单位，这里不再赘述。要测 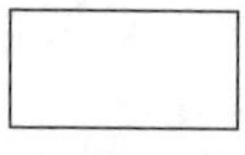 的面积，可以利用 $1cm^2$的小正方形去度量。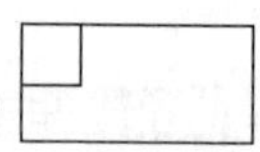 …

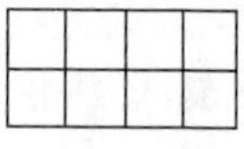 大正方形里有 8 个 $1cm^2$的小正方形，所以大正方形面积是 $8cm^2$。

3. 体积单位

体积是对三维空间的度量。用两个完全一样的玻璃杯装上相同多的水，把土豆和小立方体分别放入这两个玻璃杯，让水淹没，通过水面的高度来比较土豆和小立方体的体积，这一过程也运用了单位思想。即通过统一的标准来比较两物体的体积。

像长方体这样的规则物体，要知道其边的长度、面的面积或体积，都可以从一个基本单位开始测量。

4. 时间单位

在感知时间方面，如何比较时间的长短呢？这里面也蕴含着单位思想。比如估计 1 分钟有多长，通过匀速地数数，从 1 数到 60 正好是 1 分钟。这就是以 1 秒为一个单位，累加而成的 1 分钟。1 小时又是多长时间呢？是这样的 60 个 1 分钟。所有的数据都是由这样的单位时间累加产生的。

教学链接 | 计量单位的不变性

单位与整体的关系不同于部分与整体。在学生的经验中，部分总是随着整体而长大。比如树长高了，那么树枝也变粗了；人长大了，那么四肢也变长了。可是在单位与整体中，单位越多，整体越大；整体再大，单位还是不变。比如，500000 平方米的广场大于 1000 平方米的球场，因为构成广场的单位数量多。但是，不论广场还是球场，都是以 1 平方米作为单位，这个单位是不变的。

因此，在认识长度、面积、体积等计量单位时，要让学生感知到 1cm、1m、$1cm^2$、$1m^3$ 等单位大小是固定不变的。不论学生手中的直尺有多长，10cm、15cm 或者 20cm，还是三角板上的刻度，又或是生活中的卷尺等，1cm 始终是一样长的。

7.5.5　数量关系

和倍问题，差倍问题，和差问题，分数（百分数）应用题，按比分配，工程问题，行程问题。这些应用题都可以统一成一种思维模式，找出一个标准量，即一份，运用单位思想来解决。

1. 和倍问题

例 1　果园里有杏树和桃树共 248 棵，桃树的棵数是杏树的 3 倍，求杏树、桃树各有多少棵。

分析　已知桃树棵树是杏树的 3 倍，那么把杏树棵数当作单位“1”，即一份，则桃树棵数是这样的 3 份，杏树和桃树的总量就是这样的 4 份，对应着 248 棵树。这样的一份即杏树棵数为 $248 \div 4 = 62$（棵）；桃树棵数为：$62 \times 3 = 186$（棵）。

像这样，已知两个数的和以及两个数的倍数关系，求这两个数的问题叫作和倍问题。解决和倍问题就是要找准单位“1”。一般情况下，“是谁的”几倍，这里的“谁”就是单位“1”。把两种量都用单位“1”衡量，相加得到的份数对应着总量，总量除以份数，即得到单位“1”的量。

2. 分数（百分数）应用题

例2 果园里种桃树400棵，种的梨树比桃树多35%。果园里种梨树多少棵？

分析 把种的桃树的量当作单位“1”，种的梨树的量比桃树的量多的部分是单位“1”的35%，也就是种的梨树的量是（1+35%），即400×（1+35%）=540（棵）。

像这样题目中出现“比”“是”“相当于”等这类词语，其后面的量便是单位“1”。

3. 按比分配

例3 永胜小学把种植54棵树苗的任务交给两个小队，第一小队和第二小队种植棵数的比是5∶4。两个小队各种植树苗多少棵？

分析 第一小队和第二小队种植棵数的比是5∶4，即把第一小队种植棵数当作5份，则第二小队种植棵数为4份，所有的树苗为5+4=9份。9份对应54棵树苗，即每份54÷9=6（棵）。则第一小队种植树苗6×5=30（棵），第二小队种植树苗6×4=24（棵）。

像这样，题目中出现比例，把比例关系转化成两个量间的份数关系，先求出一份量。

教学链接｜找准单位“1”

举个例子，一段绳子长30米，第一次剪掉它的$\frac{1}{3}$，第二次剪掉余下的$\frac{1}{5}$，问两次各剪下多少米。第一次的单位“1”是整条绳子的长度，剪掉的是30米的$\frac{1}{3}$，剪掉10米，还剩20米。第二次的单位“1”是余下的绳子长度，即20米，第二次剪掉的是20米的$\frac{1}{5}$，剪掉4米，还剩16米。

在分数、百分数应用题中，首先看题目中是否提到“是谁的”几分之几。如果有，那么“谁”就是单位“1”；若题中有两种量相比较，那么“比”“是”“相当于”等这类词语后面的量便是单位“1”。当题中既没有说是谁的几分之几，又没有两种量相比较时，可以根据题意把话补充完整，再看前两步即可。

练　习　七

1. 简述数学思想、数学方法和基本数学思想之间的联系和区别。
2. 什么是基本数学思想？主要包括哪些？
3. 数学中的抽象含义是什么？有什么特征？
4. 数学中的逻辑推理和合情推理有什么联系和区别？
5. 小学数学教学中常见的合情推理有哪些？
6. 数学中的模型思想的含义是什么？
7. 数学建模的一般过程包括哪些？
8. “会议室有 7 把椅子，有 11 个人要来参加会议，还需要增加几把椅子？”一年级的小明同学很快算出：“11 - 7 = 4。”但他一直想不明白，怎么可以 11 个人减 7 把椅子？为什么小明会出现这样的困惑？你准备如何帮助小明解决这类困惑？
9. 在“分数的初步认识”的课堂上，教师强调描述分数$\frac{1}{2}$时，要说清“是谁的”二分之一。“是谁的”是什么意思？一名学生说：“老师，我认为就是要找一个标准。”

   请问，这名学生所说的“标准”是什么意思？小学数学中，哪些地方用到了“标准”？

参考文献

[1] R. 柯朗，H. 罗宾. 什么是数学［M］. 左平，张饴慈，译. 上海：复旦大学出版社，2005.

[2] 顾汝佐，叶季明，王明欢. 小学教学全书（数学卷）［M］. 上海：上海教育出版社，1995.

[3] 史宁中. 数学思想概论（第1辑）：数量与数量关系的抽象［M］. 长春：东北师范大学出版社，2008.

[4] 小学数学室. 小学数学教材教法（第一册）［M］. 北京：人民教育出版社，1994.

[5] 范立瓅，高荆. 小学数学中最易误解的概念［M］. 北京：地质出版社，2008.

[6] 张奠宙，等. 小学数学研究［M］. 北京：高等教育出版社，2009.

[7] 余元希，等. 初等代数研究（上、下）［M］. 北京：高等教育出版社，1988.

[8] 李长明，周焕山. 初等数学研究［M］. 北京：高等教育出版社，1995.